江苏省
土地综合整治项目预算定额标准

JIANGSU SHENG
TUDI ZONGHE ZHENGZHI
XIANGMU YUSUAN DINGE
BIAOZHUN

张国梁 ◎ 主编

河海大学出版社
HOHAI UNIVERSITY PRESS

图书在版编目(CIP)数据

江苏省土地综合整治项目预算定额标准 / 张国梁主编. -- 南京：河海大学出版社，2023.12
ISBN 978-7-5630-8834-8

Ⅰ.①江… Ⅱ.①张… Ⅲ.①土地整理－预算定额－标准－江苏 Ⅳ.①F321.1－65

中国国家版本馆 CIP 数据核字(2023)第 257013 号

书　　名	江苏省土地综合整治项目预算定额标准
书　　号	ISBN 978-7-5630-8834-8
责任编辑	谢业保
特约编辑	魏　斌
特约校对	程　畅　李纳纳
封面设计	徐娟娟
出版发行	河海大学出版社
地　　址	南京市西康路 1 号(邮编：210098)
电　　话	(025)83737852(总编室)　(025)83786651(编辑室) (025)83722833(营销部)
经　　销	江苏省新华发行集团有限公司
排　　版	南京布克文化发展有限公司
印　　刷	广东虎彩云印刷有限公司
开　　本	787 毫米×1092 毫米　1/16
印　　张	18.25
字　　数	512 千字
版　　次	2023 年 12 月第 1 版
印　　次	2023 年 12 月第 1 次印刷
定　　价	128.00 元

编委会

主　　　编：张国梁

副　主　编：林　颢

执行副主编：王　勇　韩召迎　朱成立　陆利群

编　　　委：刘德琴　钟月巧　施振斌　龚晓青　贾林枫

　　　　　　魏　斌　徐翠兰　赵　明　王海燕　冯莉莉

　　　　　　王晓瑞　杜小娅　孙学智　冯根祥　翟亚明

序

　　粮食安全是"国之大者",耕地是保障粮食安全的重要支撑。党的十八大以来,习近平总书记对耕地保护工作做出了一系列重要指示,强调粮食安全是国家安全的重要基础,保障粮食安全的根本在耕地保护,要采取"长牙齿"的硬措施,落实最严格的耕地保护制度,坚决遏制耕地"非农化"、防止"非粮化",坚守18亿亩耕地红线。

　　1999年,国家开始施行耕地占补平衡制度,在严守耕地保护红线、保障国家粮食安全等方面发挥了重要作用。耕地占补平衡需通过开发、整理、复垦、修复等多手段组合,山、水、林、田、湖、草、沙等多要素的综合整治,对土地资源进行综合利用和优化配置,使耕地总量保持相对稳定,同时提高耕地质量和效益,实现耕地数量、质量、生态"三位一体"保护。

　　江苏省国土面积10.72万平方公里,以占全国1.12%的国土面积,承载了全国6%的人口,创造了10.2%的经济总量,粮食总产连续10年稳定在700亿斤以上。但全省人均耕地面积仅为0.72亩,约为全国平均水平的一半,且宜耕后备土地资源匮乏。面对人多地少、耕地后备资源不足和"强富美高"新江苏现代化建设的要求,如何平衡保护和发展的关系、落实耕地保护任务是江苏长期面临的难题。土地综合整治将是解决这一难题的有效手段。

　　为做好土地综合整治工作,江苏省于2007年、2014年先后编制并印发了两版土地整治项目预算定额标准,该标准作为江苏省土地综合整治行业标准,是全省土地综合整治项目实施的重要基础和保障,对于规范项目资金使用、保障项目实施效果、实现项目科学化管理等方面具有重要的指导意义和实用价值。但近十年来,随着经济社会发展水平不断提高和自然资源管理改革的不断深化,原土地综合整治项目预算定额标准已不适应目前土地综合整治工作需要。2023年,江苏省自然资源厅围绕国土空间治理以及山水林田湖草沙一体化保护和修复的需求,结合工作实际,通过广泛调研和专题研究,在前两版标准的基础上编制了2023版《江苏省土地综合整治项目预算定额标准》(以下简称"2023版《标准》"),并于2024年1月

1日起正式施行。

2023版《标准》由《江苏省土地综合整治项目预算编制规定》《江苏省土地综合整治项目预算定额》和《江苏省土地综合整治项目施工机械台班费预算定额》三部分组成。在定额项目体系方面，实现与江苏省地方标准《土地综合整治工程建设规范》(DB32/T 3637—2019)中的工程体系相匹配，并重点增加了生态修复相关工程内容、施工工艺及施工机械；在费用构成方面，依据营改增等国家财税制度最新要求和相关行业工程概（估）算编制最新规定进行了调整和完善；在定额实物消耗量方面，分析确定了综合定额实物消耗指标、机械台班费实物消耗指标及相关费率标准。2023版《标准》经过了专家反复论证和造价水平测试，预算定额标准符合江苏实际，在农田防护与生态修复工程相关定额子目确定和实物消耗指标研究等方面均具有创新性。

编制组的专家、学者和工作人员历经一年多时间，深入开展调查研究，广泛听取意见建议，进行了浩繁的资料整理、数据分析、水平测试，不辞辛劳，圆满完成了任务，体现了深厚的知识积累、出色的专业能力和严谨的科学态度。在此谨向参加2023版《标准》编制的专家、学者和工作人员表示由衷的感谢！

编　者

2023年10月

目录

江苏省土地综合整治项目预算编制规定

 第一章 总则 ·· 003
 第二章 项目预算文件的组成 ··· 004
 第三章 项目划分 ·· 006
 第四章 费用构成 ·· 018
  第一节 概述 ··· 018
  第二节 工程施工费 ·· 019
  第三节 设备购置费 ·· 023
  第四节 其他费用 ··· 024
  第五节 不可预见费 ·· 025
 第五章 编制方法及计算标准 ··· 026
  第一节 基础单价编制 ··· 026
  第二节 工程施工费单价编制 ·· 030
  第三节 土地综合整治项目预算编制 ··· 032
 第六章 预算表格及格式 ·· 040

江苏省土地综合整治项目预算定额

 说明 ·· 059
 第一章 土方工程 ·· 061
  说明 ··· 061
  1-1 人工挖一般土方 ·· 063
  1-2 人工挖砂礓土 ·· 063
  1-3 人工水下挖土 ·· 063
  1-4 人工挖地槽 ··· 064
  1-5 人工挖基坑 ··· 065
  1-6 人工挖基坑人力挑抬运输 ·· 066
  1-7 人工挖沟渠土方人力挑抬运输 ·· 067
  1-8 爆破土方 ·· 068
  1-9 清理表土、削放坡及找平 ·· 068
  1-10 田埂修筑 ·· 068
  1-11 土地翻耕 ·· 069
  1-12 人工挖、挑、抬运一般土 ·· 069

1-13	人工挖、挑、抬运砂礓土	069
1-14	人工挖、运一般淤泥	071
1-15	人工挖、运淤泥流砂	071
1-16	人工挖装双胶轮车运土	071
1-17	人工装手扶式拖拉机运土	072
1-18	人工装机动翻斗车运土	072
1-19	人工装中型拖拉机运土	073
1-20	人工装自卸汽车运土	073
1-21	人工装载重汽车运土	074
1-22	2.5~2.75 m³ 拖式铲运机铲运土	074
1-23	3~4 m³ 拖式铲运机铲运土	075
1-24	6~8 m³ 拖式铲运机铲运土	077
1-25	挖掘机挖土	078
1-26	小型挖掘机挖沟渠土方	078
1-27	0.5 m³ 挖掘机挖装 3.5~5 t 自卸汽车运土	079
1-28	1.0 m³ 挖掘机挖装 5~10 t 自卸汽车运土	079
1-29	1.2 m³ 挖掘机挖装 5~12 t 自卸汽车运土	080
1-30	2.0 m³ 挖掘机挖装 8~20 t 自卸汽车运土	080
1-31	1.0 m³ 装载机挖装 3.5~10 t 自卸汽车运土	081
1-32	1.5 m³ 装载机挖装 3.5~15 t 自卸汽车运土	081
1-33	2.0 m³ 装载机挖装 5~20 t 自卸汽车运土	082
1-34	3.0 m³ 装载机挖装 8~25 t 自卸汽车运土	082
1-35	推土机推土	083
1-36	人工平土	086
1-37	平地机平土	086
1-38	土方回填压实	087
1-39	人工填筑堤坝	087
1-40	羊脚碾压实土方	088
1-41	轮胎碾压实土方	088
1-42	履带拖拉机压实土方	089
1-43	人工伐树、挖树根	089
1-44	机械挖树根	090
1-45	残树(根)外运	090
1-46	水力冲挖土方	090
1-47	人工修筑土坎水平梯田	096
1-48	人工修筑石坎水平梯田(拣集石料)	098
1-49	推土机修筑土坎水平梯田	100
1-50	推土机修筑石坎水平梯田(拣集石料)	101

第二章　石方工程 ··· 103
　　说明 ··· 103
　　2-1　一般石方开挖——人工打孔 ······················· 104
　　2-2　一般石方开挖——风钻钻孔 ······················· 104
　　2-3　一般石方开挖——潜孔钻钻孔 ··················· 105
　　2-4　坡面一般石方开挖——人工打孔 ················ 105
　　2-5　坡面一般石方开挖——风钻钻孔 ················ 106
　　2-6　坡面保护层石方开挖——人工打孔 ············· 107
　　2-7　坡面保护层石方开挖——风钻钻孔 ············· 107
　　2-8　底部保护层石方开挖——人工打孔 ············· 108
　　2-9　底部保护层石方开挖——风钻钻孔 ············· 108
　　2-10　沟渠石方开挖——人工打孔 ····················· 109
　　2-11　沟渠石方开挖——风钻钻孔 ····················· 110
　　2-12　基坑石方开挖——风钻钻孔 ····················· 111
　　2-13　人工挑抬运石渣 ····································· 115
　　2-14　人工装双胶轮车运石渣 ··························· 116
　　2-15　人工装卸手扶拖拉机运石渣 ····················· 117
　　2-16　人工装机动翻斗车运石渣 ························ 117
　　2-17　人工装卸中型拖拉机运石渣 ····················· 117
　　2-18　1.0 m³ 挖掘机装石渣自卸汽车运输 ············ 118
　　2-19　2.0 m³ 挖掘机装石渣自卸汽车运输 ············ 118
　　2-20　1.0 m³ 装载机装石渣自卸汽车运输 ············ 119
　　2-21　2.0 m³ 装载机装石渣自卸汽车运输 ············ 119

第三章　砌体工程 ··· 120
　　说明 ··· 120
　　3-1　砂石铺筑 ·· 121
　　3-2　干砌块石 ·· 121
　　3-3　浆砌块石 ·· 122
　　3-4　浆砌卵石 ·· 122
　　3-5　浆砌条料石 ··· 123
　　3-6　浆砌石坝 ·· 123
　　3-7　浆砌石渠 ·· 124
　　3-8　浆砌石拱圈 ··· 124
　　3-9　浆砌混凝土预制块 ·································· 125
　　3-10　浆砌砖 ·· 125
　　3-11　砌体砂浆抹面 ······································· 126
　　3-12　砌体拆除 ··· 126

第四章　混凝土工程 ·· 127
　　说明 ··· 127
　　4-1　混凝土溢流面 ·· 129

4-2	混凝土消力坎	130
4-3	混凝土消力池	130
4-4	混凝土底板	131
4-5	混凝土压顶	132
4-6	混凝土铺盖、护底	133
4-7	混凝土桥面铺装	133
4-8	现浇混凝土 U 形渠	134
4-9	现浇混凝土梯形渠	135
4-10	矩形暗渠	135
4-11	涵洞顶板及底板	136
4-12	混凝土箱式涵洞	137
4-13	混凝土闸墩、桥台	138
4-14	混凝土挡土墙、岸墙、翼墙	139
4-15	现浇混凝土渡槽槽身	140
4-16	混凝土拱	141
4-17	混凝土排架及排架基础	141
4-18	混凝土基础及护坡框格	142
4-19	泵站	143
4-20	混凝土灌注桩	144
4-21	混凝土回填	151
4-22	混凝土拆除	152
4-23	预制渡槽槽身	152
4-24	预制混凝土梁	153
4-25	预制混凝土拱肋、横系梁、排架	154
4-26	预制混凝土板	155
4-27	预制混凝土 U 形渠	155
4-28	预制渠道混凝土板	156
4-29	混凝土板桩、方桩预制	157
4-30	预制混凝土闸门	157
4-31	预制混凝土小型构件及安装	158
4-32	汽车运预制混凝土梁	159
4-33	双胶轮车运预制渠道混凝土板	159
4-34	汽车运预制混凝土板	160
4-35	双胶轮车运小型预制混凝土构件	160
4-36	预制混凝土构件安装	161
4-37	预制渠道混凝土板、U 形渠砌筑	161
4-38	预制混凝土闸门安装	162
4-39	预制混凝土管安装	162
4-40	混凝土面喷浆	163
4-41	钢筋制作安装	164

4-42	搅拌机拌制混凝土	164
4-43	人工运混凝土	165
4-44	双胶轮车运混凝土	165
4-45	机动翻斗车运混凝土	165
4-46	止水	166
4-47	渡槽止水	167
4-48	防水层	168
4-49	伸缩缝	168
4-50	钢管脚手架	169

第五章 管道工程 170

说明 170

5-1	铸铁管安装	171
5-2	铸铁管件安装	173
5-3	钢管安装	175
5-4	塑料管安装（粘结）	175
5-5	塑料管安装（胶圈接口）	176
5-6	塑料管安装（热熔）	176
5-7	塑料管件安装（粘结）	177
5-8	塑料管件安装（胶圈接口）	177
5-9	塑料管件安装（热熔）	178

第六章 农用井工程 179

说明 179

6-1	农用井成孔——松散层Ⅰ类	181
6-2	农用井成孔——松散层Ⅱ类	181
6-3	农用井成孔——松散层Ⅲ类	182
6-4	农用井成孔——松散层Ⅳ类	182
6-5	农用井成孔——松散层Ⅴ类	183
6-6	农用井成孔——松散层Ⅵ类	183
6-7	农用井成孔——松散层Ⅶ类	184
6-8	农用井成孔——基岩Ⅰ类	184
6-9	农用井成孔——基岩Ⅱ类	185
6-10	农用井成孔——基岩Ⅲ类	185
6-11	农用井成孔——基岩Ⅳ类	186
6-12	农用井成孔——基岩Ⅴ类	186
6-13	农用井井管安装——钢管	187
6-14	农用井井管安装——铸铁管	187
6-15	农用井井管安装——钢筋混凝土管	187
6-16	农用井井管安装——塑料管	188
6-17	农用井填封——透水层	188
6-18	农用井填封——非透水层	189

6-19	农用井洗井——抽水洗井	189
6-20	大口井	189

第七章 设备安装工程 ··· 191

说明 ··· 191

7-1	平面钢闸门	192
7-2	闸门埋设件	192
7-3	拦污栅	193
7-4	小型金属结构构件	194
7-5	启闭机	194
7-6	电动葫芦及单轨小车	195
7-7	钢轨轨道安装	195
7-8	工字钢轨道安装	196
7-9	滑触线	197
7-10	离心过滤器	197
7-11	砂石过滤器	197
7-12	筛网、叠片过滤器	198
7-13	施肥设备	198
7-14	水表、压力测量设备	199
7-15	喷头	199
7-16	喷头支架	199
7-17	微喷头	200
7-18	微喷头插杆	200
7-19	滴头	200
7-20	滴(微、渗)灌带(管)	201
7-21	轴流、混流泵	201
7-22	单级离心泵	202
7-23	多级离心泵	202
7-24	井用潜水泵	203
7-25	真空泵	204
7-26	电动机	204
7-27	10 kV 电力变压器	205
7-28	杆上变压器	206
7-29	电力变压器系统调试	208
7-30	10 kVA 电流互感器	208
7-31	接地装置制安	209
7-32	配电箱	210
7-33	配电屏	210

第八章 道路工程 ··· 212

说明 ··· 212

8-1	路床压实	213

8-2	软土地基处理	213
8-3	路基	214
8-4	路面基层	215
8-5	素土路面	216
8-6	泥结碎石路面	216
8-7	砂砾石路面	217
8-8	煤矸石(矿渣)路面	217
8-9	级配碎石路面	218
8-10	沥青碎石	218
8-11	沥青混凝土路面	219
8-12	水泥混凝土路面	220
8-13	混凝土路面切缝与刻防滑槽	220
8-14	路面嵌缝	221
8-15	水泥混凝土路面打毛	221
8-16	侧缘石安砌	222

第九章 农田防护与生态修复工程 · 223

说明 · 223

9-1	栽植乔木	224
9-2	栽植灌木	224
9-3	树木支撑	225
9-4	种草	226
9-5	铺种草皮	227
9-6	喷播植草	227
9-7	三维网植草	228
9-8	遮荫网	228
9-9	抗滑桩	228
9-10	锚杆	229
9-11	压浆	230
9-12	柔性主动防护网	231
9-13	柔性被动防护网	232
9-14	石笼	232

第十章 其他工程 · 233

说明 · 233

10-1	挤密砂桩	234
10-2	深层搅拌桩	234
10-3	打圆木桩	235
10-4	打钢板桩	236
10-5	打混凝土方桩、板桩	237
10-6	接桩	237
10-7	拔桩	238

10-8	袋装土围堰	239
10-9	冲泥砂管袋围堰	239
10-10	陆上打塑料排水板	240
10-11	塑料薄膜铺设	240
10-12	土工膜铺设	241
10-13	土工布铺设	241
10-14	380 V 线路架设	242
10-15	380 V 线路移设	242
10-16	10 kV 电杆线路架设	243
10-17	10 kV 电杆线路移设	244
10-18	照明线路架设	245
10-19	照明线路移设	246
10-20	辅助房屋	246
10-21	门窗安装工程	247
10-22	瓷砖贴墙	248
10-23	泵房粉刷	248
10-24	琉璃瓦屋面	249
10-25	地埋电缆敷设	249

附 录 ………………………………………………………………………… 251
　附录1　土石方松实系数换算表 ………………………………………… 251
　附录2　一般工程土类分级表 …………………………………………… 251
　附录3　水力冲挖机组土类划分表 ……………………………………… 252
　附录4　岩石类别分级表 ………………………………………………… 252
　附录5　岩石十二级分类与十六级分类对照表 ………………………… 254
　附录6　水文地质钻探地层分类 ………………………………………… 255
　附录7　混凝土、砂浆配合比及材料用量表 …………………………… 255

江苏省土地综合整治项目施工机械台班费预算定额

　　说明 ……………………………………………………………………… 265
　　一、土石方机械 ………………………………………………………… 266
　　二、钻孔灌浆机械 ……………………………………………………… 268
　　三、混凝土机械 ………………………………………………………… 269
　　四、运输机械 …………………………………………………………… 270
　　五、起重机械 …………………………………………………………… 271
　　六、辅助设备 …………………………………………………………… 273
　　七、其他机械 …………………………………………………………… 274

江苏省土地综合整治项目预算编制规定

第一章 总则

一、为适应国家税制改革要求和实行部门预算管理的需要,规范江苏省土地综合整治项目预算的编制,提高土地综合整治项目预算编制质量,确保土地综合整治项目资金的合理、有效使用,依据国家有关法律、法规及有关文件精神,结合江苏省土地综合整治项目的特点,制定本规定。

二、本规定适用于全省土地综合整治项目,国土空间全域综合整治、补充耕地占补平衡、城乡建设用地增减挂钩复垦、工矿废弃地复垦、地质勘查、矿地融合和生态系统保护修复项目中相关的工程内容参照本规定执行。

三、土地综合整治项目工程施工费按"价税分离"原则计算。税前工程施工费为直接费、间接费、利润、材料价差之和,各费用项目均以不包含增值税可抵扣进项税额的价格计算。

四、土地综合整治项目预算,由项目承担单位组织有关人员或单位进行编制,并对其编制质量负责。

五、土地综合整治项目预算,应根据项目规划、设计的工程量和施工组织设计或施工方案确定的施工方法,按照省自然资源厅、财政厅颁布实施的《江苏省土地综合整治项目预算定额》、《江苏省土地综合整治项目施工机械台班费预算定额》及本规定确定的费用标准进行编制。

六、本规定由省自然资源厅和财政厅负责解释。

第二章 项目预算文件的组成

一、预算文件由封面、目录、预算编制说明、预算表及附件组成。

二、预算文件的封面和扉页应按规定格式制作（具体格式详见本规定第六章）。封面应有项目名称、项目承担单位、预算编制单位、预算编制日期；扉页应有项目名称、项目承担单位（加盖印章）、预算编制单位（加盖印章）、负责人、编制人、复核人（加盖印章或签字）、编制日期等内容。目录应按预算表的表号顺序编排。

三、预算编制说明的文字力求简明扼要。主要内容包括：

（一）项目概况

包括项目的性质、类型、建设规模（含其中的开发、整理、复垦规模），项目地点及地貌类型，预计净增耕地面积，预计净增耕地面积占建设规模的比例，项目工程布置形式、工程内容及工程量，主要材料用量，施工工期，项目预算总投资，申请资金来源及比例，按年度说明项目实施内容及分年度投资计划等。

（二）预算编制依据

1. 预算编制原则和依据，包括国家和省有关部门的法令、制度、规定等。

2. 人工预算单价，主要材料预算价格，施工用电、水、风、客土、苗木、草皮等预算价格的计算依据。

3. 主要设备价格的计算编制依据。

4. 指标、定额、费用计算标准及依据。

5. 拆迁补偿费的编制说明，包括拆迁规模的确定、计算过程和拆迁补偿标准确定的依据及结合实际确定补偿标准的简要说明。

6. 项目规划设计图纸、说明及相应批准文号。

7. 项目施工组织设计或施工方案（涉及拆迁工程的应含拆迁补偿方案）。

（三）主要工程量计算及确定说明

应根据规划设计和施工组织设计简要说明项目预算表中涉及的分部工程主要工程量的计算方法、过程和确定依据等。

（四）项目技术经济指标分析

着重进行投入与产出的社会、经济和生态环境效益分析，内容主要包括实物工作量与投资估算比较分析，施工方案与技术需要的可能分析，单项工程技术手段、生产组织对工程成本的影响分析等。其中，对投入指标，重点分析项目总投资和总成本；对产出指标，重点分析产量指标（整理面积、原耕地面积和新增耕地面积）、工程质量指标和社会、经济及生态环境效益指标等。

（五）其他需要说明的问题

主要说明项目的建设优势及预算编制中需特别说明的问题，其他与预算有关但未能在表格中反映的事项。

四、项目预算应按统一的预算表格计算和填制（详见本规定第六章）。预算表格主要包括：

（一）总预算表及分年度预算表：汇总项目总预算和编制分年度投资预算。

（二）预算总表：反映一个项目及各个部分所需的投资总额。

（三）工程施工费（即建筑安装工程费）预算汇总表：反映单项工程预算明细及项目施工投资额度。工程施工费预算汇总表后应附明细表，包括工程施工费预算表和工程施工费单价汇总表。

（四）设备购置费预算表：反映各单项工程设备购置费。

（五）其他费用预算表：反映项目全程实施管理和拆迁补偿费用预算。

（六）不可预见费预算表：反映项目实施过程中因自然灾害、必要且合理的设计变更、物价上涨和其他不可预见因素的变化而可能增加的费用以及可能发生的相关部门规费。

（七）季度分月用款计划表：根据项目施工进度编制的季度分月用款计划明细表。

（八）预算附表：反映预算书各主要基础价格、工程施工费单价计算及其他相关技术经济数据的系列表格。

1. 人工预算单价计算表；
2. 材料预算价格表；
3. 机械台班预算单价计算表；
4. 混凝土、砂浆材料单价计算表；
5. 工程施工费单价分析表；
6. 补充定额子目计算表；
7. 补充机械台班费计算表；
8. 主要材料用量汇总表；
9. 工程量汇总表。

以上表格具体格式详见本规定第六章。

五、附件由项目申报书、可行性研究报告（摘要）、项目评审报告及其他相关附件组成。

（一）项目申报书，是项目预算文件的重要补充文件。其内容主要包括项目申请理由及项目主要内容、项目总体目标、阶段性目标、项目组织实施条件、项目支出预算明细表等。具体格式详见本规定第六章。

（二）项目可行性研究报告（摘要），是项目预算文件的基础文件。内容主要包括项目情况、项目实施的必要性和可行性、项目实施条件、实施进度与计划安排、主要结论等。具体格式详见本规定第六章。

（三）项目评审报告，是项目预算文件的建议性文件。内容主要包括项目基本情况、项目可行性评审、项目预算评审、项目风险及不确定因素、评审总体结论等。具体格式详见本规定第六章。

（四）其他相关附件，是项目预算文件的重要补充材料。主要包括材料信息价（复印件）、拆迁补偿标准依据等相关的附件材料。

第三章 项目划分

根据土地综合整治项目的工程性质,其工程项目划分为土地平整与土地修复工程、灌溉与排水工程、田间道路工程、农田防护与生态修复工程,工程各部分设一、二、三、四共4个等级项目。其中,二、三、四级项目可结合项目具体情况作必要的增删。

第一部分 工程施工费

序号	一级项目	二级项目	三级项目	四级项目	技术经济指标
一	土地平整与土地修复工程				
1		耕作田块修筑工程			
(1)			条田修筑		
				土(石)方开挖	元/m³
				土(石)方回填	元/m³
				土(石)方运输	元/m³
				水力冲挖土方	元/m³
				田埂修筑	元/m³
(2)			梯田修筑		
				土(石)方开挖	元/m³
				土(石)方回填	元/m³
				土(石)方运输	元/m³
				堆(砌)石	元/m³
(3)			其他田块		
2		耕作层地力保持工程			
(1)			客土回填		
				土(石)方开挖	元/m³
				土(石)方运输	元/m³
				土(石)方回填	元/m³

续表

序号	一级项目	二级项目	三级项目	四级项目	技术经济指标
(2)			土地翻耕		元/hm²
(3)			表土保护		
				表土剥离	元/m³
				表土回填	元/m³
3		土地修复工程			
(1)			建设用地复垦		
(2)			土壤改良		
(3)			污染土地修复		
…					
二	灌溉与排水工程				
1		水源工程			
(1)			塘堰		
				土(石)方开挖	元/m³
				土(石)方回填	元/m³
				土(石)方运输	元/m³
				混凝土	元/m³
				砌石	元/m³
				钢筋	元/t
				垫层	元/m³
				抹面	元/m²
(2)			蓄水池		
				土(石)方开挖	元/m³
				土(石)方回填	元/m³
				混凝土	元/m³
				砌石	元/m³
				钢筋	元/t
				垫层	元/m³
				抹面	元/m²
(3)			农用井		
				人工成孔	元/m
				钻机成孔	元/m
				钢管安装	元/m

续表

序号	一级项目	二级项目	三级项目	四级项目	技术经济指标
				铸铁管安装	元/m
				混凝土管安装	元/m
				塑料管安装	元/m
				透水层填封	元/m
				非透水层填封	元/m
				机械洗井	元/m
				水泵安装	元/台
				电机安装	元/台
(4)			小型拦河坝		
				土(石)方开挖	元/m³
				土(石)方回填	元/m³
				土(石)方运输	元/m³
				混凝土	元/m³
				砌石	元/m³
				钢筋	元/t
				垫层	元/m³
				抹面	元/m²
				闸门安装	元/t
				围堰修筑、拆除	元/m³
2		输水工程			
(1)			明渠		
				土(石)方开挖	元/m³
				土(石)方回填	元/m³
				混凝土	元/m³
				砌石(砖)	元/m³
				钢筋	元/t
				垫层	元/m³
				抹面	元/m²
(2)			低压管道		
				土(石)方开挖	元/m³
				土(石)方回填	元/m³
				垫层	元/m³

续表

序号	一级项目	二级项目	三级项目	四级项目	技术经济指标
				钢管安装	元/m
				铸铁管安装	元/m
				塑料管安装	元/m
				管件安装	元/个
3			喷微灌工程		
(1)				喷灌	
				土(石)方开挖	元/m³
				土(石)方回填	元/m³
				垫层	元/m³
				钢管安装	元/m
				铸铁管安装	元/m
				塑料管安装	元/m
				管件安装	元/个
				水泵安装	元/台
				电机安装	元/台
				真空泵安装	元/台
				过滤器、水表、压力表、施肥设备	元/套
				喷头安装	元/个
(2)				微灌	
				土(石)方开挖	元/m³
				土(石)方回填	元/m³
				垫层	元/m³
				钢管安装	元/m
				铸铁管安装	元/m
				塑料管安装	元/m
				管件安装	元/个
				水泵安装	元/台
				电机安装	元/台
				真空泵安装	元/台
				过滤器、水表、压力表、施肥设备	元/套
				滴头安装	元/个
				滴管带安装	元/m

续表

序号	一级项目	二级项目	三级项目	四级项目	技术经济指标
4		排水工程			
(1)			明沟		
				清淤	元/m³
				土(石)方开挖	元/m³
				土(石)方回填	元/m³
				混凝土	元/m³
				钢筋	元/t
				砌石(砖)	元/m³
				垫层	元/m³
				抹面	元/m²
(2)			暗管		
				土(石)方开挖	元/m³
				土(石)方回填	元/m³
				暗管铺设	元/m
				砌砖	元/m³
				垫层	元/m³
				抹面	元/m²
5		渠系建筑物工程			
(1)			水闸		
				土(石)方开挖	元/m³
				土(石)方回填	元/m³
				混凝土(分不同结构部位)	元/m³
				钢筋	元/t
				砌石(分不同结构部位)	元/m³
				垫层	元/m³
				抹面	元/m²
				地基处理	元/m³
				闸门安装	元/t
				启闭设备安装	元/台
				围堰修筑、拆除	元/m³
(2)			渡槽		
				土(石)方开挖	元/m³

续表

序号	一级项目	二级项目	三级项目	四级项目	技术经济指标
				土(石)方回填	元/m³
				混凝土(分不同结构部位)	元/m³
				钢筋	元/t
				砌石(分不同结构部位)	元/m³
				垫层	元/m³
				抹面	元/m²
				围堰修筑、拆除	元/m³
(3)			倒虹吸		
				土(石)方开挖	元/m³
				土(石)方回填	元/m³
				混凝土(分不同结构部位)	元/m³
				钢筋	元/t
				砌石(分不同结构部位)	元/m³
				垫层	元/m³
				抹面	元/m²
				围堰修筑、拆除	元/m³
(4)			跌水与陡坡		
				土(石)方开挖	元/m³
				土(石)方回填	元/m³
				混凝土	元/m³
				钢筋	元/t
				砌石	元/m³
				垫层	元/m³
(5)			农桥		
				土(石)方开挖	元/m³
				土(石)方回填	元/m³
				混凝土(分不同结构部位)	元/m³
				钢筋	元/t
				砌石(分不同结构部位)	元/m³
				垫层	元/m³
				抹面	元/m²
				基础处理	元/m³

续表

序号	一级项目	二级项目	三级项目	四级项目	技术经济指标
				围堰修筑、拆除	元/m³
(6)			涵洞		
				土(石)方开挖	元/m³
				土(石)方回填	元/m³
				混凝土(分不同结构部位)	元/m³
				钢筋	元/t
				砌石(分不同结构部位)	元/m³
				垫层	元/m³
				抹面	元/m²
				围堰修筑、拆除	元/m³
(7)			放水口	土(石)方开挖	元/m³
				土(石)方回填	元/m³
				混凝土	元/m³
				钢筋	元/t
(8)			量水设施		
				土(石)方开挖	元/m³
				土(石)方回填	元/m³
				混凝土	元/m³
				砌石	元/m³
				垫层	元/m³
				抹面	元/m²
6		泵站及输配电工程			
(1)			泵站		
				土(石)方开挖	元/m³
				土(石)方回填	元/m³
				混凝土(分不同结构部位)	元/m³
				钢筋	元/t
				砌石(分不同结构部位)	元/m³
				垫层	元/m³
				抹面	元/m²
				泵房	元/m²
				外墙贴面	元/m²

续表

序号	一级项目	二级项目	三级项目	四级项目	技术经济指标
				地基处理	元/m³
				水泵安装	元/台
				电机安装	元/台
				真空泵安装	元/台
				拦污栅安装	元/t
				检修吊运设备安装	元/台
				围堰修筑、拆除	元/m³
(2)			输电线路		
				10 kV 线路架设	元/km
				380 V 线路架设	元/km
				照明线路架设	元/km
				10 kV 线路移设	元/km
				380 V 线路移设	元/km
				照明线路移设	元/km
				电缆敷设	元/km
(3)			配电装置		
				变压器安装	元/台
				断路器安装	元/台
				互感器安装	元/台
				配电箱(屏)安装	元/台
				接地装置安装	元/m
三	田间道路工程				
1		田间道修筑工程			
(1)			路基		
				土(石)方开挖	元/m³
				土(石)方回填	元/m³
				原土夯实	元/m²
				灰土回填	元/m³
				砂砾石铺筑	元/m²
				碎石铺筑	元/m²
				煤矸石铺筑	元/m²
(2)			路面		
				泥结碎石面层	元/m²

续表

序号	一级项目	二级项目	三级项目	四级项目	技术经济指标
				砂砾石面层	元/m²
				煤矸石面层	元/m²
				沥青碎石面层	元/m²
				沥青混凝土面层	元/m²
				水泥混凝土面层	元/m²
				水泥稳定碎石基层	元/m²
				石灰碎石土基层	元/m²
				沥青稳定碎石基层	元/m²
				侧缘石安装	元/m
2		生产路修筑工程			
(1)			路基		
				土(石)方开挖	元/m³
				土(石)方回填	元/m³
				原土夯实	元/m²
(2)			路面		
				素土面层	元/m²
				泥结碎石面层	元/m²
				砂砾石面层	元/m²
四	农田防护与生态修复工程				
1		农田林网工程			
(1)			农田防风林		
				栽植灌木	元/株
				栽植乔木	元/株
(2)			护路护沟林		
				栽植灌木	元/株
				栽植乔木	元/株
2		岸坡防护工程			
(1)			护坡		
				土(石)方开挖	元/m³
				土(石)方回填	元/m³
				混凝土	元/m³
				砌石	元/m³

续表

序号	一级项目	二级项目	三级项目	四级项目	技术经济指标
				土工织物	元/m²
				撒播种草	元/hm²
				铺种草皮	元/m²
(2)			护基		
				抛石	元/m³
				石笼	元/m³
3		坡面防护工程			
(1)			林草措施		
				栽植灌木	元/株
				栽植乔木	元/株
				条播种草	元/hm²
				穴播种草	元/hm²
				撒播种草	元/hm²
				铺种草皮	元/m²
(2)			工程措施		
				土(石)方开挖	元/m³
				土(石)方回填	元/m³
				混凝土	元/m³
				砌石	元/m³
				垫层	元/m³
				抹面	元/m²
4		农田面源污染防治工程			
(1)			控制排水系统		
(2)			回归水利用系统		
(3)			人工湿地生态系统		
5		景观生态工程			
(1)			生物多样性保护		
(2)			自然景观生态		
(3)			景观提升美化		
...					

第二部分　设备购置

序号	一级项目	二级项目	三级项目	四级项目	技术经济指标
一	闸门及启闭设备				
				门叶	元/t
				启闭机	元/台
二	排灌设备				
				水泵	元/台
				电动机	元/台
				真空泵	元/台
				拦污栅	元/t
				喷灌机	元/台
三	变配电及电气控制设备				
				变压器	元/台
				断路器	元/台
				互感器	元/台
				配电箱(屏)	元/台

第三部分　其他费用

序号	一级项目	二级项目	三级项目	四级项目	技术经济指标
一	前期工作费				
				土地清查费	
				项目勘测费	
				项目可行性研究费	
				项目规划设计与预算编制费	
				施工图设计费	
				项目立项和规划设计及预算审查费	
				项目招标费	
二	工程监理费				
三	拆迁补偿费				
				房屋及附属建筑物	
				坟墓	
				林木	

续表

序号	一级项目	二级项目	三级项目	四级项目	技术经济指标
				青苗	
四	竣工验收费				
				项目竣工测量与工程复核费	
				工程验收费	
				项目决算编制与审计费	
				土地重估与登记费	
				标牌与标识设定费	
五	业主管理费				

第四部分　不可预见费

序号	一级项目	二级项目	三级项目	四级项目	技术经济指标
一	不可预见费				

第四章 费用构成

第一节 概 述

土地综合整治项目费用由工程施工费、设备购置费、其他费用和不可预见费组成,具体组成内容如下。

一、工程施工费

由直接费、间接费、企业利润、材料价差和税金组成。

1. 直接费
（1）基本直接费
（2）其他直接费
2. 间接费
（1）规费
（2）企业管理费
3. 企业利润
4. 材料价差
5. 税金

二、设备购置费

由设备原价、运杂费、运输保险费、采购及保管费组成。

1. 设备原价
2. 运杂费
3. 运输保险费
4. 采购及保管费

三、其他费用

由前期工作费、工程监理费、拆迁补偿费、竣工验收费和业主管理费组成。

四、不可预见费

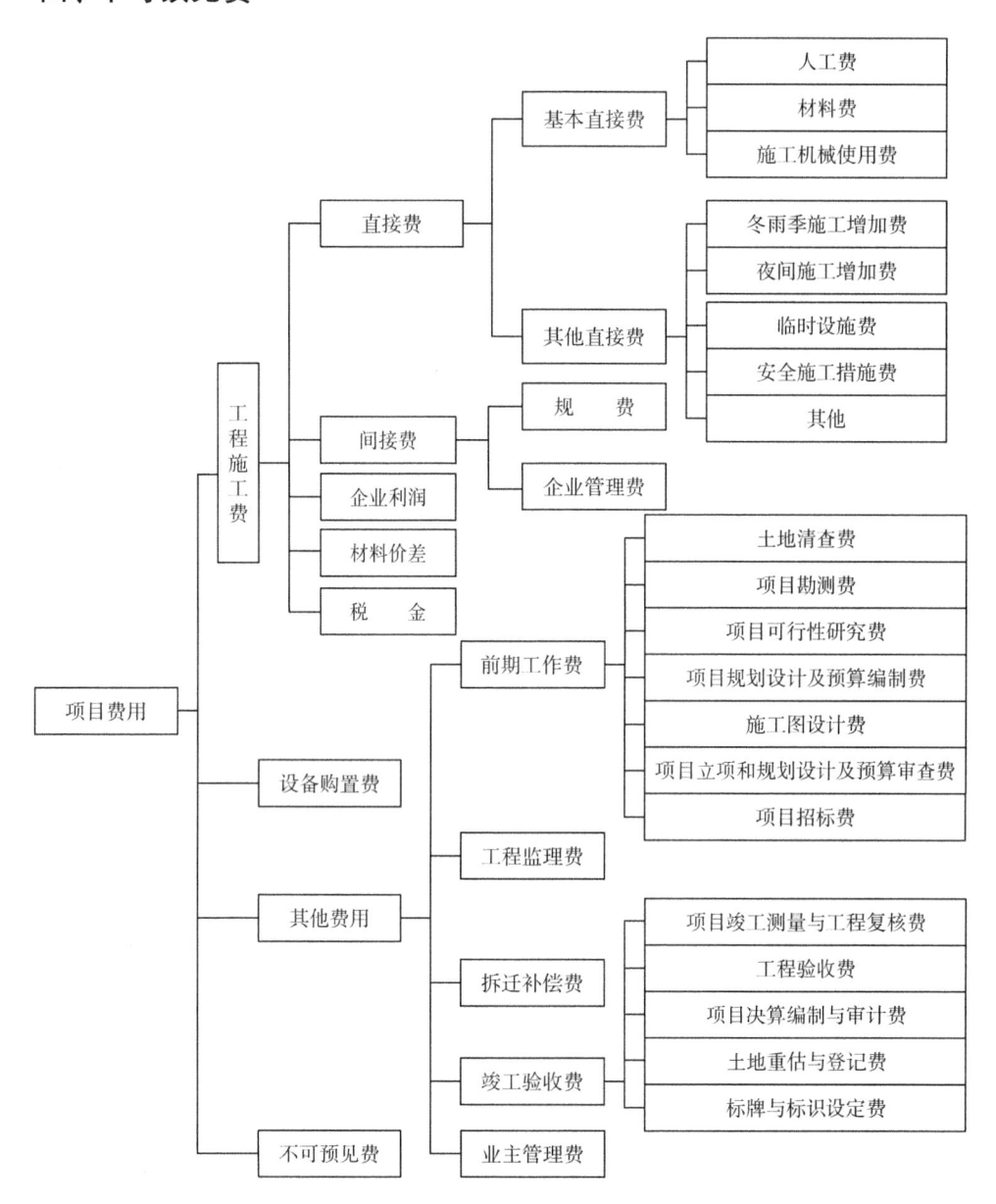

项目费用结构图：

- 工程施工费
  - 直接费
    - 基本直接费
      - 人工费
      - 材料费
      - 施工机械使用费
    - 其他直接费
      - 冬雨季施工增加费
      - 夜间施工增加费
      - 临时设施费
      - 安全施工措施费
      - 其他
  - 间接费
    - 规费
    - 企业管理费
  - 企业利润
  - 材料价差
  - 税金
- 设备购置费
- 其他费用
  - 前期工作费
    - 土地清查费
    - 项目勘测费
    - 项目可行性研究费
    - 项目规划设计及预算编制费
    - 施工图设计费
    - 项目立项和规划设计及预算审查费
    - 项目招标费
  - 工程监理费
  - 拆迁补偿费
  - 竣工验收费
    - 项目竣工测量与工程复核费
    - 工程验收费
    - 项目决算编制与审计费
    - 土地重估与登记费
    - 标牌与标识设定费
  - 业主管理费
- 不可预见费

第二节 工程施工费

工程施工费包括直接费、间接费、企业利润、材料价差和税金。

一、直接费

直接费是指工程施工过程中直接消耗在工程项目上的活劳动和物化劳动，由基本直接费和其他直接费组成。

基本直接费包括人工费、材料费和施工机械使用费。

其他直接费包括冬雨季施工增加费、夜间施工增加费、临时设施费、安全施工措施费和其他。

(一) 基本直接费

1. 人工费

指直接从事工程施工的生产工人开支的各项费用，内容包括：

（1）基本工资。由岗位工资和年应工作天数内非作业天数的工资组成。

①岗位工资。指按照职工所在岗位各项劳动要素测评结果确定的工资。

②生产工人年应工作天数以内非作业天数的工资。包括职工开会学习、培训期间的工资，调动工作、探亲、休假期间的工资，因气候影响的停工工资，女工哺乳期间的工资，病假在6个月以内的工资及产、婚、丧假期的工资。

（2）辅助工资。指在基本工资之外，以其他形式支付给职工的工资性收入，是根据国家有关规定属于工资性质的各种津贴，主要包括施工津贴、夜餐津贴和节日加班津贴等。

2. 材料费

指用于工程项目上的消耗性材料费、装置性材料费和周转性材料摊销费。

材料预算价格一般包括材料原价、运杂费、运输保险费和采购及保管费四项。

（1）材料原价。指材料在指定交货地点的价格。

（2）运杂费。指材料从指定交货地点运至工地仓库或指定堆放地点所发生的全部费用，包括运输费、装卸费及其他杂费。

（3）运输保险费。指材料在运输途中的保险费。

（4）材料采购及保管费。指材料在采购、供应和保管过程中所发生的各项费用。主要包括材料的采购、供应和保管部门工作人员的基本工资、辅助工资、职工福利费、劳动保护费、养老保险费、失业保险费、医疗保险费、工伤保险费、生育保险费、住房公积金、教育经费、办公费、差旅交通费及工具用具使用费；仓库、转运站等设施的检修费、固定资产折旧费、技术安全措施费和材料检验费；材料在运输、保管过程中发生的损耗等。

按照现行规定，材料原价、运杂费、运输保险费和采购及保管费等分别按不含增值税进项税额的价格计算。

3. 施工机械使用费

指消耗在工程项目上的机械磨损、维修和动力燃料费用等。包括折旧费、修理及替换设备费、安装拆卸费、机上人工费和动力燃料费。

（1）折旧费。指施工机械在规定使用年限内回收原值的台班折旧摊销费用。

（2）修理及替换设备费。修理费指施工机械使用过程中，为了使机械保持正常功能而进行修理所需的摊销费用和机械正常运转及日常保养所需的润滑油料、擦拭用品的费用，以及保管机械所需的费用。替换设备费指施工机械正常运转时所耗用的替换设备及随机使用的工具附具等摊销费用。

（3）安装拆卸费。指施工机械进出工地的安装、拆卸、试运转和场内转移及辅助设施的摊销费用。

（4）机上人工费。指施工机械使用时机上操作人员人工费用。

(5)动力燃料费。指施工机械正常运转时所耗用的风、水、电、油及煤等费用。

(二)其他直接费

1. 冬雨季施工增加费

指在冬雨季施工期间为保证工程质量所需增加的费用。包括增加施工工序,增设防雨、保温、排水等设施消耗的动力、燃料、材料以及因人工、机械效率降低而增加的费用。

2. 夜间施工增加费

夜间施工增加费指施工场地和公用施工道路的照明费用。

在土地综合整治项目中,一般制作业的工程,不计算此项费用。建筑物混凝土工程、农用井工程以及其他需连续作业部分计取此项费用。

3. 临时设施费

指施工企业为进行工程施工所必需的生活和生产用的临时建筑物、构筑物和其他临时设施的建设、维修、拆除、摊销等费用。

临时设施包括:临时宿舍、仓库、办公室以及规定范围内道路、水、电、管线等临时设施和脚手架等其他小型临时设施。

4. 安全施工措施费

指根据国家现行的施工安全、施工现场环境与卫生标准和有关规定,购置和更新施工安全防护用具和设施,改善安全生产条件和作业环境所需的费用。

5. 其他费

包括:二次搬运费、已完工程及设备保护费、施工排水费、检验试验费、工程定位复测费、工程点交费等费用。

(1)二次搬运费。指因施工场地分散等特殊情况而发生的二次搬运费用。

(2)已完工程及设备保护费。指竣工验收前,对已完工程及设备进行保护所需费用。

(3)施工排水费。指为确保工程在正常条件下施工,采取各种排水措施所发生的各种费用。

(4)检验试验费。指对建筑材料、构建和建筑安装物进行一般鉴定、检查所发生的费用。

(5)工程定位复测费。指对单项工程的坐标、标高、走线等按建设单位施工图纸进行复测所发生的费用。

(6)工程点交费。指工程交工、复验所发生的费用。

二、间接费

指施工企业为工程施工而进行组织与经营管理所发生的各项费用,由规费和企业管理费组成。

(一)规费

指政府和有关部门规定必须缴纳的费用,包括社会保险费和住房公积金。

1. 社会保险费

(1)养老保险费。指企业按照规定标准为职工缴纳的基本养老保险费。

(2) 失业保险费。指企业按照规定标准为职工缴纳的失业保险费。

(3) 医疗保险费。指企业按照规定标准为职工缴纳的基本医疗保险费。

(4) 工伤保险费。指企业按照规定标准为职工缴纳的工伤保险费。

(5) 生育保险费。指企业按照规定标准为职工缴纳的生育保险费。

2. 住房公积金

指企业按照规定标准为职工缴纳的住房公积金。

(二) 企业管理费

指施工企业为组织施工生产和经营活动所发生的费用。内容包括：

1. 管理人员工资。包括基本工资、辅助工资。

2. 差旅交通费。包括施工企业的管理人员因公出差、工作调动的差旅费，误餐补助费，职工探亲路费，劳动力招募费，职工离退休、退职一次性路费，工伤人员就医路费，工地转移费，交通工具运行费及牌照费等。

3. 办公费。指企业办公用具、印刷、邮电、书报、会议、水电、燃煤(气)等费用。

4. 固定资产使用费。指企业属于固定资产的房屋、设备、仪器等的折旧、大修理、维修费或租赁费等。

5. 工具用具使用费。指企业管理使用不属于固定资产的工具、用具、家具、交通工具和检验、试验、测绘、消防用具等的购置、维修及摊销费用。

6. 职工福利费。指企业按照国家规定支出的职工福利费，以及由企业支付给离退休职工的易地安家补助费、职工退职金、6个月以上的病假人员工资，按规定支付给离休干部的各项经费，职工发生工伤时企业依法在工伤保险基金之外支付的费用，其他在社会保险基金之外依法由企业支付给职工的费用。

7. 劳动保护费。指企业按照国家有关部门规定标准发放给职工的劳动保护用品的购置费、修理费、保险费、防暑降温费、高空作业津贴、洗澡用水、饮用水的燃料费等。

8. 工会经费。指企业按职工工资总额计提的工会经费。

9. 职工教育经费。指企业为职工学习先进技术和提高文化水平，按职工工资总额计提的费用。

10. 保险费。指施工企业财产保险、管理用车辆保险、第三者责任险等保险费用。

11. 财务费用。指施工企业为筹集资金而发生的各项费用，包括企业经营期间发生的短期融资利息净支出、汇兑净损失、金融机构手续费，企业筹集资金发生的其他财务费用，以及投标和承包工程发生的保函手续费等。

12. 税金。指企业按规定交纳的房产税、管理用车船使用税、土地使用税、印花税、城市维护建设税、教育费附加及地方教育费附加等。

13. 其他。包括技术转让费、技术开发费、业务招待费、广告费、公证费、法律顾问费、审计费、咨询费等。

三、企业利润

指按规定应计入工程施工费用中的利润。

四、材料价差

当材料预算价格大于"主材基准价格表"中规定的基准价格时,按下式计算材料价差:

材料价差＝∑(材料预算价格－材料基准价格)×定额材料用量

五、税金

指国家对施工企业承担工程作业收入征收的增值税,按税前工程施工费乘以增值税税率确定。

税金＝(直接费＋间接费＋企业利润＋材料价差)×增值税税率

增值税税率取建筑业增值税税率9%。国家关于建筑业增值税率调整的,应按调整后的税率执行。

第三节 设备购置费

设备购置费包括设备原价、运杂费、运输保险费和采购及保管费。

一、设备原价

土地综合整治项目中,形成固定资产的设备一般都为国产设备,因此其原价指出厂价(含税价)。若项目中有进口设备,设备原价应为国内代理商提供的报价。拆装设备运至工地后的组装费用,应包括在设备原价内。

二、运杂费

指设备由厂家或代理商供货点运至工地安装现场所发生的一切运杂费用。包括运输费、调车费、装卸费、包装绑扎费及可能发生的其他杂费。

三、运输保险费

指设备在运输过程中的保险费用。

四、采购及保管费

指项目实施单位和施工企业在负责设备的采购、保管过程中发生的各项费用。主要包括:

1. 采购保管部门工作人员的基本工资、辅助工资、职工福利费、劳动保护费、养老保险费、失业保险费、医疗保险费、工伤保险费、生育保险费、住房公积金、教育经费、办公费、差旅交通费、工具用具使用费等。

2. 临时仓库、转运站等设施的运行费、维修费、固定资产折旧费、技术安全措施费和设备的检验、试验费等。

第四节　其他费用

其他费用包括前期工作费、工程监理费、拆迁补偿费、竣工验收费和业主管理费。

一、前期工作费

指土地综合整治项目在工程施工前所发生的各项支出,包括:土地清查费、项目勘测费、项目可行性研究费、项目规划设计及预算编制费、施工图设计费、项目立项和规划设计及预算审查费、项目招标费。

1. 土地清查费。指对土地综合整治项目区的土地进行权属调查、地籍测绘、现状耕地质量等级评定等所发生的费用。

2. 项目勘测费。指项目承担单位委托具有相关资质的单位对土地综合整治项目区的土地进行前期测量和工程地质勘察所发生的费用,包括:前期测量费和地质勘察费。

土地综合整治项目前期测量的工作内容应包括:项目立项前开展的地形测量、工程要素属性调查、土地利用现状调查和土地整治项目现状图制作等。项目前期测量采用的方法、技术标准和成果质量应符合《土地整治项目测量技术规范》(DB 32/T 3869—2020)的相关规定。项目区工程地质勘察应符合《工程勘察通用规范》(GB 55017—2021)等相关规定。

3. 项目可行性研究费。指项目承担单位委托具有相关资质的单位对土地综合整治项目进行可行性研究所发生的费用。

4. 项目规划设计及预算编制费。指项目承担单位委托具有相关资质的单位对土地综合整治项目进行规划设计及预算编制所发生的费用。

5. 施工图设计费。指项目承担单位委托具有相关工程设计资质的单位对土地综合整治项目单体工程进行施工图设计所发生的费用。

6. 项目立项和规划设计及预算审查费。指对土地综合整治项目可行性研究、规划设计及预算报件审查所发生的费用。

7. 项目招标费。指项目承担单位委托具有资质的单位对土地综合整治项目进行施工招标所发生的费用。

二、工程监理费

指项目承担单位委托具有工程监理资质的单位,按国家和省有关规定对土地综合整治项目工程施工质量、进度、投资和安全进行全过程的监督与管理所发生的费用。

三、拆迁补偿费

指土地综合整治项目实施过程中,拆迁零星房屋及附属建筑物、迁坟、砍伐或移植林木、毁损青苗等所发生的适当补偿费用。

四、竣工验收费

指土地综合整治项目工程完工后，因项目竣工验收、决算、成果的管理等发生的各项支出。主要包括：项目竣工测量和工程复核费、工程验收费、项目决算编制与审计费、土地重估与登记费、标牌与标识设定费。

1. 项目竣工测量及工程复核费。项目承担单位完成土地综合整治项目实施任务并向项目批准部门提出验收申请前，委托具有相关资质的单位开展竣工测量，并对工程任务完成情况如净增耕地面积、工程数量、质量等进行复核及编制相应报告所发生的费用。

项目竣工测量工作内容应包括：项目完成后开展的地形测量、工程要素属性调查、土地利用现状调查、土地整治项目竣工图制作、工程量计算以及汇总项目"报备"和"项目验收"需要的其他资料。项目竣工测量采用的方法、技术标准和成果质量应符合《土地整治项目测量技术规范》（DB 32/T 3869—2020）的相关规定。

2．工程验收费。单体工程竣工验收、项目中期验收及竣工验收所发生的会议费、档案资料整理费、印刷费等。

3．项目决算编制与审计费。按现行项目管理办法及竣工验收规范要求编制竣工报告和决算及审计所发生的费用。

4．土地重估与登记费。项目实施完成后对耕地质量等级再评定与耕地登记所发生的费用。

5．标牌与标识设定费。设立土地综合整治项目标志牌和灌排工程等设施标识等所发生的费用。

五、业主管理费

指项目承担单位为项目的立项、筹建、建设等所发生的费用。主要包括：项目管理人员的基本工资、辅助工资、职工福利、劳动保护费、养老保险费、失业保险费、医疗保险费、工伤保险费、生育保险费、住房公积金；办公费、会议费、差旅交通费、工具用具使用费、固定资产使用费、零星购置费、工程保险费、污染土壤检测费、跟踪审计费；项目所在乡镇协调费、宣传费、培训费、咨询费、业务招待费、资料建档管理费、印花税、其他管理性开支等。

第五节　不可预见费

不可预见费指在施工过程中因自然灾害、设计变更、短期物价上涨和其他不可预见因素的变化而增加的费用以及可能发生的相关部门规费。

第五章 编制方法及计算标准

第一节 基础单价编制

一、人工预算单价

(一)人工预算单价计算方法

1. 基本工资
基本工资(元/工日)=基本工资标准(元/月)×12月÷(年应工作天数-年非工作天数)

2. 辅助工资
(1)施工津贴(元/工日)=津贴标准(元/天)×365天×K_1÷(年应工作天数-年非工作天数)
(2)夜餐津贴(元/工日)=(中班津贴标准+夜班津贴标准)÷2×K_2
(3)节日加班津贴(元/工日)=基本工资(元/工日)×3×11÷年应工作天数×K_3
上式中:K_1为因有不全额发生的因素而导致的调整系数;K_2为全年发放天数的比例系数;K_3为法定假日加班所占的比例系数,详见辅助工资系数表。

3. 人工工日预算单价
人工工日预算单价(元/工日)=基本工资+辅助工资

(二)人工预算单价计算标准

1. 有效工作时间
(1)年应工作天数:250天(年日历日365天减法定假11天,减52周双休日104天)。
(2)年非工作天数:包括探亲假、气候影响停工、学习培训、6个月以内病假。甲类工、乙类工均按10天计。

2. 基本工资标准
甲类工基本工资参照事业单位个人基本工资标准中的二级技术工的岗位工资1 430

元/月,乙类工基本工资参照事业单位个人基本工资标准中的普通工的岗位工资 1 130 元/月。

3. 辅助工资标准

辅助工资标准表

序号	项目	甲类工	乙类工
1	施工津贴	7.0元/天	4.0元/天
2	夜餐津贴	9.0元/夜班,7.0元/中班	

辅助工资系数表

序号	项目	甲类工	乙类工
1	K_1	0.95	0.95
2	K_2	0.20	0.05
3	K_3	0.35	0.15

4. 人工预算单价计算

人工预算单价计算表

序号	项目	公式	工程类别	单价(元)
1	基本工资	1 430×1×12/(250−10)	甲类工	71.50
		1 130×1×12/(250−10)	乙类工	56.50
2	辅助工资	10.11+1.6+3.3	甲类工	15.01
		5.78+0.4+1.12	乙类工	7.30
(1)	施工津贴	7×365×0.95/(250−10)	甲类工	10.11
		4×365×0.95/(250−10)	乙类工	5.78
(2)	夜餐津贴	(9+7)/2×0.2	甲类工	1.60
		(9+7)/2×0.05	乙类工	0.40
(3)	节日加班津贴	71.5×3×11/250×0.35	甲类工	3.30
		56.5×3×11/250×0.15	乙类工	1.12
人工预算单价				
甲类		71.50+15.01		86.51
乙类		56.50+7.30		63.80

注:施工机械台班费中机上人工单价按甲类工单价计算;表中数据按四舍五入规则取约数。

二、材料预算单价

1. 主要材料预算价格

对于用量多、影响工程投资大的主要材料,如钢材、木材、水泥、砂石料、客土等,一般需编制材料预算价格。材料预算价格计算公式为:

材料预算单价=(材料原价+运杂费)×(1+采购及保管费率)+运输保险费

(1) 材料原价。也称材料市场价或交货价格,是计算材料预算价格的基础,其价格按不含增值税进项税额的市场调查价格计算。

(2) 运杂费。铁路运输按原铁道部《铁路货物运价规则》及有关规定计算其运杂费。公路及水路运输按江苏省交通部门现行规定和实际情况计算。

(3) 采购及保管费。按材料运到工地仓库价格(不包括运输保险费)的2.17%计算。

(4) 运输保险费。按江苏省或中国人民保险集团股份有限公司的有关规定和实际情况计算。

对于规模较小，投资额不高的工程项目，针对不同工程编制主要材料预算价格实际意义不大，可以直接采用工程所在地区建设行政部门造价管理机构发布的材料预算指导价格，并在此基础上根据实际情况做适当的调整。

2. 其他材料预算单价

可参考工程所在地区的工业与民用建筑安装工程材料预算价格或信息价格。

3. 对水泥、钢筋等主要材料进行限价调差

当上述材料预算价格小于或等于"主材基准价格表"中规定的基准价格时，直接以预算价格计算材料费；当材料预算价格大于"主材基准价格表"中规定的基准价格时，基本直接费中以基准价格计取材料费，超出限价部分单独计算材料价差(只计取价差费和税金)，不参与其他取费。

4. 混凝土及砂浆材料单价

编制混凝土工程和砌筑工程单价时，首先要计算混凝土和砂浆材料单价。混凝土材料主要有水泥、砂、碎石和水；砂浆材料主要有水泥、砂和水。应根据设计确定的不同工程部位的混凝土或砂浆的标号、级配和水灰比，工程试验提供的混凝土或砂浆配合比的各项材料用量以及材料预算价格计算混凝土或砂浆的材料价格，若无试验资料时，也可参照《江苏省土地综合整治项目预算定额》附录7中的混凝土、砂浆配合比及材料用量表计算。详见预算附表。

主材基准价格表

序号	材料名称	单位	基准价(元)
1	水泥	t	311
2	钢筋	t	3 549
3	碎石	m³	62
4	块石	m³	80
5	砂	m³	71
6	标准砖	千块	222
7	生石灰	t	266
8	锯材	m³	1 420
9	汽油	t	6 654
10	柴油	t	5 767
11	商品混凝土	m³	200

三、电、风、水预算价格

1. 施工用电价格

施工用电价格由基本电价、电能损耗摊销费和供电设施维修摊销费组成,根据施工组织设计确定的供电方式以及不同电源的电量所占比例进行计算。也可根据工程所在地区工程造价信息中的预算指导价确定。

①电网供电价格

电网供电价格＝基本电价÷(1－高压输电线路损耗率)÷(1－变配电设备及配电线路损耗率)＋供电设施维修摊销费

式中:高压输电线路损耗率取 4%～6%;变配电设备及配电线路损耗率取 5%～8%;供电设施维修摊销费取 0.02～0.03 元/(kW·h)。

②柴油发电机供电价格

柴油发电机供电价格＝柴油发电机组(台)班总费用÷(柴油发电机额定容量之和×8 小时×K_1×K_2)÷(1－变配电设备及配电线路损耗率)＋单位循环冷却水费＋供电设施维修摊销费

式中:K_1—时间利用系数,取 0.70～0.80;K_2—发电机出力系数,取 0.80～0.85;变配电设备及配电线路损耗率取 5%～8%;单位循环冷却水费取 0.03～0.05 元/(kW·h);供电设施维修摊销费取 0.02～0.03 元/(kW·h)。

2. 施工用水价格

施工用水价格由基本水价、供水损耗和供水设施维修摊销费组成,根据施工组织设计所配置的供水系统设备组(台)班总费用和组(台)班总有效供水量计算。也可根据工程所在地区工程造价信息中的预算指导价确定。

施工用水价格＝水泵组(台)班总费用÷(水泵额定容量之和×8 小时×K_1×K_2)÷(1－供水损耗率)＋供水设施维修摊销费

式中:K_1—时间利用系数,取 0.70～0.80;K_2—能量利用系数,取 0.75～0.85;供水损耗率取 8%～12%;供水设施维修摊销费取 0.02～0.03 元/m³。

3. 施工用风价格

施工用风价格由基本风价、供风损耗和供风设施维修摊销费组成,根据施工组织设计所配置的空气压缩机系统设备组(台)班总费用和组(台)班总有效供风量计算。也可根据工程所在地区工程造价信息中的预算指导价确定。

施工用风价格＝空气压缩机组(台)班总费用÷(空气压缩机额定容量之和÷60 分钟×8 小时×K_1×K_2)÷(1－供风损耗率)＋单位循环冷却水费＋供风设施维修摊销费

式中:K_1—时间利用系数,取 0.70～0.80;K_2—能量利用系数,取 0.70～0.85;供风损耗率取 8%～12%;单位循环冷却水费取 0.005 元/m³;供风设施维修摊销费取 0.002～0.003 元/m³。

四、施工机械台班费

施工机械台班费应根据《江苏省土地综合整治项目施工机械台班费预算定额》及有关规定计算,机上人工费单价按甲类工计算。对于定额缺项的施工机械,可补充编制台班费定额。

第二节 工程施工费单价编制

工程施工费单价＝直接费＋间接费＋企业利润＋材料补差＋税金

一、直接费

直接费＝基本直接费＋其他直接费

1. 基本直接费

人工费＝定额劳动量(工日)×人工预算单价(元/工日)

材料费＝定额材料用量×材料预算单价

机械使用费＝定额机械使用量(台班)×施工机械台班费(元/台班)

2. 其他直接费

其他直接费＝基本直接费×费率

(1) 临时设施费

不同工程类别的临时设施费费率见下表。

临时设施费费率表

序号	工程类别	计算基数	费率(%)
1	土方工程	基本直接费	2
2	石方工程	基本直接费	2
3	砌体工程	基本直接费	2
4	混凝土工程	基本直接费	3
5	农用井工程	基本直接费	3
6	其他工程	基本直接费	2
7	安装工程	基本直接费	3

注：①其他工程：指除上述工程以外的工程，如架线工程及塑料管安装、混凝土管安装、农田林网等；
②安装工程：包括机电设备和金属结构设备(闸门、钢管、铸铁管等)安装工程等。

(2) 冬雨季施工增加费

按基本直接费的百分率计算，费率确定为 0.5%～1.0%。根据不同工程类别，采取以下方法确定费率(详见下页表格)。

(3) 夜间施工增加费

仅指混凝土工程和农用井工程中需连续作业工程部分，按基本直接费的百分率计算，其中建筑工程为 0.2%，安装工程为 0.5%。

(4) 安全施工措施费

按基本直接费的百分率计算，其中建筑工程为 1.0%，安装工程为 1.5%。

冬雨季施工增加费费率表

序号	工程类别	计算基数	费率(%)
1	土方工程	基本直接费	0.5
2	石方工程		
3	砌体工程		1.0
4	混凝土工程		
5	农用井工程		
6	其他工程		
7	安装工程		

(5) 其他费

按基本直接费的百分率计算,其中建筑工程为0.7%,安装工程为1.0%。

二、间接费

$$间接费＝直接费（或人工费）×间接费费率$$

不同工程类别的间接费费率见下表。

间接费费率表

序号	工程类别	计算基数	间接费费率(%)
1	土方工程	直接费	5.5
2	石方工程	直接费	6.5
3	砌体工程	直接费	5.5
4	混凝土工程	直接费	6.5
5	农用井钻孔工程	直接费	8.5
6	其他工程	直接费	5.5
7	安装工程	人工费	65

三、企业利润

$$企业利润＝（直接费＋间接费）×企业利润率（3\%）$$

四、材料价差

$$材料价差＝\Sigma（材料预算价格－材料基准价格）×定额材料用量$$

五、税金

$$税金＝（直接费＋间接费＋企业利润＋材料价差）×增值税税率（9\%）$$

第三节 土地综合整治项目预算编制

第一部分 工程施工费预算

土地综合整治项目工程施工费分土地平整与土地修复工程、灌溉与排水工程、田间道路工程和农田防护与生态修复工程,采用设计工程量乘以工程施工费单价进行编制。

设计工程量应根据《土地整治项目工程量计算规则》(TD/T 1039—2013)规定计算。

第二部分 设备购置费预算

设备费主要由设备原价、运杂费、运输保险费和采购及保管费组成。

1. 设备原价

以出厂价或设计单位分析论证后的询价为设备原价。

2. 运杂费

运杂费按占设备原价的 4%~6% 计算。

3. 运输保险费

按有关规定计算。

4. 采购及保管费

按设备原价、运杂费之和的 0.7% 计算。

5. 运杂综合费率

运杂综合费率=运杂费率+(1+运杂费率)×采购及保管费率+运输保险费率

第三部分 其他费用预算

1. 前期工作费

主要包括:土地清查费、项目勘测费、项目可行性研究费、项目规划设计及预算编制费、施工图设计费、项目立项和规划设计及预算审查费、项目招标费。

(1) 土地清查费

按不超过工程施工费的 0.5% 计取。计算公式为:

土地清查费=工程施工费×费率

(2) 项目勘测费

包括:前期测量费和地质勘察费。

项目勘测费=前期测量费+地质勘察费

前期测量费按不超过工程施工费的 0.8% 计取(项目地貌类型为丘陵、山区的可乘以 1.1 的系数)。计算公式为:

前期测量费=工程施工费×费率

地质勘察费按不超过工程施工费的 0.5% 计取(项目地貌类型为丘陵、山区的可乘以 1.1 的系数)。计算公式为:

地质勘察费＝工程施工费×费率

（3）项目可行性研究费

以工程施工费与设备购置费之和作为计算基数，采用差额定率累进法计算（项目地貌类型为丘陵、山区的可乘以1.1的系数）。

项目可行性研究费计费标准　　　　　　　　　　　　　　　　单位：万元

序号	计费基数	费率（%）	算例 计费基数	算例 公式	算例 项目可行性研究费
1	≤500	1.00	500	500×1.00%	5.00
2	500～1 000	0.40	1 000	5+(1 000−500)×0.40%	7.00
3	1 000～3 000	0.30	3 000	7+(3 000−1 000)×0.30%	13.00
4	3 000～5 000	0.20	5 000	13+(5 000−3 000)×0.20%	17.00
5	5 000～8 000	0.18	8 000	17+(8 000−5 000)×0.18%	22.40
6	8 000～10 000	0.16	10 000	22.4+(10 000−8 000)×0.16%	25.60
7	10 000～20 000	0.14	20 000	25.6+(20 000−10 000)×0.14%	39.60
8	20 000～40 000	0.12	40 000	39.6+(40 000−20 000)×0.12%	63.60
9	40 000～60 000	0.08	60 000	63.6+(60 000−40 000)×0.08%	79.60
10	60 000～80 000	0.06	80 000	79.6+(80 000−60 000)×0.06%	91.60
11	80 000～100 000	0.04	100 000	91.6+(100 000−80 000)×0.04%	99.60
12	>100 000	0.02	150 000	99.6+(150 000−100 000)×0.02%	109.60

（4）项目规划设计及预算编制费

以工程施工费与设备购置费之和作为计算基数，采用差额定率累进法计算（项目地貌类型为丘陵、山区的可乘以1.1的系数）。

项目规划设计及预算编制费计费标准　　　　　　　　　　　　单位：万元

序号	计费基数	费率（%）	算例 计费基数	算例 公式	算例 项目规划设计及预算编制费
1	≤500	2.40	500	500×2.40%	12.00
2	500～1 000	2.00	1 000	12+(1 000−500)×2.00%	22.00
3	1 000～3 000	1.20	3 000	22+(3 000−1 000)×1.20%	46.00
4	3 000～5 000	0.80	5 000	46+(5 000−3 000)×0.80%	62.00
5	5 000～8 000	0.70	8 000	62+(8 000−5 000)×0.70%	83.00
6	8 000～10 000	0.60	10 000	83+(10 000−8 000)×0.60%	95.00
7	10 000～20 000	0.55	20 000	95+(20 000−10 000)×0.55%	150.00
8	20 000～40 000	0.50	40 000	150+(40 000−20 000)×0.50%	250.00
9	40 000～60 000	0.45	60 000	250+(60 000−40 000)×0.45%	340.00

续表

序号	计费基数	费率(%)	算例		
			计费基数	公式	项目规划设计及预算编制费
10	60 000~80 000	0.40	80 000	340+(80 000−60 000)×0.40%	420.00
11	80 000~100 000	0.35	100 000	420+(100 000−80 000)×0.35%	490.00
12	>100 000	0.30	150 000	490+(150 000−100 000)×0.30%	640.00

(5) 施工图设计费

以工程施工费与设备购置费之和作为计算基数,采用差额定率累进法计算(项目地貌类型为丘陵、山区的可乘以1.1的系数)。

施工图设计费计费标准　　　　　　　　　　　　　　　　单位:万元

序号	计费基数	费率(%)	算例		
			计费基数	公式	施工图设计费
1	≤500	2.20	500	500×2.20%	11.00
2	500~1 000	1.40	1 000	11+(1 000−500)×1.40%	18.00
3	1 000~3 000	1.00	3 000	18+(3 000−1 000)×1.00%	38.00
4	3 000~5 000	0.80	5 000	38+(5 000−3 000)×0.80%	54.00
5	5 000~8 000	0.60	8 000	54+(8 000−5 000)×0.60%	72.00
6	8 000~10 000	0.55	10 000	72+(10 000−8 000)×0.55%	83.00
7	10 000~20 000	0.50	20 000	83+(20 000−10 000)×0.50%	133.00
8	20 000~40 000	0.45	40 000	133+(40 000−20 000)×0.45%	223.00
9	40 000~60 000	0.40	60 000	223+(60 000−40 000)×0.40%	303.00
10	60 000~80 000	0.35	80 000	303+(80 000−60 000)×0.35%	373.00
11	80 000~100 000	0.30	100 000	373+(100 000−80 000)×0.30%	433.00
12	>100 000	0.25	150 000	433+(150 000−100 000)×0.25%	558.00

(6) 项目立项和规划设计及预算审查费

项目立项和规划设计审查费按不超过工程施工费的0.4%计取。计算公式为:

$$项目立项和规划设计审查费 = 工程施工费 \times 费率$$

项目预算审查费按不超过工程施工费的0.3%计取。计算公式为:

$$项目预算审查费 = 工程施工费 \times 费率$$

(7) 项目招标费

以工程施工费与设备购置费之和作为计算基数,采用差额定率累进法计算。

项目招标费计费标准　　　　　　　　　　　　　　　　　　　　　　单位：万元

序号	计费基数	费率(%)	算例 计费基数	公式	项目招标费
1	≤500	0.80	500	500×0.80%	4.00
2	500～1 000	0.40	1 000	4+(1 000-500)×0.40%	6.00
3	1 000～3 000	0.30	3 000	6+(3 000-1 000)×0.30%	12.00
4	3 000～5 000	0.20	5 000	12+(5 000-3 000)×0.20%	16.00
5	5 000～8 000	0.10	8 000	16+(8 000-5 000)×0.10%	19.00
6	8 000～10 000	0.10	10 000	19+(10 000-8 000)×0.10%	21.00
7	10 000～20 000	0.05	20 000	21+(20 000-10 000)×0.05%	26.00
8	20 000～40 000	0.05	40 000	26+(40 000-20 000)×0.05%	36.00
9	40 000～60 000	0.04	60 000	36+(60 000-40 000)×0.04%	44.00
10	60 000～80 000	0.03	80 000	44+(80 000-60 000)×0.03%	50.00
11	80 000～100 000	0.03	100 000	50+(100 000-80 000)×0.03%	56.00
12	>100 000	0.01	150 000	56+(150 000-100 000)×0.01%	61.00

2. 工程监理费

以工程施工费与设备购置费之和作为计算基数，采用差额定率累进法计算。

工程监理费计费标准　　　　　　　　　　　　　　　　　　　　　　单位：万元

序号	计费基数	费率(%)	算例 计费基数	公式	工程监理费
1	≤500	2.00	500	500×2.00%	10.00
2	500～1 000	1.80	1 000	10+(1 000-500)×1.80%	19.00
3	1 000～3 000	1.50	3 000	19+(3 000-1 000)×1.50%	49.00
4	3 000～5 000	1.20	5 000	49+(5 000-3 000)×1.20%	73.00
5	5 000～8 000	1.00	8 000	73+(8 000-5 000)×1.00%	103.00
6	8 000～10 000	0.80	10 000	103+(10 000-8 000)×0.80%	119.00
7	10 000～20 000	0.75	20 000	119+(20 000-10 000)×0.75%	194.00
8	20 000～40 000	0.70	40 000	194+(40 000-20 000)×0.70%	334.00
9	40 000～60 000	0.65	60 000	334+(60 000-40 000)×0.65%	464.00
10	60 000～80 000	0.60	80 000	464+(80 000-60 000)×0.60%	584.00
11	80 000～100 000	0.55	100 000	584+(100 000-80 000)×0.55%	694.00
12	>100 000	0.50	150 000	694+(150 000-100 000)×0.50%	944.00

3. 拆迁补偿费

应本着实事求是的原则，准确量测、统计拆迁零星房屋及附属建筑物、迁坟、砍伐或移植林木、毁损青苗等实物量，补偿标准应结合项目所在地实际情况，按当地县级以上人民政府征地拆迁补偿标准或规定计算（作为预算附件）。其中，房屋、林木主要指零星房屋、零星林木,青苗补偿面积按实际毁损面积作物一季的损失补偿。为确保土地综合整治项目资金的合理使用,拆迁补偿费原则上不得超过工程施工费的5%。

4. 竣工验收费

主要包括项目竣工测量和工程复核费、工程验收费、项目决算编制费、项目决算审计费、土地重估与登记费、标牌与标识设定费。

(1) 项目竣工测量及工程复核费

按不超过工程施工费与设备购置费之和的1.0%计算(项目地貌类型为丘陵、山区的可乘以1.1的系数)。计算公式为:

项目竣工测量及工程复核费＝(工程施工费＋设备购置费)×费率

(2) 工程验收费

以工程施工费与设备购置费之和作为计算基数,采用差额定率累进法计算。

工程验收费计费标准　　　　　　　　　　　　　　　　单位:万元

序号	计费基数	费率(%)	算例		
			计费基数	公式	工程验收费
1	≤500	1.20	500	500×1.20%	6.00
2	500～1 000	1.00	1 000	6＋(1 000－500)×1.00%	11.00
3	1 000～3 000	0.80	3 000	11＋(3 000－1 000)×0.80%	27.00
4	3 000～5 000	0.60	5 000	27＋(5 000－3 000)×0.60%	39.00
5	5 000～8 000	0.50	8 000	39＋(8 000－5 000)×0.50%	54.00
6	8 000～10 000	0.50	10 000	54＋(10 000－8 000)×0.50%	64.00
7	10 000～20 000	0.40	20 000	64＋(20 000－10 000)×0.40%	104.00
8	20 000～40 000	0.40	40 000	104＋(40 000－20 000)×0.40%	184.00
9	40 000～60 000	0.35	60 000	184＋(60 000－40 000)×0.35%	254.00
10	60 000～80 000	0.30	80 000	254＋(80 000－60 000)×0.30%	314.00
11	80 000～100 000	0.30	100 000	314＋(100 000－80 000)×0.30%	374.00
12	＞100 000	0.20	150 000	374＋(150 000－100 000)×0.20%	474.00

(3) 项目决算编制与审计费

项目决算编制费以工程施工费与设备购置费之和作为计算基数,采用差额定率累进法计算。

项目决算编制费计费标准　　　　　　　　　　　　　　单位:万元

序号	计费基数	费率(%)	算例		
			计费基数	公式	项目决算编制费
1	≤500	0.30	500	500×0.30%	1.50
2	500～1 000	0.20	1 000	1.5＋(1 000－500)×0.20%	2.50
3	1 000～3 000	0.12	3 000	2.5＋(3 000－1 000)×0.12%	4.90
4	3 000～5 000	0.10	5 000	4.9＋(5 000－3 000)×0.10%	6.90

续表

序号	计费基数	费率(%)	算例		
			计费基数	公式	项目决算编制费
5	5 000～8 000	0.06	8 000	6.9+(8 000−5 000)×0.06%	8.70
6	8 000～10 000	0.06	10 000	8.7+(10 000−8 000)×0.06%	9.90
7	10 000～20 000	0.04	20 000	9.9+(20 000−10 000)×0.04%	13.90
8	20 000～40 000	0.04	40 000	13.9+(40 000−20 000)×0.04%	21.90
9	40 000～60 000	0.04	60 000	21.9+(60 000−40 000)×0.04%	29.90
10	60 000～80 000	0.03	80 000	29.9+(80 000−60 000)×0.03%	35.90
11	80 000～100 000	0.03	80 000	35.9+(100 000−80 000)×0.03%	41.90
12	>100 000	0.02	150 000	41.9+(150 000−100 000)×0.02%	51.90

项目决算审计费以工程施工费与设备购置费之和作为计算基数,采用差额定率累进法计算。

项目决算审计费计费标准 单位:万元

序号	计费基数	费率(%)	算例		
			计费基数	公式	项目决算审计费
1	≤500	0.90	500	500×0.90%	4.50
2	500～1 000	0.70	1 000	4.5+(1 000−500)×0.70%	8.00
3	1 000～3 000	0.60	3 000	8+(3 000−1 000)×0.60%	20.00
4	3 000～5 000	0.50	5 000	20+(5 000−3 000)×0.50%	30.00
5	5 000～8 000	0.40	8 000	30+(8 000−5 000)×0.40%	42.00
6	8 000～10 000	0.40	10 000	42+(10 000−8 000)×0.40%	50.00
7	10 000～20 000	0.30	20 000	50+(20 000−10 000)×0.30%	80.00
8	20 000～40 000	0.30	40 000	80+(40 000−20 000)×0.30%	140.00
9	40 000～60 000	0.25	60 000	140+(60 000−40 000)×0.25%	190.00
10	60 000～80 000	0.20	80 000	190+(80 000−60 000)×0.20%	230.00
11	80 000～100 000	0.20	100 000	230+(100 000−80 000)×0.20%	270.00
12	>100 000	0.10	150 000	270+(150 000−100 000)×0.10%	320.00

(4)土地重估与登记费

以工程施工费与设备购置费之和作为计算基数,采用差额定率累进法计算。

土地重估与登记费计费标准 单位:万元

序号	计费基数	费率(%)	算例		
			计费基数	公式	土地重估与登记费
1	≤500	0.60	500	500×0.60%	3.00
2	500～1 000	0.55	1 000	3+(1 000−500)×0.55%	5.75

续表

序号	计费基数	费率(%)	算例		土地重估与登记费
			计费基数	公式	
3	1 000~3 000	0.50	3 000	5.75+(3 000−1 000)×0.50%	15.75
4	3 000~5 000	0.45	5 000	15.75+(5 000−3 000)×0.45%	24.75
5	5 000~8 000	0.40	8 000	24.75+(8 000−5 000)×0.40%	36.75
6	8 000~10 000	0.40	10 000	36.75+(10 000−8 000)×0.40%	44.75
7	10 000~20 000	0.35	20 000	44.75+(20 000−10 000)×0.35%	79.75
8	20 000~40 000	0.35	40 000	79.75+(40 000−20 000)×0.35%	149.75
9	40 000~60 000	0.30	60 000	149.75+(60 000−40 000)×0.30%	209.75
10	60 000~80 000	0.30	80 000	209.75+(80 000−60 000)×0.30%	269.75
11	80 000~100 000	0.30	100 000	269.75+(100 000−80 000)×0.30%	329.75
12	>100 000	0.25	150 000	329.75+(150 000−100 000)×0.25%	454.75

（5）标牌与标识设定费

以工程施工费与设备购置费之和作为计算基数，采用差额定率累进法计算。

标牌与标识设定费计费标准　　　　　　　　　　　　　　　　　　单位：万元

序号	计费基数	费率(%)	算例		标牌标识设定费
			计费基数	公式	
1	≤500	0.40	500	500×0.40%	2.00
2	500~1 000	0.24	1 000	2+(1 000−500)×0.24%	3.20
3	1 000~3 000	0.16	3 000	3.2+(3 000−1 000)×0.16%	6.40
4	3 000~5 000	0.14	5 000	6.4+(5 000−3 000)×0.14%	9.20
5	5 000~8 000	0.12	8 000	9.2+(8 000−5 000)×0.12%	12.80
6	8 000~10 000	0.12	10 000	12.8+(10 000−8 000)×0.12%	15.20
7	10 000~20 000	0.10	20 000	15.2+(20 000−10 000)×0.10%	25.20
8	20 000~40 000	0.10	40 000	25.2+(40 000−20 000)×0.10%	45.20
9	40 000~60 000	0.09	60 000	45.2+(60 000−40 000)×0.09%	63.20
10	60 000~80 000	0.08	80 000	63.2+(80 000−60 000)×0.08%	79.20
11	80 000~100 000	0.08	100 000	79.2+(100 000−80 000)×0.08%	95.20
12	>100 000	0.06	150 000	95.2+(150 000−100 000)×0.06%	125.20

5. 业主管理费

以工程施工费、设备购置费、前期工作费、工程监理费、拆迁补偿费和竣工验收费之和作为计算基数，采用差额定率累进法计算。

业主管理费计费标准   单位:万元

序号	计费基数	费率(%)	算例		
			计费基数	公式	业主管理费
1	≤500	2.80	500	500×2.80%	14.00
2	500~1 000	2.60	1 000	14+(1 000−500)×2.60%	27.00
3	1 000~3 000	2.40	3 000	27+(3 000−1 000)×2.40%	75.00
4	3 000~5 000	2.20	5 000	75+(5 000−3 000)×2.20%	119.00
5	5 000~8 000	1.90	8 000	119+(8 000−5 000)×1.90%	176.00
6	8 000~10 000	1.90	10 000	176+(10 000−8 000)×1.90%	214.00
7	10 000~20 000	1.60	20 000	214+(20 000−10 000)×1.60%	374.00
8	20 000~40 000	1.60	40 000	374+(40 000−20 000)×1.60%	694.00
9	40 000~60 000	1.40	60 000	694+(60 000−40 000)×1.40%	974.00
10	60 000~80 000	1.20	80 000	974+(80 000−60 000)×1.20%	1 214.00
11	80 000~100 000	1.20	100 000	1 214+(100 000−80 000)×1.20%	1 454.00
12	>100 000	0.80	150 000	1 454+(150 000−100 000)×0.80%	1 854.00

第四部分 不可预见费

不可预见费以不超过工程施工费、设备购置费和其他费用之和的3%计算。公式为：

不可预见费＝(工程施工费＋设备购置费＋其他费用)×费率

第六章　预算表格及格式

一、预算书主件(目录、预算编制说明略)

1. 封面

> ×××× 项目预算书
> （一号黑体字）
>
> 项目承担单位：（三号宋体字）
> 预算编制单位：（三号宋体字）
> 编制日期：　年　月　日（三号宋体字）

2. 扉页(签署页)

××××项目预算书

(一号黑体字)

项目承担单位:(三号宋体字)(公章)
负　责　人:(三号宋体字)(本人签字)

预算编制单位:(三号宋体字)(公章)
负　责　人:(三号宋体字)(本人签字)
复　核　人:(三号宋体字)(本人签字)
编　制　人:(三号宋体字)(本人签字)

编制日期：　　年　　月　　日(三号宋体字)

注：扉页之后为目录和预算编制说明。

3. 预算表格

表1　土地综合整治项目总预算及分年度预算表

编制单位：　　　　　　　　　　　　　　　　　　　　　　　金额单位：万元

项目名称	类别	项目地点	项目性质及建设规模（公顷）				项目资金预算									预计净增耕地面积（公顷）
^	^	^	^	^	^	^	总预算			分年度预算							^
^	^	^	^	^	^	^	^	^	^	第一年			第二年			…	^
^	^	^	合计	开发	整理	复垦	合计	新增费	其他资金	小计	新增费	其他资金	小计	新增费	其他资金	…	^
总计																	

填表说明：项目性质分为土地开发、土地整理和土地复垦三种。

表2　土地综合整治项目预算总表

项目名称：　　　　　　　　项目规模：　　（公顷）　　　　金额单位：万元

序号	工程或费用名称	预算金额	各项费用占总费用的比例（％）
	（1）	（2）	（3）
一	工程施工费（建筑安装工程费）		
二	设备购置费		
三	其他费用		
四	不可预见费		
	总计		

表3　土地综合整治项目工程施工费预算汇总表

项目名称：　　　　　　　　　　　　　　　　　　　　　　　金额单位：万元

序号	单项名称	预算金额	单项费用占工程施工费的比例（％）
	（1）	（2）	（3）
1	土地平整与土地修复工程		
2	灌溉与排水工程		
3	田间道路工程		
4	农田防护与生态修复工程		
	总计		

填表说明：表中预算金额见表3-1。

表 3-1 工程施工费预算表

项目名称：　　　　　　　　　　　　　　　　　　　　　　　　　　　　　　　　　金额单位:元

序号	定额编号	单项名称	单位	工程量	综合单价	合计
	（1）	（2）	（3）	（4）	（5）	（6）
一		土地平整与土地修复工程				
1		耕作田块修筑工程				
（1）		条田				
		土方开挖	100 m³			
		……				
二		灌溉与排水工程				
1		水源工程				
（1）		塘堰				
		土方开挖	100 m³			
		……				
三		田间道路工程				
1		田间道修筑工程				
（1）		路基				
		土方开挖	100 m³			
		……				
四		农田防护与生态修复工程				
1		农田林网工程				
（1）		农田防风林				
		栽植灌木	元/株			
		……				
	总计					

填表说明：表中(5)见表 3-2；(6)=(4)×(5)。

表 3-2 工程施工费单价汇总表

项目名称：　　　　　　　　　　　　　　　　　　　　　　　　　　　　　　　　　金额单位:元

| 序号 | 定额编号 | 单项名称 | 单位 | 直接费 |||||| 间接费 | 利润 | 材料价差 | 未计价材料费 | 税金 | 综合单价 |
					人工费	材料费	机械使用费	基本直接费	其他直接费	合计						
	（1）	（2）	（3）	（4）	（5）	（6）	（7）	（8）	（9）	（10）	（11）	（12）	（13）	（14）	（15）
一		土地平整与土地修复工程													
1		耕作田块修筑工程													
（1）		条田													
		土方开挖	100 m³												
		……													
二		灌溉与排水工程													

续表

| 序号 | 定额编号 | 单项名称 | 单位 | 直接费 |||||| 间接费 | 利润 | 材料价差 | 未计价材料费 | 税金 | 综合单价 |
				人工费	材料费	机械使用费	基本直接费	其他直接费	合计						
1		水源工程													
(1)		塘堰													
		土方开挖	100 m³												
		……													
三		田间道路工程													
1		田间道修筑工程													
(1)		路基													
		土方开挖	100 m³												
		……													
四		农田防护与生态修复工程													
1		农田林网工程													
(1)		农田防风林													
		栽植灌木	元/株												
		……													

填表说明：表中(4)～(15)见附表7。

表4 设备购置费预算表

项目名称： 金额单位：万元

| 序号 | 设备名称 | 规格 | 单位 | 数量 | 单价 | 合计 | 说明 |
	(1)	(2)	(3)	(4)	(5)	(6)	(7)
1							
2							
3							
4							
……							
总计							

填表说明：1. 本表应根据具体的设备购置情况进行计算,包括设备规格、单位、数量、单价以及需要说明的有关问题。
2. 表中(6)=(4)×(5)。

表5 其他费用预算表

项目名称： 金额单位：万元

| 序号 | 费用名称 | 计算公式 | 预算金额 | 各项费用占其他费用的比例(%) |
	(1)	(2)	(3)	(4)
1	前期工作费			

续表

序号	费用名称	计算公式	预算金额	各项费用占其他费用的比例(%)
	(1)	(2)	(3)	(4)
(1)	土地清查费			
(2)	项目勘测费			
(3)	项目可行性研究费			
(4)	项目规划设计及预算编制费			
(5)	施工图设计费			
(6)	项目立项和规划设计及预算审查费			
(7)	项目招标费			
2	工程监理费			
3	拆迁补偿费			
4	竣工验收费			
(1)	项目竣工测量与工程复核费			
(2)	工程验收费			
(3)	项目决算编制与审计费			
(4)	整理后土地重估与登记费			
(5)	标牌与标识设定费			
5	业主管理费			
	总计			

表5-1 拆迁补偿费预算表

项目名称： 金额单位:万元

序号	名称	规格	单位	数量	单价	合计	备注
	(1)	(2)	(3)	(4)	(5)	(6)	(7)
1	房屋及附属建筑物						
	……						
	……						
2	坟墓						
	……						
3	林木						
	……						
4	青苗						
	……						
	总计						

填表说明：1. 本表应根据实际情况进行填写。备注栏中应简要阐述拆迁补偿标准确定的原则和必须补偿的理由。
2. 表中(6)=(4)×(5)。

表6 不可预见费预算表

项目名称： 金额单位:万元

序号	费用名称	工程施工费	设备购置费	其他费用	小计	费率(%)	合计
		(1)	(2)	(3)	(4)	(5)	(6)	(7)
	总计						

填表说明：1. 表中(5)=[(2)+(3)+(4)],(2)见表3总计,(3)见表4总计,(4)见表5总计。
2. 表中(7)=(5)×(6)。

表7 土地综合整治项目季度分月用款计划表

项目名称： 金额单位:万元

工程名称	项目地点	具体用款科目	合计	项目分年各月用款数													第…年		
				第一年												第一季度		
				第一季度			第二季度			第三季度			第四季度					
				1月	2月	3月	4月	5月	6月	7月	8月	9月	10月	11月	12月	1月	2月	3月	…
	总计																		

4. 预算附表

附表1

人工预算单价计算表

序号	项目	公式	工种类别	单价(元)
1	基本工资		甲类	
			乙类	
2	辅助工资		甲类	
			乙类	
(1)	施工津贴		甲类	
			乙类	
(2)	夜餐津贴		甲类	
			乙类	

续表

序号	项目	公式	工种类别	单价(元)
(3)	节日加班津贴		甲类	
			乙类	
人工预算单价				
甲类				
乙类				

附表 2

主要材料预算价格计算表

金额单位:元

编号	名称及规格	单位	预算价格	其中			
				原价	运杂费	运输保险	到工地价格	采购及保管费

附表 2-1

主要材料运杂费计算表

金额单位:元

编号	名称及规格	计量单位	起止地点	运输距离	运输方式	计算公式	运杂费

附表 3

次要材料预算价格表

金额单位:元

编号	名称及规格	单位	预算价格

附表 4

机械台班费预算单价计算表

定额编号	名称及规格	台班费	一类费用	二类费用										
				二类费用合计	人工费(元/日)	动力燃料费小计	汽油(元/kg)		柴油(元/kg)		电(元/kW·h)		水(元/m³)		风(元/m³)	
							数量	金额	数量	金额	数量	金额	数量	金额	数量	金额

续表

定额编号	名称及规格	台班费	一类费用	二类费用合计	二类费用											
					人工费（元/日）	动力燃料费小计	汽油（元/kg）		柴油（元/kg）		电（元/kW·h）		水（元/m³）		风（元/m³）	
							数量	金额	数量	金额	数量	金额	数量	金额	数量	金额

注：1. 机上人工单价以甲类工计；
2. 汽油、柴油预算价格小于或等于用主材限价表中的基准价时，直接采用预算价格计算；预算价格高于用主材限价表中的基准价时，采用主材限价表中的基准价计算，在工程施工费单价分析表中计入价差。

附表5

混凝土、砂浆单价计算表　　　　　　　　　金额单位：元

编号	混凝土、砂浆强度等级	水泥强度等级	级配	水泥		砂		碎石		水		外加剂		单价（元）
				kg	单价	m³	单价	m³	单价	m³	单价	kg	单价	

注：水泥、砂、碎石价格小于或等于用主材限价表中的基准价时，直接采用预算价格计算；预算价格高于用主材限价表中的基准价时，采用主材限价表中的基准价计算，在工程施工费单价分析表中计入材料价差。

附表6

主要工程量汇总表

序号	项目	土方开挖（m³）	土方回填（m³）	石方开挖（m³）	石方回填（m³）	混凝土（m³）	浆砌石（m³）	浆砌砖（m³）

注：表中统计的工程类别可根据工程实际情况调整。

附表7

工程施工费单价分析表

定额编号：　　　　定额单位：　　　　　　　　　　　金额单位：元

施工方法：

序号	项目名称	单位	数量	单价	小计
一	直接费				
（一）	基本直接费				
1	人工费				
	甲类工				
	乙类工				
2	材料费				
	……				
	其他材料费		%		

续表

施工方法：					
3	机械使用费				
	……				
	其他机械费		%		
4	混凝土拌制				
5	混凝土运输				
(二)	其他直接费		%		
二	间接费		%		
三	企业利润		%		
四	材料价差				
	水泥	kg			
	钢筋	kg			
	……				
五	税金		%		
	合计		—	—	—

注：1. 对于现浇混凝土工程，混凝土拌制和混凝土运输单价需要根据相应定额编制其直接工程费单价分析表；
2. 材料价差＝∑(材料预算价格－材料基准价格)×定额材料用量，应注意施工机械中燃料和混凝土、砂浆中材料费限价调差；
3. 税金＝增值税税率×(一～四之和)。

附表 8

补充定额子目计算表

（参照实物定额）

附表 9

补充机械台班费计算表

（参照机械台班定额）

附表 10

主要材料用量汇总表

序号	材料名称及规格	单位	数量
(1)	(2)	(3)	(4)

上述表格之后，附材料信息价复印件。

二、预算书附件

附件 1

项目申报书(甲)

项目名称：_____

项目编码：☐☐☐☐☐☐☐☐☐☐☐☐☐☐☐☐☐☐

项目单位：_____

县主管部门：_____

省主管部门：_____

项目负责人		联系电话	
单位地址		邮政编码	
项目类型	1. 行政事业类项目　　2. 基本建设类项目　　3. 其他类项目		
项目属性	1. 延续项目　　2. 新增项目		
预算科目	类		
	款		
项目申请理由及项目主要内容			
项目总体目标			

阶段性目标	实施阶段	目标内容	时间(月)
	第一阶段		
	第二阶段		
	…		

项目组织实施条件	

县主管部门审核

主管领导签字
（单位公章）
年　月　日

附件 1.1

项目支出预算明细表

单位:万元

<table>
<tr><td rowspan="7">项目资金来源</td><td colspan="2">来源项目</td><td>金额</td></tr>
<tr><td colspan="2">合计</td><td></td></tr>
<tr><td colspan="2">财政拨款</td><td></td></tr>
<tr><td colspan="2">其中:申请当年财政预算</td><td></td></tr>
<tr><td colspan="2">预算外资金</td><td></td></tr>
<tr><td colspan="2">其他资金</td><td></td></tr>
<tr><td colspan="2"></td><td></td></tr>
<tr><td rowspan="9">项目支出预算及测算依据</td><td rowspan="9">项目支出明细预算</td><td>支出明细项目</td><td>金额</td></tr>
<tr><td>合计</td><td></td></tr>
<tr><td>工程施工费</td><td></td></tr>
<tr><td>设备购置费</td><td></td></tr>
<tr><td>其他费用</td><td></td></tr>
<tr><td>不可预见费</td><td></td></tr>
<tr><td></td><td></td></tr>
<tr><td></td><td></td></tr>
<tr><td></td><td></td></tr>
<tr><td colspan="2">测算依据及说明</td><td colspan="2"></td></tr>
</table>

附件2

项目可行性研究报告
（摘要）

一、基本情况

1. 项目单位基本情况：单位名称、地址及邮编、联系电话、法人代表姓名、人员、资产规模、财务支出、上级单位及所属的中央部门名称等情况。

可行性研究报告编制单位的基本情况：单位名称、地址及邮编、联系电话、法人代表姓名、资质等级等。

合作单位的基本情况：单位名称、地址及邮编、联系电话、法人代表姓名等。

2. 项目负责人基本情况：姓名、职务、职称、专业、联系电话、与项目有关的主要业绩。

3. 项目基本情况：项目名称、项目类型、项目性质、主要工作内容、预期总目标及阶段性目标情况；主要预期经济效益或社会效益指标；项目总投入情况（包括人、财、物等方面）。

二、必要性与可行性

1. 项目背景情况。项目受益范围分析；国家（含部门、地区）需求分析；项目单位需求分析；项目是否符合国家政策，是否属于国家政策优先支持的领域和范围。

2. 项目实施的必要性。项目实施对促进事业发展或完成行政工作任务的意义与作用。

3. 项目实施的可行性。项目的主要工作思想与设想；项目预算的合理性及可靠性分析；项目预期社会效益和经济效益分析；与同类项目的对比分析；项目预期效益的持久性分析。

4. 项目风险与不确定性。项目实施存在的主要风险与不确定分析；对风险的应对措施分析。

三、实施条件

1. 人员条件。项目负责人的组织管理能力；项目主要参加人员的姓名、职务、职称、专业、对项目的熟悉情况。

2. 资金条件。项目资金投入总额及投入计划；对财政预算资金的需求额；其他渠道资金的来源及落实情况。

3. 基础条件。项目单位及合作单位完成项目已经具备的基础条件（重点说明项目单位及合作单位具备的设施条件，需要增加的关键设施）。

4. 其他相关条件。

四、实施进度与计划安排

五、主要结论

附件 3

项目评审报告

项目名称：_____
项目编码：□□□□□□□□□□□□□
项目单位：_____
县主管部门：_____
省主管部门：_____

评审方式：专家评审□　　　　中介机构评审□
评审日期：_____年___月___日

一、项目基本情况

项目名称	
项目单位	
项目类型	1. 行政事业类项目□　　2. 基本建设类项目□　　3. 其他类项目□
项目属性	1. 延续项目□　　2. 新增项目□
项目开始时间	年 月 日　　　完成时间　　　年 月 日
项目材料及法定手续完备性	

二、项目可行性评审

立项依据的充分性	内容：项目与国家政策、行政工作任务或事业发展计划的关联性，项目立项的必要性、紧迫性等。
目标设置的合理性	内容：项目总体目标、阶段性目标的合理性，目标实现的可能性，目标的可考核性等。
组织实施能力与条件	内容：项目单位的能力与条件，组织实施条件的充分性，进度安排的合理性及环境支撑条件等。

续表

预期社会经济效益	内容:项目预期社会效益、经济效益、效益持久力、主要收益者等

三、项目预算评审

资金筹措情况	内容:项目预算资金来源的筹措情况、可靠性等。
预算支出的合理性	内容:预算支出内容、额度和标准的经济合理性,依据的充分性,不合理预算所涉及的金额等。

四、项目风险与不确定因素

风险与不确定因素	内容:项目的风险与不确定因素、项目单位对风险的认识、应对措施的有效性等。

五、评审总体结论

评审意见	
建议	1. 优先选择□　　2. 可选择□　　3. 慎重选择□
评审机构	评审机构名称: 机构负责人(签字) 　　　　　　　　　　(公章)

055

续表

评审专家组名单					
编号	姓名	单位		职称职务	签名
评审专家组					

评审专家组组长(签字)
评审日期：　年　月　日

附件 4

其他相关附件

主要包括设备、材料价格信息、拆迁工程量清单(项目所在地乡镇人民政府签章)及补偿标准依据等相关文件。

江苏省土地综合整治项目预算定额

说　明

一、《江苏省土地综合整治项目预算定额》(以下简称本定额),分为土方工程、石方工程、砌体工程、混凝土工程、管道工程、农用井工程、设备安装工程、道路工程、农田防护与生态修复工程、其他工程,共 10 章及附录。

二、本定额适用于江苏省土地综合整治工程,是完成规定计量单位分项工程计价的人工、材料、施工机械台班消耗量标准,是编制土地综合整治项目预算、确定工程造价、编制预算标准和土地综合整治项目预算审查等的依据;同时可作为编制土地综合整治项目招标标底和投标报价的参考。

三、本定额不包括冬季、雨季等气候影响施工的因素及增加的设施费用。

四、本定额按一日两班作业施工、每班 8 小时工作制拟定。若部分工程项目采用一日一班或一日三班制的,定额不作调整。

五、本定额的"工作内容"仅扼要说明各章节的主要施工过程及工序;次要的施工过程、施工工序和必要的辅助工作所需的人工、材料、机械也包括在定额内。

六、定额中人工、机械用量是指完成一个定额子目内容所需的全部人工和机械,包括基本工作、准备与结束、辅助生产、不可避免的中断、必要的休息、工程检查、交接班、班内工作干扰、夜间施工工效影响、常用工具和机械维修、保养、加油、加水等全部工作。

七、材料消耗定额(含其他材料费、零星材料费),是指完成一个定额子目内容所需的全部材料耗用量。

1. 材料定额中,未列示品种、规格的,可根据设计选定的品种、规格计算,但定额数量不得调整。凡材料已列示了品种、规格的,编制预算单价时不予调整。

2. 材料定额中,凡一种材料名称之后,同时并列了几种不同型号规格的,如石方工程导线的火线和电线,表示这种材料只能选用其中一种型号规格的定额进行计价。

3. 材料定额中,凡一种材料分几种型号规格与材料名称同时并列的,则表示这些名称相同、规格不同的材料都应同时计价。

4. 本定额已将完成一个定额子目的工作内容所必须的未列量材料费(含其他材料费、零星材料费)计入到其他费用中。

5. 材料从分仓库或相当于分仓库材料堆放地至工作面的场内运输所需的人工、机械及费用,已包括在各定额子目中。

八、机械台班定额,是指完成一个定额子目工作内容所需要的主要机械及次要机械使用费。

1. 机械定额中,凡数量以"组班"表示的,其机械数量等,均按设计选定计算,定额数量不予调整。

2. 机械定额中,凡一种机械名称之后,同时并列几种型号规格的,如运输定额中的自卸汽车等,表示这种机械只能选用其中一种型号、规格的定额进行计价。

3. 机械定额中,凡一种机械分几种型号规格与机械名称同时并列的,表示这些名称相同规格不同的机械定额都应同时进行计价。

4. 本定额已将完成一个定额子目的工作内容所必须的次要机械费用(又称其他机械费)计入到其他费用中。

九、其他费用是指完成该定额子目工作内容所需耗用少量和临时的零星用工、其他材料、零星材料费和其他辅助机械所发生的摊销费用,以费率形式表示,其计算基数为人工费、材料费和机械使用费之和。

十、定额用数字表示的适用范围

1. 只用一个数字表示的,仅适用于该数字本身。当需要选用的定额介于两子目之间时,可用插值法计算。

2. 数字用上下限表示的,如 2 000～2 500,适用于大于 2 000、小于或等于 2 500 的数字范围。

十一、本定额各项人工运输定额,其运距按水平距离计算。如载重方向有上下坡时,按坡道起止点的高差乘以下列高差折平系数计算高差折平距离。

运输高差折平系数表

运输方式	≤5 上坡	≤5 下坡	5～10 上坡	5～10 下坡	10～15 上坡	10～15 下坡	15～20 上坡	15～20 下坡	>20 上坡	>20 下坡
挑、抬运	10	7	12	8	14	8	16	8	18	8
胶轮车运	30	14	36	16	42	16	48	16	54	16

当高差折平距离小于实际斜坡距离时按斜坡实际距离计算。非连续性的坡运中间水平距离超过 10 m 的,应分别计算高差折平距离。

第一章 土方工程

说 明

一、本章包括土方开挖、运输、填筑、压实、平土、土地翻耕、伐树挖根、水力冲挖土方、水平梯田修筑等定额,共50节,757个子目。

二、土方定额的计量单位,除注明外均按自然方计算。自然方指未经扰动的自然状态土方;松方指自然方经过机械或人工开挖而松动过的土方;实方指填筑(回填)经过压实后的成品方。上述土方之间的体积换算关系见附录1。

三、土类级别划分,除砂礓土、淤泥、流砂外,均按土石十六级分类法的前四级划分土类级别,见附录2。水力冲挖的土壤类别,根据施工的难易程度分为四级,见附录3。

四、土方开挖和填筑工程,除定额规定的工作内容外,还包括挖小排水沟、修坡、清除场地草皮杂物、交通指挥、安全设施及取土场和卸土场的小路修筑与维护等工作。

人工和机械开挖土方定额除淤泥、流砂外,以天然含水量(质量百分比)为准,若含水量超过25%时,定额人工和挖土机械乘以1.2系数;若含水量超过40%时,则采取的措施费另列。

五、一般土方开挖定额,适用于一般明挖土方工程和上口宽度超过16 m的渠道及上口面积大于80 m²的基坑土方工程。

六、地槽土方开挖定额,适用于上口宽小于或等于3 m的矩形断面或边坡陡于1∶0.5的梯形断面、长度大于宽度3倍的长条形、只修底不修边坡的土方工程,如电缆沟、管槽等。

七、基坑土方开挖定额,适用于上口面积小于或等于80 m²、长度小于或等于宽度的3倍、深度小于上口短边长度或直径、四侧垂直或边坡陡于1∶0.5、不修边坡只修底的基坑土方开挖工程。

八、沟渠土方开挖定额,适用于上口宽小于或等于16 m的梯形断面、长条形、底边需要修整的沟渠土方工程。

九、清理表土适用于清除采石场、坝基及施工场地等处表层草皮表土或杂物,按水平投影面积计算其工程量。

十、土地翻耕适用于新增耕地高差在30 cm以内的土的松动,按水平投影面积计算其工程量。

十一、推土机的推土距离和铲运机的铲运距离,均指取土中心至卸土中心的平均距离。推土机推松土时,定额乘以0.8系数。

十二、挖掘机或装载机挖装自卸汽车运输各节定额,适用于Ⅲ类土,Ⅰ、Ⅱ类土按定额人工和机械乘以 0.91 系数,Ⅳ类土按定额人工和机械乘以 1.09 系数。

十三、挖掘机或装载机挖装自卸汽车运输各节定额按自然方拟定,如挖装松土,人工和机械乘以 0.85 系数,定额中已包括卸料场配备的推土机定额在内。

十四、人工装土,手扶拖拉机、机动翻斗车、中型拖拉机、自卸汽车、载重汽车运输各节如若要考虑挖土,挖土按 1-1 节定额计算。

十五、各节运输定额,已包括运输损耗在内,不另计算运输和其他损耗。

十六、管道地槽回填土方,以挖方体积减去管径所占体积计算。管径在 500 mm 以下(含 500 mm)的不扣除管道所占体积;管径超过 500 mm 以上的扣除管道所占的体积。

十七、土方压实定额均按压实成品方计。若需计算压实工程的备料量或土料挖运的自然方量时,应考虑施工损失(一般取 5%),可按下式计算:

100 压实成品方需要的自然方量＝100×(1+5%)×设计干容重/自然干容重

十八、水力冲挖机组

1. 人工:是指组织和从事水力冲挖、排泥管线及其他辅助设施的安拆、移设、检护等辅助工作用工,但不包括排泥区围堰填筑等用工。

2. 本定额适用于基本排高 5 m,实际排高与定额不同时,每增(减)1 m,排泥管线长度相应增(减)25 m。

3. 排泥管线长度:指计算辅助长度,如计算排泥管线长度介于定额两子目之间时,以插入法计算。

4. 本定额施工水源与作业面的距离为 50～100 m,若施工水源与作业面的距离超过 100 m,采用引水措施所需费用另计。

5. 冲挖盐碱土方,如盐碱程度较重时,泥浆泵及排泥管台(米)时费用定额中的第一类费用可增加 20%。

十九、本章定额 47～50 节水平梯田修筑以公顷(hm^2)为单位,其所指面积均为水平投影的面积,包括田面、田坎、蓄水埂、边沟及田间作业道路。

二十、石坎梯田的石坎采用干砌石,拣集石料定额已综合考虑了石料的拣集及其搬运用工;土石混合坎梯田按设计所选用的土石比例选用本章相应定额。

1-1　人工挖一般土方

适用范围：一般土方开挖。
工作内容：挖土、就近堆放。

单位：100 m³

定额编号			10001	10002	10003
顺序号	项目	单位	Ⅰ、Ⅱ类土	Ⅲ类土	Ⅳ类土
1	人工 甲类工	工日	0.3	0.6	1.0
2	人工 乙类工	工日	5.5	10.9	18.1
3	合计		5.8	11.5	19.1
4	其他费用	%	5.0	5.0	5.0

1-2　人工挖砂礓土

工作内容：挖砂礓土、就近堆积。

单位：100 m³

定额编号			10004	10005	10006	10007
顺序号	项目	单位	砂礓含量(%)			
			15～30	30～50	50～60	60～70
1	人工 甲类工	工日	1.3	1.6	1.8	2.1
2	人工 乙类工	工日	24.1	29.5	34.7	39.0
3	合计		25.4	31.1	36.5	41.1
4	其他费用	%	3.0	3.0	3.0	3.0

1-3　人工水下挖土

适用范围：基槽、沟渠、基坑等底部表面有水，且无法抽、排、掏干情况下的人工挖土。
工作内容：挖土、就近堆积。

单位：100 m³

定额编号			10008	10009	10010
顺序号	项目	单位	水深(m)		
			0.2	0.4	0.6
1	人工 甲类工	工日	2.2	3.1	4.3
2	人工 乙类工	工日	42.7	58.2	81.6
3	合计		44.9	61.3	85.9
4	其他费用	%	2.0	2.0	2.0

1-4 人工挖地槽

适用范围：上口宽 3 m 以内的地槽、管槽。
工作内容：挖土、修底、抛土于槽边两侧。

（1）Ⅰ、Ⅱ类土

单位：100 m³

顺序号	项目		单位	定额编号				
				10011	10012	10013	10014	10015
				上口宽度(m)				
				≤1	1～2		2～3	
				深度(m)				
				≤1	1～1.5	1.5～2	1～1.5	1.5～2
1	人工	甲类工	工日	0.9	0.9	1.0	0.9	1.0
2		乙类工		16.7	16.5	18.7	16.2	18.4
3		合计		17.6	17.4	19.7	17.1	19.4
4	其他费用		%	4.0	4.0	4.0	4.0	4.0

注：1. 适用于防渗渠道、管道等地槽的开挖，不需修边的地槽，定额乘以 0.9 的系数。
2. 地槽上口宽大于 3 m，按人工挖沟渠或一般土方定额计。
3. 弃土外运时，根据运输工具增加装、运、卸人工工日及车辆台班，下同。

（2）Ⅲ类土

单位：100 m³

顺序号	项目		单位	定额编号				
				10016	10017	10018	10019	10020
				上口宽度(m)				
				≤1	1～2		2～3	
				深度(m)				
				≤1	1～1.5	1.5～2	1～1.5	1.5～2
1	人工	甲类工	工日	1.4	1.4	1.5	1.4	1.5
2		乙类工		27.7	27.0	29.4	26.4	28.8
3		合计		29.1	28.4	30.9	27.8	30.3
4	其他费用		%	3.0	3.0	3.0	3.0	3.0

（3）Ⅳ类土

单位：100 m³

顺序号	项目		单位	定额编号				
				10021	10022	10023	10024	10025
				上口宽度(m)				
				≤1	1～2		2～3	
				深度(m)				
				≤1	1～1.5	1.5～2	1～1.5	1.5～2
1	人工	甲类工	工日	2.2	2.2	2.3	2.2	2.3
2		乙类工		42.8	41.3	43.8	40.3	42.9
3		合计		45.0	43.5	46.1	42.5	45.2
4	其他费用		%	2.0	2.0	2.0	2.0	2.0

1-5 人工挖基坑

适用范围:上口面积 20 m² 以内。
工作内容:人工挖土、修底、抛土于坑边两侧。

(1) Ⅰ、Ⅱ类土

单位:100 m³

顺序号	项目		单位	10026	10027	10028	10029	10030	10031	10032	10033
定额编号											
				上口面积(m²)							
				≤5		5~10			10~20		
				深度(m)							
				≤1.5	1.5~2	≤1.5	1.5~2	2~3	≤1.5	1.5~2	2~3
1	人工	甲类工	工日	0.9	1.0	0.9	1.0	1.2	0.9	1.0	1.1
2		乙类工		17.5	19.7	16.9	19.3	22.1	16.7	18.9	21.9
3		合计		18.4	20.7	17.8	20.3	23.3	17.6	19.9	23.0
4	其他费用		%	3.0	3.0	3.0	3.0	3.0	3.0	3.0	3.0

(2) Ⅲ类土

单位:100 m³

顺序号	项目		单位	10034	10035	10036	10037	10038	10039	10040	10041
定额编号											
				上口面积(m²)							
				≤5		5~10			10~20		
				深度(m)							
				≤1.5	1.5~2	≤1.5	1.5~2	2~3	≤1.5	1.5~2	2~3
1	人工	甲类工	工日	1.7	1.8	1.6	1.8	1.9	1.6	1.7	1.9
2		乙类工		31.8	34.6	30.7	33.4	37.0	30.1	32.8	36.4
3		合计		33.5	36.4	32.3	35.2	38.9	31.7	34.5	38.3
4	其他费用		%	2.0	2.0	2.0	2.0	2.0	2.0	2.0	2.0

(3) Ⅳ类土

单位:100 m³

顺序号	项目		单位	10042	10043	10044	10045	10046	10047	10048	10049
定额编号											
				上口面积(m²)							
				≤5		5~10			10~20		
				深度(m)							
				≤1.5	1.5~2	≤1.5	1.5~2	2~3	≤1.5	1.5~2	2~3
1	人工	甲类工	工日	2.6	2.8	2.5	2.6	2.9	2.4	2.6	2.8
2		乙类工		49.3	52.1	47.4	50.2	54.1	46.3	49.1	52.9
3		合计		51.9	54.9	49.9	52.8	57.0	48.7	51.7	55.7
4	其他费用		%	1.0	1.0	1.0	1.0	1.0	1.0	1.0	1.0

1-6 人工挖基坑人力挑抬运输

工作内容：1. 挖土：挖土、修边底。
2. 挖运土：挖土、装筐、挑（抬）运、修边底。

（1）Ⅰ、Ⅱ类土

单位：100 m³

顺序号	项目		单位	定额编号 10050	10051	10052	10053	10054	10055	10056
				上口面积（m²）						增运 10 m
				10～20		20～40		40～80		
				挖土	挖运10 m	挖土	挖运10 m	挖土	挖运10 m	
1	人工	甲类工	工日	0.5	1.3	0.4	1.3	0.4	1.3	—
2		乙类工		8.6	25.2	8.2	25.0	8.0	24.6	2.5
3		合计		9.1	26.5	8.6	26.3	8.4	25.9	2.5
4	其他费用		%	8.0	2.0	8.0	2.0	8.0	2.0	—

（2）Ⅲ类土

单位：100 m³

顺序号	项目		单位	定额编号 10057	10058	10059	10060	10061	10062	10063
				上口面积（m²）						增运 10 m
				10～20		20～40		40～80		
				挖土	挖运10 m	挖土	挖运10 m	挖土	挖运10 m	
1	人工	甲类工	工日	1.0	1.9	0.9	1.9	0.9	1.8	—
2		乙类工		18.3	36.2	17.6	35.5	16.7	34.7	2.8
3		合计		19.3	38.1	18.5	37.4	17.6	36.5	2.8
4	其他费用		%	4.0	2.0	4.0	2.0	4.0	2.0	—

（3）Ⅳ类土

单位：100 m³

顺序号	项目		单位	定额编号 10064	10065	10066	10067	10068	10069	10070
				上口面积（m²）						增运 10 m
				10～20		20～40		40～80		
				挖土	挖运10 m	挖土	挖运10 m	挖土	挖运10 m	
1	人工	甲类工	工日	1.7	2.7	1.6	2.6	1.5	2.5	—
2		乙类工		31.5	50.8	30.2	49.5	28.9	48.2	3.0
3		合计		33.2	53.5	31.8	52.1	30.4	50.7	3.0
4	其他费用		%	2.0	2.0	2.0	2.0	2.0	2.0	—

1-7 人工挖沟渠土方人力挑抬运输

工作内容：1. 挖土：挖土、修边底。
2. 挖运土：挖土、装筐、挑（抬）运、修边底。

（1）Ⅰ、Ⅱ类土

单位：100 m³

顺序号	项目		单位	定额编号 10071	10072	10073	10074	10075	10076	10077	10078	10079
				上口宽度(m)								增运 10 m
				≤1		1～2		2～4		4以上		
				挖土	挖运 10 m	挖土	挖运 10 m	挖土	挖运 10 m	挖土	挖运 10 m	
1	人工	甲类工	工日	1.4	2.4	1.2	2.2	1.0	2.1	0.9	2.0	
2		乙类工		27.0	45.8	22.3	42.1	19.1	39.5	16.9	37.6	3.6
3		合计		28.4	48.2	23.5	44.3	20.1	41.6	17.8	39.6	3.6
4	其他费用		%	5.0	2.0	5.0	2.0	5.0	2.0	5.0	2.0	

（2）Ⅲ类土

单位：100 m³

顺序号	项目		单位	定额编号 10080	10081	10082	10083	10084	10085	10086	10087	10088
				上口宽度(m)								增运 10 m
				≤1		1～2		2～4		4以上		
				挖土	挖运 10 m	挖土	挖运 10 m	挖土	挖运 10 m	挖土	挖运 10 m	
1	人工	甲类工	工日	2.3	3.4	2.0	3.1	1.8	2.9	1.6	2.8	
2		乙类工		44.0	65.1	37.8	59.8	33.3	55.8	30.4	53.0	4.0
3		合计		46.3	68.5	39.8	62.9	35.1	58.7	32.0	55.8	4.0
4	其他费用		%	3.0	2.0	3.0	2.0	3.0	2.0	3.0	2.0	

（3）Ⅳ类土

单位：100 m³

顺序号	项目		单位	定额编号 10089	10090	10091	10092	10093	10094	10095	10096	10097
				上口宽度(m)								增运 10 m
				≤1		1～2		2～4		4以上		
				挖土	挖运 10 m	挖土	挖运 10 m	挖土	挖运 10 m	挖土	挖运 10 m	
1	人工	甲类工	工日	3.4	4.9	3.0	4.5	2.7	4.1	2.4	3.9	
2		乙类工		65.1	93.3	56.7	84.6	50.4	78.5	46.1	74.0	4.3
3		合计		68.5	98.2	59.7	89.1	53.1	82.6	48.5	77.9	4.3
4	其他费用		%	2.0	2.0	2.0	2.0	2.0	2.0	2.0	2.0	

1-8 爆破土方

适用范围:人工操作使用一般手工工具,深孔 2 m 以下。

工作内容:1. 爆破土方:人工掏眼、装药、填塞、爆破、安全处理。

单位:100 m³

顺序号	项目		单位	定额编号 10098	10099
				爆破土方	
				Ⅲ类土	Ⅳ类土
1	人工	甲类工	工日	0.1	0.1
2		乙类工		1.2	2.1
3		合计		1.3	2.2
4	材料	雷管	个	15.00	15.00
5		炸药	kg	10.00	10.00
6		导火索	m	50.00	50.00
7	其他费用		%	5.0	5.0

1-9 清理表土、削放坡及找平

工作内容:1. 清理表土:清理采石场、坝基及施工场地等处表层草皮,并运 20 m 距离。

2. 削放坡及找平:厚度在 30 cm 以内的挖土,20 m 基本运距的运填,最后削坡找平。

单位:100 m³

顺序号	项目		单位	定额编号 10100	10101
				人工清理表土	人工削放坡及找平
1	人工	甲类工	工日	0.2	0.3
2		乙类工		3.5	4.8
3		合计		3.7	5.1
4	其他费用		%	1.0	1.0

1-10 田埂修筑

适用范围:水田田埂适用于埂顶宽为 40 cm 以下的田埂。

工作内容:筑土、整修、夯实。

单位:100 m³

顺序号	项目		单位	定额编号 10102
				田埂修筑
1	人工	甲类工	工日	2.5
2		乙类工		48.5
3		合计		51.0
4	机械	双胶轮车	台班	13.60
5	其他费用		%	5.0

1-11 土地翻耕

适用范围：新增耕地。
工作内容：松土。

单位：hm²

顺序号	项目		单位	定额编号 10103	10104
				土地翻耕	
				Ⅰ、Ⅱ类土	Ⅲ、Ⅳ类土
1	人工	甲类工	工日	0.6	0.7
2		乙类工		11.4	12.8
3		合计		12.0	13.5
4	机械	拖拉机 59 kW	台班	3.00	3.60
5		三铧犁		3.00	3.60
6	其他费用		%	0.5	0.5

1-12 人工挖、挑、抬运一般土

适用范围：一般土方挖运。
工作内容：挖土、运输、运卸、空回。

单位：100 m³

顺序号	项目		单位	10105	10106	10107	10108
				人工挖装运土 20 m 内			每增运 10 m
				Ⅰ、Ⅱ类土	Ⅲ类土	Ⅳ类土	
1	人工	甲类工	工日	1.1	1.5	2.0	—
2		乙类工		21.5	28.6	37.6	2.8
3		合计		22.6	30.1	39.6	2.8
4	其他费用		%	2.0	2.0	2.0	—

1-13 人工挖、挑、抬运砂礓土

适用范围：用铁钎、铁镐开挖砂礓、砖石、瓦片、碎石。
工作内容：挖装、重运、卸除、空回。

（1）砂礓含量 15%～30%

单位：100 m³

顺序号	项目		单位	10109	10110	10111	10112	10113	10114	10115	10116	10117	10118
				挖装起运卸(m)									每增运 50 m
				0～10	10～50	50～100	100～150	150～200	200～250	250～300	300～350	350～400	
1	人工	甲类工	工日	1.9	2.4	3.1	3.7	4.4	5.1	6.0	6.9	7.8	—
2		乙类工		35.3	46.6	59.2	70.3	82.7	97.6	113.4	131.2	147.9	17.9
3		合计		37.2	49.0	62.3	74.0	87.1	102.7	119.4	138.1	155.7	17.9
4	其他费用		%	1.7	1.3	1.1	0.8	0.6	0.3	0.2	0.1	0.1	—

(2) 砂礓含量 30%～50%

单位：100 m³

顺序号	项目		单位	定额编号 10119	10120	10121	10122	10123	10124	10125	10126	10127	10128
				挖装起运卸(m)									每增运 50 m
				0～10	10～50	50～100	100～150	150～200	200～250	250～300	300～350	350～400	
1	人工	甲类工	工日	2.2	2.8	3.5	4.1	4.8	5.6	6.5	7.5	8.4	
2		乙类工		41.3	53.1	66.5	78.2	91.4	107.2	123.4	142.6	159.8	18.8
3		合计		43.5	55.9	70.0	82.3	96.2	112.8	129.9	150.1	168.2	18.8
4	其他费用		%	1.7	1.3	1.0	0.8	0.6	0.3	0.2	0.1	0.1	

(3) 砂礓含量 50%～60%

单位：100 m³

顺序号	项目		单位	定额编号 10129	10130	10131	10132	10133	10134	10135	10136	10137	10138
				挖装起运卸(m)									每增运 50 m
				0～10	10～50	50～100	100～150	150～200	200～250	250～300	300～350	350～400	
1	人工	甲类工	工日	2.5	3.2	3.9	4.6	5.3	6.2	7.1	8.2	9.1	
2		乙类工		48.4	61.3	75.0	87.1	101.1	117.8	134.9	155.0	173.5	19.9
3		合计		50.9	64.5	78.9	91.7	106.4	124.0	142.0	163.2	182.6	19.9
4	其他费用		%	1.7	1.3	1.0	0.8	0.6	0.3	0.2	0.1	0.1	

(4) 砂礓含量 60%～70%

单位：100 m³

顺序号	项目		单位	定额编号 10139	10140	10141	10142	10143	10144	10145	10146	10147	10148
				挖装起运卸(m)									每增运 50 m
				0～10	10～50	50～100	100～150	150～200	200～250	250～300	300～350	350～400	
1	人工	甲类工	工日	3.0	3.7	4.3	5.1	5.9	6.8	7.8	8.9	9.9	
2		乙类工		56.7	70.2	81.4	97.6	112.3	129.6	147.9	168.7	188.0	21.2
3		合计		59.7	73.9	85.7	102.7	118.2	136.4	155.7	177.6	197.9	21.2
4	其他费用		%	1.7	1.3	1.0	0.8	0.6	0.3	0.2	0.1	0.1	

1-14 人工挖、运一般淤泥

适用范围:用泥兜、水桶挑抬运输。

工作内容:挖装、运输、卸除、空回、洗刷工具。

单位:100 m³

顺序号	项目		单位	定额编号								
				10149	10150	10151	10152	10153	10154	10155	10156	10157	10158
				挖装运(m)
				0~10	10~20	20~30	30~40	40~50	50~60	60~70	70~80	80~90	90~100
1	人工	甲类工	工日	2.1	2.2	2.4	2.6	2.8	2.9	3.1	3.2	3.4	3.5
2		乙类工		39.3	42.7	46.2	49.5	52.3	55.5	58.3	61.6	64.5	67.4
3		合计		41.4	44.9	48.6	52.1	55.1	58.4	61.4	64.8	67.9	70.9
4	其他费用		%	1.6	1.4	1.3	1.2	1.2	1.1	1.0	1.0	0.9	0.8

注:1. 排水用工另计。
2. 一般淤泥:指含水量较大、粘筐、粘铣、行走陷脚的淤泥,使用铁铣挖装。

1-15 人工挖、运淤泥流砂

适用范围:用泥兜、水桶挑抬运输。

工作内容:挖装、运输、卸除、空回、洗刷工具。

单位:100 m³

顺序号	项目		单位	定额编号								
				10159	10160	10161	10162	10163	10164	10165	10166	10167	10168
				挖装运(m)
				0~10	10~20	20~30	30~40	40~50	50~60	60~70	70~80	80~90	90~100
1	人工	甲类工	工日	2.7	2.9	3.1	3.3	3.4	3.6	3.8	4.0	4.1	4.3
2		乙类工		50.8	54.5	58.3	61.8	65.1	68.5	71.5	75.1	78.2	81.3
3		合计		53.5	57.4	61.4	65.1	68.5	72.1	75.3	79.1	82.3	85.6
4	其他费用		%	1.6	1.4	1.3	1.2	1.2	1.1	1.0	1.0	0.9	0.8

注:1. 排水用工另计。
2. 淤泥流砂:指含水量超过饱和状态的淤泥,虽然能用铁铣开挖,但挖后的坑能平复无痕,挖而复涨,一般用铁铣开挖,用泥兜或水桶运输。

1-16 人工挖装双胶轮车运土

适用范围:一般土方。

工作范围:挖土、装车、重运、卸车、空回。

单位:100 m³

顺序号	项目		单位	定额编号			
				10169	10170	10171	10172
				人工挖、运土(50 m内)			每增运50 m
				Ⅰ、Ⅱ类土	Ⅲ类土	Ⅳ类土	
1	人工	甲类工	工日	1.0	1.4	1.9	
2		乙类工		18.2	25.9	35.2	2.5
3		合计		19.2	27.3	37.1	2.5

续表

顺序号	项目		单位	定额编号 10169	10170	10171	10172
				人工挖、运土(50 m内)			每增运50 m
				Ⅰ、Ⅱ类土	Ⅲ类土	Ⅳ类土	
4	机械	双胶轮车	台班	14.00	16.30	18.50	2.60
5	其他费用		%	2.0	2.0	2.0	

1-17 人工装手扶式拖拉机运土

适用范围:一般土方。
工作内容:挖装、运输、卸除、空回。

单位:100 m³

顺序号	项目		单位	定额编号 10173	10174	10175	10176	10177	10178
				人工装手扶式拖拉机运土(m内)					每增运100 m
				0~100	100~200	200~300	300~400	400~500	
1	人工	甲类工	工日	1.0	1.0	1.0	1.0	1.0	
2		乙类工		18.1	18.1	18.1	18.1	18.1	
3		合计		19.1	19.1	19.1	19.1	19.1	
4	机械	手扶式拖拉机11 kW	台班	4.07	4.51	4.92	5.3	5.67	0.43
5	其他费用		%	1.0	1.0	1.0	1.0	1.0	

注:若要考虑挖土,挖土按1-1节定额计算。

1-18 人工装机动翻斗车运土

适用范围:一般土方。
工作内容:挖装、运输、卸除、空回。

单位:100 m³

顺序号	项目		单位	定额编号 10179	10180	10181	10182	10183	10184
				人工装机动翻斗车运土(m内)					每增运100 m
				0~100	100~200	200~300	300~400	400~500	
1	人工	甲类工	工日	0.9	0.9	0.9	0.9	0.9	
2		乙类工		16.6	16.6	16.6	16.6	16.6	
3		合计		17.5	17.5	17.5	17.5	17.5	
4	机械	机动翻斗车1 t	台班	3.71	4.25	4.74	5.21	5.66	0.43
5	其他费用		%	1.0	1.0	1.0	1.0	1.0	

注:若要考虑挖土,挖土按1-1节定额计算。

1-19 人工装中型拖拉机运土

适用范围:一般土方。
工作内容:挖装、运输、卸除、空回。

单位:100 m³

顺序号	项目		单位	10185	10186	10187	10188	10189	10190
	定额编号			人工装中型拖拉机运土(km 内)					每增运 1.0 km
				0~1.0	1.0~2.0	2.0~3.0	3.0~4.0	4.0~5.0	
1	人工	甲类工	工日	1.2	1.2	1.2	1.2	1.2	
2		乙类工		23.7	23.7	23.7	23.7	23.7	
3		合计		24.9	24.9	24.9	24.9	24.9	
4	机械	拖拉机 20 kW	台班	5.91	6.16	7.32	8.72	10.2	11.67
5		26 kW		4.72	5.13	6.12	7.11	8.16	9.20
6		37 kW		3.45	3.83	4.43	5.10	5.86	6.59
7	其他费用		%	1.0	1.0	1.0	1.0	1.0	

注:若要考虑挖土,挖土按 1-1 节定额计算。

1-20 人工装自卸汽车运土

适用范围:工人固定在装卸地点装卸,汽车在一般工地路面行驶,露天作业。
工作内容:人工装车、运输、卸车、空回等。

单位:100 m³

顺序号	项目		单位	10191	10192	10193	10194	10195	10196	10197	10198
	定额编号			人工装自卸汽车运土(km 内)							每增运 1.0 km
				0~0.5	0.5~1.0	1.0~1.5	1.5~2.0	2.0~3.0	3.0~4.0	4.0~5.0	
1	人工	甲类工	工日	0.8	0.8	0.8	0.8	0.8	0.8	0.8	
2		乙类工		15.5	15.5	15.5	15.5	15.5	15.5	15.5	
3		合计		16.3	16.3	16.3	16.3	16.3	16.3	16.3	
4	机械	推土机 59 kW	台班	0.06	0.06	0.06	0.06	0.06	0.06	0.06	
5		自卸汽车 3.5 t		2.68	3.00	3.32	3.64	4.23	4.79	5.33	0.49
6		5 t		2.06	2.26	2.47	2.68	3.06	3.42	3.78	0.32
7		8 t		1.86	2.00	2.14	2.28	2.53	2.77	3.01	0.20
8	其他费用		%	1.0	1.0	1.0	1.0	1.0	1.0	1.0	

注:若要考虑挖土,挖土按 1-1 节定额计算。

1-21 人工装载重汽车运土

适用范围:工人固定在装卸地点装卸,汽车在一般工地路面行驶,露天作业。
工作内容:人工装车、运输、卸车、空回等。

单位:100 m³

顺序号	项目		单位	10199	10200	10201	10202	10203	10204	10205	10206
				人工装载重汽车运土(km内)							每增运 1.0 km
				0~0.5	0.5~1.0	1.0~1.5	1.5~2.0	2.0~3.0	3.0~4.0	4.0~5.0	
1	人工	甲类工	工日	1.1	1.1	1.1	1.1	1.1	1.1	1.1	
2		乙类工		20.5	20.5	20.5	20.5	20.5	20.5	20.5	
3		合计		21.6	21.6	21.6	21.6	21.6	21.6	21.6	
4	机械	载重汽车 4 t	台班	2.61	2.85	3.09	3.33	3.77	4.19	4.59	0.37
5		5 t		2.41	2.61	2.80	2.99	3.35	3.68	4.00	0.30
6	其他费用		%	1.0	1.0	1.0	1.0	1.0	1.0	1.0	

注:若要考虑挖土,挖土按1-1节定额计算。

1-22 2.5~2.75 m³ 拖式铲运机铲运土

工作内容:铲装、运送、卸除、空回、转向、土场道路平整、洒水、卸土推平等。

(1) Ⅰ、Ⅱ类土

单位:100 m³

顺序号	项目		单位	10207	10208	10209	10210	10211
				铲运距离(m)				
				0~100	100~200	200~300	300~400	400~500
1	人工	甲类工	工日					
2		乙类工		0.4	0.5	0.6	0.8	0.9
3		合计		0.4	0.5	0.6	0.8	0.9
4	机械	铲运机 2.5~2.75 m³	台班	0.74	1.03	1.32	1.61	1.91
5		拖拉机 55 kW		0.74	1.03	1.32	1.61	1.91
6		推土机 55 kW		0.05	0.07	0.09	0.11	0.13
7	其他费用		%	12.8	9.9	7.8	6.4	5.4

注:铲运距离=1/2(铲装距离+运土距离+空回距离),下同。

(2) Ⅲ类土

单位:100 m³

顺序号	项目		单位	铲运距离(m)				
				0~100	100~200	200~300	300~400	400~500
				定额编号 10212	10213	10214	10215	10216
1	人工	甲类工	工日					
2		乙类工		0.4	0.5	0.6	0.8	0.9
3		合计		0.4	0.5	0.6	0.8	0.9

顺序号	项目		单位	铲运距离(m)				
				0~100	100~200	200~300	300~400	400~500
4	机械	铲运机 2.5~2.75 m³	台班	0.75	1.04	1.33	1.63	1.94
5		拖拉机 55 kW		0.75	1.04	1.33	1.63	1.94
6		推土机 55 kW		0.05	0.07	0.09	0.11	0.13
7	其他费用		%	12.8	9.9	7.8	6.4	5.4

(3) Ⅳ类土

单位:100 m³

顺序号	项目		单位	铲运距离(m)				
				0~100	100~200	200~300	300~400	400~500
				定额编号 10217	10218	10219	10220	10221
1	人工	甲类工	工日					
2		乙类工		0.4	0.5	0.6	0.8	0.9
3		合计		0.4	0.5	0.6	0.8	0.9
4	机械	铲运机 2.5~2.75 m³	台班	0.84	1.19	1.54	1.87	2.22
5		拖拉机 55 kW		0.84	1.19	1.54	1.87	2.22
6		推土机 55 kW		0.06	0.08	0.10	0.12	0.15
7	其他费用		%	11.2	8.7	6.7	5.6	4.7

1-23 3~4 m³ 拖式铲运机铲运土

工作内容:铲装、运送、卸除、空回、转向、土场道路平整、洒水、卸土推平等。

(1) Ⅰ、Ⅱ类土

单位:100 m³

顺序号	项目		单位	铲运距离(m)				
				0~100	100~200	200~300	300~400	400~500
				定额编号 10222	10223	10224	10225	10226
1	人工	甲类工	工日					0.1
2		乙类工		0.4	0.5	0.6	0.8	1.0
3		合计		0.4	0.5	0.6	0.8	1.1

续表

顺序号	项目		单位	定额编号 10222	10223	10224	10225	10226
				铲运距离(m)				
				0~100	100~200	200~300	300~400	400~500
4	机械	铲运机 2.5~2.75 m³	台班	0.65	0.92	1.19	1.47	1.75
5		拖拉机 55 kW	台班	0.65	0.92	1.19	1.47	1.75
6		推土机 55 kW		0.05	0.07	0.09	0.11	0.13
7	其他费用		%	13.7	11.7	8.7	6.9	5.7

注：铲运距离＝1/2(铲装距离＋运土距离＋空回距离)，下同。

（2）Ⅲ类土

单位：100 m³

顺序号	项目		单位	定额编号 10227	10228	10229	10230	10231
				铲运距离(m)				
				0~100	100~200	200~300	300~400	400~500
1	人工	甲类工	工日					0.1
2		乙类工		0.4	0.5	0.6	0.8	1.0
3		合计		0.4	0.5	0.6	0.8	1.1
4	机械	铲运机 2.5~2.75 m³	台班	0.68	0.95	1.22	1.51	1.8
5		拖拉机 55 kW		0.68	0.95	1.22	1.51	1.8
6		推土机 55 kW		0.05	0.07	0.09	0.11	0.13
7	其他费用		%	12.8	9.9	7.8	6.4	5.4

（3）Ⅳ类土

单位：100 m³

顺序号	项目		单位	定额编号 10232	10233	10234	10235	10236
				铲运距离(m)				
				0~100	100~200	200~300	300~400	400~500
1	人工	甲类工	工日					0.1
2		乙类工		0.4	0.5	0.6	0.8	1.0
3		合计		0.4	0.5	0.6	0.8	1.1
4	机械	铲运机 2.5~2.75 m³	台班	0.75	1.08	1.41	1.72	2.05
5		拖拉机 55 kW		0.75	1.08	1.41	1.72	2.05
6		推土机 55 kW		0.06	0.08	0.10	0.12	0.15
7	其他费用		%	12.4	9.4	7.1	5.7	4.8

1-24 6～8 m³ 拖式铲运机铲运土

工作内容:铲装、运送、卸除、空回、转向、土场道路平整、洒水、卸土推平等。

(1) Ⅰ、Ⅱ类土

单位:100 m³

顺序号	项目		单位	定额编号				
				10237	10238	10239	10240	10241
				铲运距离(m)				
				0～100	100～200	200～300	300～400	400～500
1	人工	甲类工	工日				0.1	0.1
2		乙类工		0.5	0.6	0.8	1.0	1.2
3		合计		0.5	0.6	0.8	1.1	1.3

顺序号	项目		单位	铲运距离(m)				
				0～100	100～200	200～300	300～400	400～500
4	机械	铲运机 6～8 m³	台班	0.37	0.51	0.72	0.96	1.19
5		拖拉机 55 kW		0.35	0.49	0.69	0.91	1.13
6		推土机 55 kW		0.04	0.05	0.07	0.09	0.11
7	其他费用		%	14.6	13.4	9.6	7.3	5.9

注:铲运距离＝1/2(铲装距离＋运土距离＋空回距离),下同。

(2) Ⅲ类土

单位:100 m³

顺序号	项目		单位	定额编号				
				10242	10243	10244	10245	10246
				铲运距离(m)				
				0～100	100～200	200～300	300～400	400～500
1	人工	甲类工	工日				0.1	0.1
2		乙类工		0.5	0.6	0.8	1.0	1.2
3		合计		0.5	0.6	0.8	1.1	1.3
4	机械	铲运机 6～8 m³	台班	0.45	0.62	0.85	1.08	1.31
5		拖拉机 55 kW		0.43	0.59	0.81	1.03	1.25
6		推土机 55 kW		0.04	0.06	0.08	0.10	0.13
7	其他费用		%	14.4	11.2	8.2	6.5	5.3

(3) Ⅳ类土

单位:100 m³

顺序号	项目		单位	定额编号 10247	10248	10249	10250	10251
				铲运距离(m)				
				0～100	100～200	200～300	300～400	400～500
1	人工	甲类工	工日				0.1	0.1
2		乙类工		0.5	0.6	0.8	1.0	1.2
3		合计		0.5	0.6	0.8	1.1	1.3
4	机械	铲运机 6～8 m³	台班	0.5	0.69	0.95	1.2	1.44
5		拖拉机 55 kW		0.48	0.66	0.90	1.14	1.37
6		推土机 55 kW		0.05	0.07	0.09	0.12	0.14
7	其他费用		%	13.5	10.1	7.4	5.8	4.9

1-25 挖掘机挖土

工作内容:挖土、堆放。

单位:100 m³

顺序号	项目		单位	定额编号 10252	10253	10254
				挖掘机挖土		
				Ⅰ、Ⅱ类土	Ⅲ类土	Ⅳ类土
1	人工	甲类工	工日			
2		乙类工		0.6	0.6	0.7
3		合计				
4	机械	挖掘机 0.5 m³	台班	0.26	0.29	0.31
5		1.0 m³		0.16	0.18	0.20
6		1.2 m³		0.12	0.14	0.16
7	其他费用		%	15.0	15.0	15.0

1-26 小型挖掘机挖沟渠土方

工作内容:机械挖土、堆放、人工修边、修底。

单位:100 m³

顺序号	名称		单位	编号 10255	10256
				Ⅰ、Ⅱ类土	Ⅲ类土
1	人工	甲类工	工日	0.8	1.3
2		乙类工	工日	5.0	8.0
3		合计	工日	5.8	9.3
4	机械	挖掘机 0.25 m³	台班	0.41	0.66
5		推土机 59 kW		0.21	0.34
6	其他费用		%	0.5	0.5

1-27　0.5 m³ 挖掘机挖装 3.5～5 t 自卸汽车运土

适用范围:露天作业。
工作内容:挖装、运输、卸除、空回。

单位:100 m³

顺序号	项目		单位	10257	10258	10259	10260	10261	10262	10263	10264	10265	10266	10267	10268
	定额编号			\multicolumn{12}{c}{运距(km)}
				0~0.5	0.5~1	1~1.5	1.5~2	2~3	3~4	4~5	5~6	6~7	7~8	8~9	9~10
1	人工	甲类工	工日	0.1	0.1	0.1	0.1	0.1	0.1	0.1	0.1	0.1	0.1	0.1	0.1
2		乙类工		1.7	1.7	1.7	1.7	1.7	1.7	1.7	1.7	1.7	1.7	1.7	1.7
3		合计		1.8	1.8	1.8	1.8	1.8	1.8	1.8	1.8	1.8	1.8	1.8	1.8
4	机械	挖掘机 0.5 m³	台班	0.32	0.32	0.32	0.32	0.32	0.32	0.32	0.32	0.32	0.32	0.32	0.32
5		推土机 59 kW		0.25	0.25	0.25	0.25	0.25	0.25	0.25	0.25	0.25	0.25	0.25	0.25
6		自卸汽车 3.5 t		1.66	2.15	2.52	2.81	3.45	4.11	4.90	5.47	6.22	6.70	7.42	8.14
7		5 t		1.24	1.54	1.78	1.96	2.37	2.78	3.28	3.64	4.12	4.42	4.88	5.28
8	其他费用		%	4.0	3.6	3.2	3.0	2.5	2.2	1.9	1.6	1.3	1.0	0.7	0.5

注:1. 适用于Ⅲ类土,Ⅰ、Ⅱ类土按定额人工和机械乘以 0.91 系数,Ⅳ类土按定额人工和机械乘以 1.09 系数。
2. 适用于自然方,若挖装松土时,其中人工及挖装机械定额乘以 0.85 系数。1-28、1-29、1-30、1-31、1-32、1-33、1-34 与此节相同。

1-28　1.0 m³ 挖掘机挖装 5～10 t 自卸汽车运土

适用范围:露天作业。
工作内容:挖装、运输、卸除、空回。

单位:100 m³

顺序号	项目		单位	10269	10270	10271	10272	10273	10274	10275	10276	10277	10278	10279	10280
	定额编号			\multicolumn{12}{c}{运距(km)}
				0~0.5	0.5~1	1~1.5	1.5~2	2~3	3~4	4~5	5~6	6~7	7~8	8~9	9~10
1	人工	甲类工	工日	0.1	0.1	0.1	0.1	0.1	0.1	0.1	0.1	0.1	0.1	0.1	0.1
2		乙类工		0.9	0.9	0.9	0.9	0.9	0.9	0.9	0.9	0.9	0.9	0.9	0.9
3		合计		1.0	1.0	1.0	1.0	1.0	1.0	1.0	1.0	1.0	1.0	1.0	1.0
4	机械	挖掘机 1.0 m³	台班	0.22	0.22	0.22	0.22	0.22	0.22	0.22	0.22	0.22	0.22	0.22	0.22
5		推土机 59 kW		0.16	0.16	0.16	0.16	0.16	0.16	0.16	0.16	0.16	0.16	0.16	0.16
6		自卸汽车 5 t		1.08	1.39	1.62	1.81	2.21	2.63	3.13	3.49	3.96	4.27	4.72	5.18
7		8 t		0.84	1.06	1.21	1.34	1.61	1.90	2.23	2.47	2.79	3.00	3.31	3.62
8		10 t		0.81	0.99	1.14	1.24	1.49	1.74	2.04	2.26	2.54	2.73	3.00	3.27
9	其他费用		%	5.0	4.0	3.5	3.2	2.7	2.3	2.0	1.7	1.5	1.2	1.0	0.8

1-29　1.2 m³ 挖掘机挖装 5～12 t 自卸汽车运土

适用范围:露天作业。

工作内容:挖装、运输、卸除、空回。

单位:100 m³

顺序号		项目	单位	定额编号											
					10281	10282	10283	10284	10285	10286	10287	10288	10289	10290	10291	10292
				运距(km)	0～0.5	0.5～1	1～1.5	1.5～2	2～3	3～4	4～5	5～6	6～7	7～8	8～9	9～10
1	人工	甲类工	工日	0.1	0.1	0.1	0.1	0.1	0.1	0.1	0.1	0.1	0.1	0.1	0.1
2		乙类工		0.9	0.9	0.9	0.9	0.9	0.9	0.9	0.9	0.9	0.9	0.9	0.9
3		合计		1.0	1.0	1.0	1.0	1.0	1.0	1.0	1.0	1.0	1.0	1.0	1.0
4	机械	挖掘机 1.2 m³	台班	0.20	0.20	0.20	0.20	0.20	0.20	0.20	0.20	0.20	0.20	0.20	0.20
5		推土机 59 kW		0.15	0.15	0.15	0.15	0.15	0.15	0.15	0.15	0.15	0.15	0.15	0.15
6		自卸汽车 5 t		1.05	1.35	1.59	1.77	2.18	2.59	3.09	3.46	3.93	4.23	4.69	5.14
7		8 t		0.81	1.02	1.18	1.30	1.57	1.86	2.19	2.44	2.76	2.97	3.27	3.58
8		10 t		0.77	0.96	1.10	1.21	1.45	1.70	2.00	2.22	2.50	2.69	2.96	3.23
9		12 t		0.73	0.90	1.02	1.12	1.34	1.56	1.83	2.02	2.28	2.45	2.70	2.94
10		其他费用	%	5.0	4.0	3.5	3.2	2.7	2.3	2.0	1.7	1.5	1.2	1.0	0.8

1-30　2.0 m³ 挖掘机挖装 8～20 t 自卸汽车运土

适用范围:露天作业。

工作内容:挖装、运输、卸除、空回。

单位:100 m³

顺序号		项目	单位	定额编号											
					10293	10294	10295	10296	10297	10298	10299	10300	10301	10302	10303	10304
				运距(km)	0～0.5	0.5～1	1～1.5	1.5～2	2～3	3～4	4～5	5～6	6～7	7～8	8～9	9～10
1	人工	甲类工	工日													
2		乙类工		0.8	0.8	0.8	0.8	0.8	0.8	0.8	0.8	0.8	0.8	0.8	0.8
3		合计		0.8	0.8	0.8	0.8	0.8	0.8	0.8	0.8	0.8	0.8	0.8	0.8
4	机械	挖掘机 1.2 m³	台班	0.15	0.15	0.15	0.15	0.15	0.15	0.15	0.15	0.15	0.15	0.15	0.15
5		推土机 59 kW		0.11	0.11	0.11	0.11	0.11	0.11	0.11	0.11	0.11	0.11	0.11	0.11
6		自卸汽车 8 t		0.74	0.94	1.10	1.22	1.50	1.78	2.12	2.37	2.69	2.90	3.20	3.50
7		10 t		0.70	0.89	1.02	1.14	1.38	1.63	1.93	2.14	2.43	2.62	2.89	3.16
8		12 t		0.66	0.82	0.94	1.04	1.26	1.49	1.76	1.95	2.21	2.38	2.62	2.87
9		15 t		0.56	0.69	0.79	0.86	1.03	1.22	1.42	1.58	1.77	1.90	2.10	2.28
10		18 t		0.51	0.62	0.70	0.76	0.90	1.04	1.22	1.34	1.50	1.61	1.77	1.92
11		20 t		0.50	0.58	0.66	0.71	0.84	0.98	1.14	1.25	1.40	1.50	1.64	1.78
12		其他费用	%	6.5	5.4	4.8	4.4	3.7	3.2	2.8	2.5	2.2	1.9	1.6	1.3

1-31　1.0 m³ 装载机挖装 3.5～10 t 自卸汽车运土

适用范围:露天作业。

工作内容:挖装、运输、卸除、空回。

单位:100 m³

顺序号	项目		单位	定额编号 10305	10306	10307	10308	10309	10310	10311	10312	10313	10314	10315	10316
				运距(km)											
				0～0.5	0.5～1	1～1.5	1.5～2	2～3	3～4	4～5	5～6	6～7	7～8	8～9	9～10
1	人工	甲类工	工日	0.1	0.1	0.1	0.1	0.1	0.1	0.1	0.1	0.1	0.1	0.1	0.1
2		乙类工		1.2	1.2	1.2	1.2	1.2	1.2	1.2	1.2	1.2	1.2	1.2	1.2
3		合计		1.3	1.3	1.3	1.3	1.3	1.3	1.3	1.3	1.3	1.3	1.3	1.3
4	机械	装载机 1.0 m³	台班	0.45	0.45	0.45	0.45	0.45	0.45	0.45	0.45	0.45	0.45	0.45	0.45
5		推土机 59 kW		0.17	0.17	0.17	0.17	0.17	0.17	0.17	0.17	0.17	0.17	0.17	0.17
6		自卸汽车 3.5 t		1.88	2.37	2.74	3.02	3.66	4.39	5.11	5.77	6.43	7.09	7.75	8.41
7		5 t		1.35	1.66	1.90	2.08	2.48	2.94	3.40	3.82	4.24	4.66	5.08	5.50
8		8 t		1.03	1.24	1.40	1.80	1.80	2.11	2.42	2.70	2.98	3.26	3.54	3.82
9		10 t		1.02	1.22	1.35	1.70	1.70	1.98	2.26	2.51	2.76	3.01	3.26	3.51
10	其他费用		%	3.1	2.6	2.3	2.1	1.8	1.5	1.2	0.9	0.7	0.5	0.5	0.5

1-32　1.5 m³ 装载机挖装 3.5～15 t 自卸汽车运土

适用范围:露天作业。

工作内容:挖装、运输、卸除、空回。

单位:100 m³

顺序号	项目		单位	定额编号 10317	10318	10319	10320	10321	10322	10323	10324	10325	10326	10327	10328
				运距(km)											
				0～0.5	0.5～1	1～1.5	1.5～2	2～3	3～4	4～5	5～6	6～7	7～8	8～9	9～10
1	人工	甲类工	工日	0.1	0.1	0.1	0.1	0.1	0.1	0.1	0.1	0.1	0.1	0.1	0.1
2		乙类工		0.9	0.9	0.9	0.9	0.9	0.9	0.9	0.9	0.9	0.9	0.9	0.9
3		合计		1.0	1.0	1.0	1.0	1.0	1.0	1.0	1.0	1.0	1.0	1.0	1.0
4	机械	装载机 1.5 m³	台班	0.32	0.32	0.32	0.32	0.32	0.32	0.32	0.32	0.32	0.32	0.32	0.32
5		推土机 59 kW		0.13	0.13	0.13	0.13	0.13	0.13	0.13	0.13	0.13	0.13	0.13	0.13
6		自卸汽车 3.5 t		1.69	2.18	2.54	2.82	3.47	4.14	4.92	5.58	6.24	6.90	7.56	8.22
7		5 t		1.26	1.57	1.80	1.98	2.38	2.81	3.30	3.72	4.14	4.56	4.98	5.40
8		8 t		0.95	1.16	1.32	1.44	1.71	2.00	2.34	2.62	2.90	3.18	3.46	3.74
9		10 t		0.93	1.12	1.26	1.37	1.61	1.86	2.16	2.41	2.66	2.91	3.16	3.41
10		12 t		0.86	1.03	1.16	1.26	1.47	1.70	1.97	2.19	2.41	2.63	2.85	3.07
11		15 t		0.73	0.86	0.96	1.03	1.21	1.38	1.59	1.77	1.95	2.13	2.31	2.49
12	其他费用		%	3.1	2.6	2.3	2.1	1.8	1.5	1.2	0.9	0.7	0.5	0.5	0.5

1-33　2.0 m³ 装载机挖装 5～20 t 自卸汽车运土

适用范围:露天作业。

工作内容:挖装、运输、卸除、空回。

单位:100 m³

顺序号	项目		单位	10329	10330	10331	10332	10333	10334	10335	10336	10337	10338	10339	10340
	定额编号			运距(km)											
				0～0.5	0.5～1	1～1.5	1.5～2	2～3	3～4	4～5	5～6	6～7	7～8	8～9	9～10
1	人工	甲类工	工日												
2		乙类工		0.8	0.8	0.8	0.8	0.8	0.8	0.8	0.8	0.8	0.8	0.8	0.8
3		合计		0.8	0.8	0.8	0.8	0.8	0.8	0.8	0.8	0.8	0.8	0.8	0.8
4	机械	装载机 2.0 m³	台班	0.24	0.24	0.24	0.24	0.24	0.24	0.24	0.24	0.24	0.24	0.24	0.24
5		推土机 59 kW		0.10	0.10	0.10	0.10	0.10	0.10	0.10	0.10	0.10	0.10	0.10	0.10
6		自卸汽车 5 t		1.14	1.46	1.69	1.87	2.28	2.75	3.19	3.61	4.03	4.45	4.87	5.29
7		8 t		0.88	1.09	1.25	1.37	1.65	1.97	2.26	2.54	2.82	3.10	3.38	3.66
8		10 t		0.87	1.06	1.20	1.31	1.55	1.84	2.10	2.35	2.60	2.85	3.10	3.35
9		12 t		0.81	0.98	1.10	1.20	1.42	1.68	1.92	2.14	2.36	2.58	2.80	3.02
10		15 t		0.68	0.81	0.90	0.98	1.15	1.35	1.54	1.73	1.92	2.10	2.28	2.46
11		18 t		0.63	0.74	0.82	0.88	1.02	1.18	1.34	1.49	1.64	1.78	1.92	2.06
12		20 t		0.59	0.70	0.77	0.82	0.95	1.10	1.24	1.38	1.52	1.65	1.78	1.91
13	其他费用		%	4.0	3.9	3.0	2.8	2.5	2.1	1.9	1.6	1.3	1.1	0.8	0.5

1-34　3.0 m³ 装载机挖装 8～25 t 自卸汽车运土

适用范围:露天作业。

工作内容:挖装、运输、卸除、空回。

单位:100 m³

顺序号	项目		单位	10341	10342	10343	10344	10345	10346	10347	10348	10349	10350	10351	10352
	定额编号			运距(km)											
				0～0.5	0.5～1	1～1.5	1.5～2	2～3	3～4	4～5	5～6	6～7	7～8	8～9	9～10
1	人工	甲类工	工日												
2		乙类工		0.6	0.6	0.6	0.6	0.6	0.6	0.6	0.6	0.6	0.6	0.6	0.6
3		合计		0.6	0.6	0.6	0.6	0.6	0.6	0.6	0.6	0.6	0.6	0.6	0.6

续表

	定额编号		10341	10342	10343	10344	10345	10346	10347	10348	10349	10350	10351	10352
4	装载机 3.0 m³		0.17	0.17	0.17	0.17	0.17	0.17	0.17	0.17	0.17	0.17	0.17	0.17
5	推土机 59 kW		0.07	0.07	0.07	0.07	0.07	0.07	0.07	0.07	0.07	0.07	0.07	0.07
6	自卸汽车 8 t		0.79	1.00	1.16	1.28	1.37	1.88	2.18	2.46	2.74	3.02	3.30	3.58
7	10 t		0.75	0.94	1.08	1.19	1.43	1.72	1.98	2.23	2.48	2.73	2.98	3.23
8	机械 12 t	台班	0.71	0.88	1.00	1.10	1.32	1.56	1.82	2.04	2.26	2.48	2.70	2.92
9	15 t		0.62	0.74	0.84	0.92	1.09	1.30	1.48	1.66	1.84	2.02	2.20	2.38
10	18 t		0.57	0.67	0.75	0.82	0.95	1.12	1.27	1.41	1.55	1.69	1.83	1.97
11	20 t		0.54	0.63	0.70	0.76	0.89	1.04	1.18	1.31	1.44	1.57	1.70	1.83
12	25 t		0.47	0.55	0.62	0.66	0.77	0.90	1.02	1.13	1.24	1.35	1.46	1.57
13	其他费用	%	4.0	3.9	3.0	2.8	2.5	2.1	1.9	1.6	1.3	1.1	0.8	0.5

1-35 推土机推土

适用范围：推松、运送、卸除、拖平、空回。

(1) 55 kW 推土机

单位：100 m³

顺序号	项目		单位	定额编号 10353	10354	10355	10356	10357	10358	10359	10360
				运距(m)							
				0~10	10~20	20~30	30~40	40~50	50~60	60~70	70~80
1	人工	甲类工	工日								
2		乙类工		0.3	0.4	0.5	0.6	0.7	0.9	1.0	1.1
3		合计		0.3	0.4	0.5	0.6	0.7	0.9	1.0	1.1
4	机械	Ⅰ、Ⅱ类土	推土机 台班	0.26	0.47	0.68	0.88	1.10	1.31	1.51	1.73
5		Ⅲ类土		0.31	0.55	0.79	1.04	1.28	1.53	1.76	2.01
6		Ⅳ类土		0.36	0.63	0.90	1.20	1.46	1.75	2.01	2.29
7	其他费用		%	5.0	5.0	5.0	5.0	5.0	5.0	5.0	5.0

注：适用于推土层≥30 cm，推土上坡坡度≤5%；推土层<30 cm 时，台班定额乘以1.25，推土上坡坡度>5%时，台班定额乘以1.09，下同。

(2) 59 kW 推土机

单位：100 m³

顺序号	项目		单位	定额编号 10361	10362	10363	10364	10365	10366	10367	10368
				运距(m)							
				0~10	10~20	20~30	30~40	40~50	50~60	60~70	70~80
1	人工	甲类工	工日								
2		乙类工		0.3	0.4	0.5	0.6	0.7	0.9	1.0	1.1
3		合计		0.3	0.4	0.5	0.6	0.7	0.9	1.0	1.1

续表

顺序号		项目		单位	10361	10362	10363	10364	10365	10366	10367	10368
4		Ⅰ、Ⅱ类土			0.24	0.39	0.54	0.69	0.84	0.99	1.14	1.29
5	机械	Ⅲ类土	推土机	台班	0.26	0.41	0.56	0.71	0.86	1.01	1.16	1.31
6		Ⅳ类土			0.28	0.44	0.60	0.76	0.92	1.08	1.24	1.40
7		其他费用		%	5.0	5.0	5.0	5.0	5.0	5.0	5.0	5.0

(3) 74 kW 推土机

单位:100 m³

定额编号				10369	10370	10371	10372	10373	10374	10375	10376
顺序号	项目		单位	运距(m)							
				0～10	10～20	20～30	30～40	40～50	50～60	60～70	70～80
1	人工	甲类工	工日								
2		乙类工		0.3	0.3	0.4	0.5	0.6	0.7	0.8	0.9
3		合计		0.3	0.3	0.4	0.5	0.6	0.7	0.8	0.9

顺序号		项目		单位	运距(m)							
					0～10	10～20	20～30	30～40	40～50	50～60	60～70	70～80
4		Ⅰ、Ⅱ类土			0.14	0.21	0.27	0.34	0.42	0.50	0.58	0.66
5	机械	Ⅲ类土	推土机	台班	0.16	0.24	0.31	0.41	0.50	0.59	0.68	0.77
6		Ⅳ类土			0.18	0.27	0.35	0.48	0.58	0.68	0.78	0.88
7		其他费用		%	5.0	5.0	5.0	5.0	5.0	5.0	5.0	5.0

(4) 88 kW 推土机

单位:100 m³

定额编号				10377	10378	10379	10380	10381	10382	10383	10384
顺序号	项目		单位	运距(m)							
				0～10	10～20	20～30	30～40	40～50	50～60	60～70	70～80
1	人工	甲类工	工日								
2		乙类工		0.1	0.2	0.3	0.4	0.4	0.5	0.6	0.7
3		合计		0.1	0.2	0.3	0.4	0.4	0.5	0.6	0.7
4		Ⅰ、Ⅱ类土			0.13	0.20	0.27	0.34	0.41	0.48	0.54	0.61
5	机械	Ⅲ类土	推土机	台班	0.14	0.22	0.28	0.35	0.43	0.51	0.57	0.65
6		Ⅳ类土			0.15	0.23	0.30	0.38	0.46	0.54	0.61	0.69
7		其他费用		%	5.0	5.0	5.0	5.0	5.0	5.0	5.0	5.0

(5) 103 kW 推土机

单位:100 m³

顺序号	项目		单位	定额编号 10385	10386	10387	10388	10389	10390	10391	10392
				运距(m)							
				0~10	10~20	20~30	30~40	40~50	50~60	60~70	70~80
1	人工	甲类工	工日								
2		乙类工		0.1	0.2	0.2	0.3	0.4	0.4	0.5	0.6
3		合计		0.1	0.2	0.2	0.3	0.4	0.4	0.5	0.6
4	机械	Ⅰ、Ⅱ类土	推土机 台班	0.10	0.14	0.20	0.26	0.32	0.38	0.43	0.49
5		Ⅲ类土		0.12	0.18	0.24	0.32	0.41	0.48	0.55	0.62
6		Ⅳ类土		0.14	0.22	0.28	0.38	0.50	0.58	0.67	0.75
7	其他费用		%	5.0	5.0	5.0	5.0	5.0	5.0	5.0	5.0

(6) 118 kW 推土机

单位:100 m³

顺序号	项目		单位	定额编号 10393	10394	10395	10396	10397	10398	10399	10400
				运距(m)							
				0~10	10~20	20~30	30~40	40~50	50~60	60~70	70~80
1	人工	甲类工	工日								
2		乙类工		0.1	0.2	0.2	0.3	0.4	0.4	0.5	0.6
3		合计		0.1	0.2	0.2	0.3	0.4	0.4	0.5	0.6
4	机械	Ⅰ、Ⅱ类土	推土机 台班	0.09	0.13	0.18	0.23	0.28	0.33	0.39	0.44
5		Ⅲ类土		0.10	0.15	0.21	0.27	0.33	0.40	0.45	0.51
6		Ⅳ类土		0.11	0.18	0.24	0.31	0.38	0.47	0.51	0.58
7	其他费用		%	5.0	5.0	5.0	5.0	5.0	5.0	5.0	5.0

(7) 132 kW 推土机

单位:100 m³

顺序号	项目		单位	定额编号 10401	10402	10403	10404	10405	10406	10407	10408
				运距(m)							
				0~10	10~20	20~30	30~40	40~50	50~60	60~70	70~80
1	人工	甲类工	工日								
2		乙类工		0.1	0.2	0.2	0.3	0.3	0.4	0.5	0.5
3		合计		0.1	0.2	0.2	0.3	0.3	0.4	0.5	0.5
4	机械	Ⅰ、Ⅱ类土	推土机 台班	0.08	0.12	0.16	0.21	0.25	0.29	0.33	0.39
5		Ⅲ类土		0.09	0.14	0.19	0.23	0.30	0.35	0.41	0.48
6		Ⅳ类土		0.10	0.15	0.22	0.25	0.35	0.41	0.49	0.57
7	其他费用		%	5.0	5.0	5.0	5.0	5.0	5.0	5.0	5.0

(8) 176 kW 推土机

单位：100 m³

顺序号	项目		单位	定额编号 10409	10410	10411	10412	10413	10414	10415	10416
				运距(m)							
				0～10	10～20	20～30	30～40	40～50	50～60	60～70	70～80
1	人工	甲类工	工日								
2		乙类工		0.1	0.2	0.2	0.3	0.3	0.4	0.5	0.5
3		合计		0.1	0.2	0.2	0.3	0.3	0.4	0.5	0.5
4	机械	Ⅰ、Ⅱ类土	推土机 台班	0.05	0.09	0.11	0.15	0.18	0.20	0.23	0.27
5		Ⅲ类土		0.06	0.10	0.13	0.16	0.21	0.25	0.29	0.45
6		Ⅳ类土		0.07	0.11	0.15	0.17	0.24	0.30	0.35	0.63
7	其他费用		%	5.0	5.0	5.0	5.0	5.0	5.0	5.0	5.0

1-36 人工平土

适用范围：20 m² 以内，高差不超过±30 cm。
工作内容：挖土、就地堆放。

单位：100 m²

顺序号	项目		单位	定额编号 10417	10418
				人工平土	
				Ⅰ、Ⅱ类土	Ⅲ、Ⅳ类土
1	人工	甲类工	工日	0.1	0.2
2		乙类工		2.7	4.2
3		合计		2.8	4.4
4	其他费用		%	5.0	5.0

1-37 平地机平土

适用范围：土坝坝面平土和一般平土。
工作内容：推平土料。

单位：100 m²

顺序号	项目		单位	定额编号 10419	10420	10421
				土坝坝面平土		一般平土
				干容重(t/m³)		
				1.6以下	1.6以上	
1	人工	甲类工	工日			
2		乙类工		0.2	0.2	0.2
3		合计		0.2	0.2	0.2

续表

	定额编号			10419	10420	10421
4	机械	自行式平地机 118 kW	台班	0.10	0.11	0.10
5	其他费用		%	5.0	5.0	5.0

1-38 土方回填压实

工作内容：1. 松填不夯实：包括 5 m 以内取土回填。

2. 夯填土：包括 5 m 内取土、倒土、平土、洒水、夯实（干密度 1.6 t/m³ 以下）。

3. 原土夯实：碎土、平土、洒水、夯实。

单位：100 m³/100 m²

顺序号	项目		单位	建筑物土方回填（100 m³）			原土夯实（100 m²）
				10422	10423	10424	10425
				松填不夯实	人工夯实	机械夯实	
1	人工	甲类工	工日	0.5	2.5	1.3	0.2
2		乙类工		8.6	48.0	25.1	3.3
3		合计		9.1	50.5	26.4	3.5
4	机械	蛙式打夯机 2.8 kW	台班			2.20	1.50
5	其他费用		%	5.0	3.0	4.5	3.0

1-39 人工填筑堤坝

适用范围：人工修筑小型堤坝。

工作内容：平土、扫土、洒水、刨毛、夯实和捡拾杂物等。

单位：100 m³ 实方

顺序号	项目		单位	填土面积（m²）			
				15 以下		15 以上	
				干容重（t/m³）			
				1.6 以下	1.6 以上	1.6 以下	1.6 以上
				10426	10427	10428	10429
1	人工	甲类工	工日	4.3	6.1	3.4	4.9
2		乙类工		81.3	116.1	65.3	93.2
3		合计		85.6	122.2	68.7	98.1
4	其他费用		%	2.3	1.6	2.9	2.0

1-40　羊脚碾压实土方

适用范围：坝体土料，拖拉机牵引羊脚碾压实。

工作内容：推平、刨毛、压实、削坡、洒水、补边夯、辅助工作。

单位：100 m³ 实方

顺序号	项目		单位	定额编号 10430	定额编号 10431
				干密度(t/m³)	
				1.6 以下	1.6 以上
1	人工	甲类工	工日	0.2	0.2
2		乙类工		3.0	3.5
3		合计		3.2	3.7
4	机械	羊脚碾 5~7 t 拖拉机 59 kW	组班	0.31	0.41
5		5~7 t 74 kW	台班	0.25	0.32
6		8~12 t 74 kW		0.23	0.29
7		推土机 74 kW		0.10	0.10
8		蛙式打夯机 2.8 kW		0.18	0.18
9		刨毛机		0.10	0.10
10	其他费用		%	17.6	15.0

1-41　轮胎碾压实土方

适用范围：坝体土料，拖拉机牵引轮胎碾压实。

工作内容：推平、刨毛、压实、削坡、洒水、补边夯、辅助工作。

单位：100 m³ 实方

顺序号	项目		单位	定额编号 10432	定额编号 10433
				干密度(t/m³)	
				1.6 以下	1.6 以上
1	人工	甲类工	工日	0.2	0.2
2		乙类工		3.0	3.5
3		合计		3.2	3.7
4	机械	轮胎碾 9~16 t 拖拉机 74 kW	组班	0.19	0.24
5		推土机 74 kW	台班	0.10	0.10
6		蛙式打夯机 2.8 kW		0.18	0.18
7		刨毛机		0.11	0.11
8	其他费用		%	13.0	11.0

1-42 履带拖拉机压实土方

适用范围:坝体土料,履带拖拉机压实。
工作内容:推平、刨毛、压实、削坡、洒水、补边夯、辅助工作。

单位:100 m³ 实方

定额编号				10434	10435
顺序号	项目		单位	干密度(t/m³)	
				1.6以下	1.6以上
1	人工	甲类工	工日	0.2	0.2
2		乙类工		3.0	3.5
3		合计		3.2	3.7
4	机械	履带拖拉机74 kW	台班	0.38	0.49
5		推土机74 kW		0.10	0.10
6		蛙式打夯机2.8 kW		0.18	0.18
7		刨毛机		0.10	0.10
8	其他费用		%	16.0	13.0

1-43 人工伐树、挖树根

工作内容:1. 伐树:砍树、堆放。
2. 挖树根:挖除、堆放。

(1) 伐树

单位:100棵

定额编号			10436	10437	10438	10439	10440	10441	10442
顺序号	项目	单位	树身直径(cm)						
			20~40	40~60	60~80	80~100	100~120	120~140	140~150
1	人工 甲类工	工日							
2	乙类工		7.3	14.5	23	42	77.8	167.9	307.9
3	合计		7.3	14.5	23	42	77.8	167.9	307.9
4	其他费用	%	8	4.6	2.9	1.6	0.9	0.4	0.2

(2) 挖树根

单位:100棵

定额编号			10443	10444	10445	10446	10447
顺序号	项目	单位	树身直径(cm)				
			20~40	40~60	60~80	80~100	100以上
1	人工 甲类工	工日					
2	乙类工		39.1	139.1	352.5	625.8	978.3
3	合计		39.1	139.1	352.5	625.8	978.3
4	其他费用	%	1.7	0.5	0.2	0.1	0.1

注:1. 树身直径以离地面20 cm高的树径为准。
2. 伐树如需截树、砍伐,人工定额乘以3.02系数。

1-44　机械挖树根

工作内容：将树根从土中挖出。

单位：100棵

顺序号	项目		单位	10448	10449	10450	10451	10452
				编号				
				树身直径(cm)				
				≤10	10～20	20～30	30～40	40～50
1	人工	甲类工	工日	0.1	0.1	0.1	0.1	0.1
2		乙类工		0.9	0.9	0.9	0.9	0.9
3		合计		1.0	1.0	1.0	1.0	1.0
4	机械	推土机59 kW或挖掘机1.0 m³	台班	0.30	0.38	0.63	1.40	2.17
5		其他费用	%	7.7	7.7	4.8	2.2	1.4

1-45　残树(根)外运

适用范围：运距10 km以内。

工作内容：残树根人工装车、运输、卸除、空回等。

单位：100棵

顺序号	名称		单位	10453	10454	10455	10456
				定额编号			
				树身(根)直径(cm)			每增减1 km
				≤30	30～40	40～50	
1	人工	甲类工	工日				
2		乙类工		4.2	5.6	7.0	
3		合计		4.2	5.6	7.0	
4	机械	自卸汽车5 t	台班	7.0	10.5	14.0	0.5
5		其他费用	%	5	5	5	

1-46　水力冲挖土方

工作内容：包括开工展布、水力冲挖、吸排泥、作业面输移及收工集合等。

（1）Ⅰ类土

单位：10 000 m³

顺序号	项目	单位	10457	10458	10459	10460	10461	10462	10463	10464	10465
			定额编号								
			排泥管线长(m)								
			≤50	75	100	125	150	175	200	225	250
1	甲类工	工日	2.5	2.6	2.6	2.8	2.9	3.0	3.0	3.1	3.2
2	人工 乙类工		22.1	22.9	23.8	24.6	25.4	26.4	27.4	28.4	29.4
3	合计		24.6	25.5	26.4	27.4	28.3	29.4	30.4	31.5	32.6

续表

定额编号			10457	10458	10459	10460	10461	10462	10463	10464	10465
顺序号	项目	单位	排泥管线长(m)								
			≤50	75	100	125	150	175	200	225	250
4	高压水泵 15 kW	台班	40.89	42.40	43.90	45.52	47.13	48.86	50.60	52.46	54.33
5	机械 水枪 Φ65 mm	台班	40.89	42.40	43.90	45.52	47.13	48.86	50.60	52.46	54.33
6	泥浆泵 15 kW		40.89	42.40	43.90	45.52	47.13	48.86	50.60	52.46	54.33
7	排泥管 Φ100 mm	百米班	20.45	32.17	43.90	62.99	82.07	91.63	101.20	118.50	135.81
8	其他费用	%	2.0	2.0	2.0	2.0	2.0	2.0	2.0	2.0	2.0

续表

定额编号			10466	10467	10468	10469	10470	10471	10472	10473	10474	10475
顺序号	项目	单位	排泥管线长(m)									
			275	300	325	350	375	400	425	450	475	500
1	甲类工	工日	3.5	3.7	3.7	3.7	3.8	3.8	3.8	4.0	4.0	4.0
2	人工 乙类工	工日	31.4	33.4	33.7	34.0	34.2	34.4	34.8	35.0	35.3	35.6
3	合计		34.9	37.1	37.4	37.7	38.0	38.2	38.6	39.0	39.3	39.6
4	高压水泵 15 kW	台班	54.77	55.20	55.65	56.10	56.55	57.01	57.47	57.93	58.40	58.87
5	机械 水枪 Φ65 mm	台班	54.77	55.20	55.65	56.10	56.55	57.01	57.47	57.93	58.40	58.87
6	泥浆泵 15 kW		74.77	95.21	96.72	98.22	99.84	101.45	103.19	104.92	106.79	108.65
7	排泥管 Φ100 mm	百米班	150.71	165.61	180.98	196.34	212.19	228.03	244.36	260.69	277.51	294.34
8	其他费用	%	2.0	2.0	2.0	2.0	2.0	2.0	2.0	2.0	2.0	2.0

续表

定额编号			10476	10477	10478	10479	10480	10481	10482	10483	10484	10485
顺序号	项目	单位	排泥管线长(m)									
			525	550	575	600	625	650	675	700	725	750
1	甲类工	工日	4.2	4.6	4.6	4.6	4.7	4.7	4.7	4.8	4.8	4.8
2	人工 乙类工	工日	38.2	40.7	41.0	41.4	41.8	42.0	42.4	42.7	43.1	43.4
3	合计		42.4	45.3	45.6	46.0	46.5	46.7	47.1	47.5	47.9	48.2
4	高压水泵 15 kW	台班	59.35	59.82	60.31	60.79	61.28	61.78	62.28	62.78	63.29	63.79
5	机械 水枪 Φ65 mm	台班	59.35	59.82	60.31	60.79	61.28	61.78	62.28	62.78	63.29	63.79
6	泥浆泵 15 kW		129.09	149.54	151.04	152.55	154.16	155.78	157.51	159.25	161.11	162.97
7	排泥管 Φ100 mm	百米班	311.68	329.02	346.89	364.75	383.15	401.55	420.49	439.44	458.95	478.45
8	其他费用	%	2.0	2.0	2.0	2.0	2.0	2.0	2.0	2.0	2.0	2.0

续表

顺序号	项目		单位	定额编号 10486	10487	10488	10489	10490	10491	10492	10493	10494	10495
				排泥管线长(m)									
				775	800	825	850	875	900	925	950	975	1 000
1	人工	甲类工	工日	5.2	5.5	5.5	5.6	5.6	5.8	5.8	5.8	5.9	5.9
2		乙类工		46.6	49.7	50.2	50.5	50.9	51.4	51.7	52.2	52.6	53.0
3		合计		51.8	55.2	55.7	56.1	56.5	57.2	57.5	58.0	58.5	58.9
4	机械	高压水泵 15 kW	台班	64.31	64.83	65.35	65.88	66.41	66.95	67.49	68.03	68.58	69.13
5		水枪 Φ65 mm		64.31	64.83	65.35	65.88	66.41	66.95	67.49	68.03	68.58	69.13
6		泥浆泵 15 kW		183.42	203.86	205.37	206.87	208.49	210.10	211.84	213.57	215.43	217.30
7		排泥管 Φ100 mm	百米班	498.54	518.62	539.29	559.96	581.23	602.51	624.40	646.29	668.80	691.31
8		其他费用	%	2.0	2.0	2.0	2.0	2.0	2.0	2.0	2.0	2.0	2.0

(2) Ⅱ类土

单位:10 000 m³

顺序号	项目		单位	定额编号 10496	10497	10498	10499	10500	10501	10502	10503	10504
				排泥管线长(m)								
				≤50	75	100	125	150	175	200	225	250
1	人工	甲类工	工日	3.1	3.2	3.4	3.5	3.6	3.7	3.8	4.1	4.2
2		乙类工		28.3	29.3	30.4	31.4	32.6	33.8	35.0	36.2	37.6
3		合计		31.4	32.5	33.8	34.9	36.2	37.5	38.8	40.3	41.8
4	机械	高压水泵 15 kW	台班	52.34	54.27	56.19	58.26	60.33	62.55	64.77	67.15	69.53
5		水枪 Φ65 mm		52.34	54.27	56.19	58.26	60.33	62.55	64.77	67.15	69.53
6		泥浆泵 15 kW		52.34	54.27	56.19	58.26	60.33	62.55	64.77	67.15	69.53
7		排泥管 Φ100 mm	百米班	26.17	41.18	56.19	73.34	90.49	110.01	129.53	151.68	173.84
8		其他费用	%	2.0	2.0	2.0	2.0	2.0	2.0	2.0	2.0	2.0

续表

顺序号	项目		单位	定额编号 10505	10506	10507	10508	10509	10510	10511	10512	10513	10514
				排泥管线长(m)									
				275	300	325	350	375	400	425	450	475	500
1	人工	甲类工	工日	4.4	4.8	4.8	4.8	4.9	4.9	4.9	5.0	5.0	5.0
2		乙类工		40.2	42.7	43.1	43.4	43.8	44.2	44.5	44.9	45.2	45.6
3		合计		44.6	47.5	47.9	48.2	48.7	49.1	49.4	49.9	50.2	50.6
4	机械	高压水泵 15 kW	台班	70.10	70.66	71.23	71.81	72.39	72.97	73.56	74.15	74.75	75.35
5		水枪 Φ65 mm		70.10	70.66	71.23	71.81	72.39	72.97	73.56	74.15	74.75	75.35
6		泥浆泵 15 kW		95.70	121.87	123.80	125.73	127.79	129.86	132.08	134.30	136.68	139.07
7		排泥管 Φ100 mm	百米班	192.91	211.98	231.65	251.32	271.60	291.88	312.78	333.68	355.22	376.76
8		其他费用	%	2.0	2.0	2.0	2.0	2.0	2.0	2.0	2.0	2.0	2.0

续表

顺序号	项目		单位	定额编号 10515	10516	10517	10518	10519	10520	10521	10522	10523	10524
				排泥管线长(m)									
				525	550	575	600	625	650	675	700	725	750
1	人工	甲类工	工日	5.4	5.8	5.9	5.9	5.9	6.0	6.0	6.1	6.1	6.2
2		乙类工		48.8	52.1	52.6	52.9	53.4	53.8	54.2	54.7	55.1	55.6
3		合计		54.2	57.9	58.5	58.8	59.3	59.8	60.2	60.8	61.2	61.8
4	机械	高压水泵 15 kW	台班	75.96	76.57	77.19	77.81	78.44	79.07	79.71	80.35	81.01	81.66
5		水枪 Φ65 mm		75.96	76.57	77.19	77.81	78.44	79.07	79.71	80.35	81.01	81.66
6		泥浆泵 15 kW		165.24	191.41	193.33	195.26	197.33	199.39	201.61	203.83	206.22	208.60
7		排泥管 Φ100 mm	百米班	398.95	421.15	444.01	466.88	490.42	513.97	538.22	562.48	587.45	612.42
8	其他费用		%	2.0	2.0	2.0	2.0	2.0	2.0	2.0	2.0	2.0	2.0

续表

顺序号	项目		单位	定额编号 10525	10526	10527	10528	10529	10530	10531	10532	10533	10534
				排泥管线长(m)									
				775	800	825	850	875	900	925	950	975	1 000
1	人工	甲类工	工日	6.6	7.1	7.1	7.2	7.2	7.3	7.3	7.4	7.4	7.6
2		乙类工		59.6	63.6	64.2	64.7	65.2	65.8	66.2	66.8	67.3	67.8
3		合计		66.2	70.7	71.3	71.9	72.4	73.1	73.5	74.2	74.7	75.4
4	机械	高压水泵 15 kW	台班	82.32	82.98	83.65	84.32	85.01	85.69	86.38	87.08	87.78	88.49
5		水枪 Φ65 mm		82.32	82.98	83.65	84.32	85.01	85.69	86.38	87.08	87.78	88.49
6		泥浆泵 15 kW		234.77	260.94	262.87	264.79	266.86	268.93	271.15	273.37	275.75	278.14
7		排泥管 Φ100 mm	百米班	638.13	663.83	690.29	716.74	743.99	771.24	799.24	827.24	856.06	884.88
8	其他费用		%	2.0	2.0	2.0	2.0	2.0	2.0	2.0	2.0	2.0	2.0

(3) Ⅲ类土

单位:10 000 m³

顺序号	项目		单位	定额编号 10535	10536	10537	10538	10539	10540	10541	10542	10543
				排泥管线长(m)								
				≤50	75	100	125	150	175	200	225	250
1	人工	甲类工	工日	4.3	4.6	4.7	4.8	5.0	5.2	5.4	5.5	5.8
2		乙类工		39.1	40.6	42.0	43.6	45.1	46.7	48.4	50.2	52.0
3		合计		43.4	45.2	46.7	48.4	50.1	51.9	53.8	55.7	57.8
4	机械	高压水泵 15 kW	台班	72.38	75.04	77.70	80.56	83.42	86.49	89.56	92.86	96.15
5		水枪 Φ65 mm		72.38	75.04	77.70	80.56	83.42	86.49	89.56	92.86	96.15
6		泥浆泵 15 kW		72.38	75.04	77.70	80.56	83.42	86.49	89.56	92.86	96.15
7		排泥管 Φ100 mm	百米班	36.19	56.95	77.70	101.42	125.13	152.13	179.12	209.75	240.38
8	其他费用		%	2.0	2.0	2.0	2.0	2.0	2.0	2.0	2.0	2.0

续表

顺序号	项目		单位	定额编号 10544	10545	10546	10547	10548	10549	10550	10551	10552	10553
				排泥管线长(m) 275	300	325	350	375	400	425	450	475	500
1	人工	甲类工	工日	6.1	6.6	6.6	6.7	6.7	6.8	6.8	6.8	7.0	7.0
2		乙类工		55.6	59.0	59.5	60.0	60.5	61.1	61.6	62.0	62.5	63.0
3		合计		61.7	65.6	66.1	66.7	67.2	67.9	68.4	68.8	69.5	70.0
4	机械	高压水泵 15 kW	台班	96.93	97.71	98.50	99.29	100.10	100.90	101.72	102.54	103.37	104.20
5		水枪 Φ65 mm		96.93	97.71	98.50	99.29	100.10	100.90	101.72	102.54	103.37	104.20
6		泥浆泵 15 kW		132.34	168.53	171.19	173.86	176.71	179.57	182.64	185.71	189.01	192.31
7		排泥管 Φ100 mm	百米班	266.76	293.13	320.33	347.52	375.56	403.61	432.51	461.41	491.20	520.99
8	其他费用		%	2.0	2.0	2.0	2.0	2.0	2.0	2.0	2.0	2.0	2.0

续表

顺序号	项目		单位	定额编号 10554	10555	10556	10557	10558	10559	10560	10561	10562	10563
				排泥管线长(m) 525	550	575	600	625	650	675	700	725	750
1	人工	甲类工	工日	7.6	8.0	8.0	8.2	8.2	8.3	8.3	8.4	8.5	8.5
2		乙类工		67.6	72.0	72.6	73.2	73.8	74.4	75.0	75.6	76.2	76.8
3		合计		75.2	80.0	80.6	81.4	82.0	82.7	83.3	84.0	84.7	85.3
4	机械	高压水泵 15 kW	台班	105.04	105.89	106.74	107.60	108.47	109.34	110.23	111.12	112.02	112.92
5		水枪 Φ65 mm		105.04	105.89	106.74	107.60	108.47	109.34	110.23	111.12	112.02	112.92
6		泥浆泵 15 kW		228.49	264.68	267.34	270.01	272.87	275.73	278.80	281.87	285.16	288.46
7		排泥管 Φ100 mm	百米班	551.68	582.37	613.98	645.60	678.17	710.74	744.27	777.81	812.33	846.86
8	其他费用		%	2.0	2.0	2.0	2.0	2.0	2.0	2.0	2.0	2.0	2.0

续表

顺序号	项目		单位	定额编号 10564	10565	10566	10567	10568	10569	10570	10571	10572	10573
				排泥管线长(m) 775	800	825	850	875	900	925	950	975	1 000
1	人工	甲类工	工日	9.1	9.8	9.8	10.0	10.0	10.1	10.2	10.3	10.3	10.4
2		乙类工		82.4	88.0	88.7	89.4	90.1	90.8	91.6	92.3	93.1	93.8
3		合计		91.5	97.8	98.5	99.4	100.1	100.9	101.8	102.6	103.4	104.2
4	机械	高压水泵 15 kW	台班	113.83	114.74	115.67	116.60	117.55	118.49	119.45	120.41	121.39	122.36
5		水枪 Φ65 mm 2 支		113.83	114.74	115.67	116.60	117.55	118.49	119.45	120.41	121.39	122.36
6		泥浆泵 15 kW		324.65	360.83	363.50	366.16	369.02	371.88	374.95	378.02	381.31	384.61
7		排泥管 Φ100 mm	百米班	882.41	917.95	954.54	991.12	1 028.78	1 066.43	1 105.17	1 143.91	1 183.77	1 223.63
8	其他费用		%	2.0	2.0	2.0	2.0	2.0	2.0	2.0	2.0	2.0	2.0

(4) Ⅳ类土

单位：10 000 m³

顺序号	项目		单位	10574	10575	10576	10577	10578	10579	10580	10581	10582
	定额编号			\\\\\\\\\\\\\\\\\\\\\\\\\\\\\\\\ 排泥管线长(m) \\\\\\\\\\\\\\\\\\\\\\\\\								
				≤50	75	100	125	150	175	200	225	250
1	人工	甲类工	工日	6.7	7.0	7.2	7.4	7.7	8.0	8.3	8.5	8.9
2		乙类工		60.1	62.3	64.4	66.8	69.2	71.8	74.3	77.0	79.8
3		合计		66.8	69.3	71.6	74.2	76.9	79.8	82.6	85.5	88.7
4	机械	高压水泵 15 kW	台班	111.22	115.31	119.41	123.80	128.19	132.93	137.66	142.71	147.76
5		水枪 Φ65 mm		111.22	115.31	119.41	123.80	128.19	132.93	137.66	142.71	147.76
6		泥浆泵 15 kW		111.22	115.31	119.41	123.80	128.19	132.93	137.66	142.71	147.76
7		排泥管 Φ100 mm	百米班	56.11	87.76	119.41	155.85	192.29	233.81	275.32	322.36	369.40
8	其他费用		%	2.0	2.0	2.0	2.0	2.0	2.0	2.0	2.0	2.0

续表

顺序号	项目		单位	10583	10584	10585	10586	10587	10588	10589	10590	10591	10592
	定额编号			排泥管线长(m)									
				275	300	325	350	375	400	425	450	475	500
1	人工	甲类工	工日	9.5	10.1	10.2	10.3	10.3	10.4	10.6	10.6	10.7	10.8
2		乙类工		85.3	90.8	91.6	92.3	93.0	93.8	94.6	95.3	96.1	96.8
3		合计		94.8	100.9	101.8	102.6	103.3	104.2	105.2	105.9	106.8	107.6
4	机械	高压水泵 15 kW	台班	148.96	150.15	151.37	152.59	153.82	155.06	156.31	157.57	158.85	160.12
5		水枪 Φ65 mm		148.96	150.15	151.37	152.59	153.82	155.06	156.31	157.57	158.85	160.12
6		泥浆泵 15 kW		203.37	258.98	263.07	267.17	271.56	275.95	280.69	285.42	290.47	295.52
7		排泥管 Φ100 mm	百米班	376.18	382.96	458.51	534.05	577.20	620.36	664.71	709.07	754.84	800.61
8	其他费用		%	2.0	2.0	2.0	2.0	2.0	2.0	2.0	2.0	2.0	2.0

续表

顺序号	项目		单位	10593	10594	10595	10596	10597	10598	10599	10600	10601	10602
	定额编号			排泥管线长(m)									
				525	550	575	600	625	650	675	700	725	750
1	人工	甲类工	工日	11.5	12.4	12.4	12.5	12.6	12.7	12.8	13.0	13.1	13.1
2		乙类工		103.8	110.8	111.6	112.6	113.4	114.4	115.2	116.2	117.1	118.1
3		合计		115.3	123.2	124.0	125.1	126.0	127.1	128.0	129.2	130.2	131.2
4	机械	高压水泵 15 kW	台班	161.42	162.72	164.03	165.35	166.69	168.03	169.39	170.75	172.14	173.52
5		水枪 Φ65 mm		161.42	162.72	164.03	165.35	166.69	168.03	169.39	170.75	172.14	173.52
6		泥浆泵 15 kW		351.13	406.74	410.83	414.93	419.32	423.71	428.45	433.18	438.23	443.28
7		排泥管 Φ100 mm	百米班	847.78	894.94	943.53	992.12	1 042.16	1 092.20	1 143.74	1 195.28	1 248.34	1 301.40
8	其他费用		%	2.0	2.0	2.0	2.0	2.0	2.0	2.0	2.0	2.0	2.0

续表

顺序号	项目		单位	定额编号 10603	10604	10605	10606	10607	10608	10609	10610	10611	10612
				排泥管线长(m)									
				775	800	825	850	875	900	925	950	975	1 000
1	人工	甲类工	工日	14.0	15.0	15.1	15.2	15.4	15.5	15.6	15.7	15.8	16.1
2		乙类工		126.6	135.2	136.3	137.4	138.5	139.7	140.8	141.8	143.0	144.2
3		合计		140.6	150.2	151.4	152.6	153.9	155.2	156.4	157.5	158.6	160.3
4	机械	高压水泵 15 kW	台班	174.93	176.33	177.76	179.19	180.64	182.09	183.57	185.04	186.54	188.04
5		水枪 Φ65 mm		174.93	176.33	177.76	179.19	180.64	182.09	183.57	185.04	186.54	188.04
6		泥浆泵 15 kW		498.89	554.50	558.59	562.69	567.08	571.47	576.21	580.94	585.99	591.04
7		排泥管 Φ100 mm	百米班	1 356.03	1 410.65	1 466.87	1 523.09	1 580.95	1 638.81	1 698.35	1 757.88	1 819.13	1 880.38
8	其他费用		%	2.0	2.0	2.0	2.0	2.0	2.0	2.0	2.0	2.0	2.0

1-47 人工修筑土坎水平梯田

工作内容：定线、清基、筑坎、保留表土、修平田面、表土还原等。

（1）地面坡度 3°～5°

单位：hm²

顺序号	项目		单位	定额编号 10613	10614	10615	10616	10617	10618	10619	10620	10621	10622	10623	10624
				土类级别											
				Ⅰ～Ⅱ				Ⅲ				Ⅳ			
				田面宽度(m)											
				10	20	30	每增加5 m	10	20	30	每增加5 m	10	20	30	每增加5 m
1	人工	甲类工	工日												
2		乙类工		256.1	388.0	535.2	73.7	341.4	517.3	713.6	98.2	443.8	672.5	927.6	127.6
3		合计		256.1	388.0	535.2	73.7	341.4	517.3	713.6	98.2	443.8	672.5	927.6	127.6
4	机械	双胶轮车	台班	10.71	16.07	24.17	4.17	14.29	21.43	32.14	5.36	18.57	27.86	41.79	7.14
5	其他费用		%	5.0	5.0	5.0	5.0	5.0	5.0	5.0	5.0	5.0	5.0	5.0	5.0

（2）地面坡度 5°～10°

单位：hm²

顺序号	项目		单位	定额编号 10625	10626	10627	10628	10629	10630	10631	10632	10633	10634	10635	10636
				土类级别											
				Ⅰ～Ⅱ				Ⅲ				Ⅳ			
				田面宽度(m)											
				8	14	20	每增加3 m	8	14	20	每增加3 m	8	14	20	每增加3 m
1	人工	甲类工	工日												
2		乙类工		457.6	648.7	853.2	102.3	610.1	864.9	1 137.7	136.4	793.2	1 124.4	1 478.9	177.3
3		合计		457.6	648.7	853.2	102.3	610.1	864.9	1 137.7	136.4	793.2	1 124.4	1 478.9	177.3
4	机械	双胶轮车	台班	12.38	18.45	27.74	5.29	16.43	24.64	37.02	6.19	21.31	32.02	48.10	8.10
5	其他费用		%	4.0	4.0	4.0	4.0	4.0	4.0	4.0	4.0	4.0	4.0	4.0	4.0

(3) 地面坡度 10°~15°

单位：hm²

顺序号	项目		单位	定额编号											
				10637	10638	10639	10640	10641	10642	10643	10644	10645	10646	10647	10648
				土类级别											
				Ⅰ~Ⅱ				Ⅲ				Ⅳ			
				田面宽度(m)											
				7	11	15	每增加2m	7	11	15	每增加2m	7	11	15	每增加2m
1	人工	甲类工	工日												
2		乙类工		775.2	1 046.4	1 328.3	141.0	1 033.7	1 395.2	1 771.1	188.0	1 343.8	1 813.8	2 302.4	244.4
3		合计		775.2	1 046.4	1 328.3	141.0	1 033.7	1 395.2	1 771.1	188.0	1 343.8	1 813.8	2 302.4	244.4
4	其他费用		%	3.0	3.0	3.0		3.0	3.0	3.0		3.0	3.0	3.0	

(4) 地面坡度 15°~20°

单位：hm²

顺序号	项目		单位	定额编号											
				10649	10650	10651	10652	10653	10654	10655	10656	10657	10658	10659	10660
				土类级别											
				Ⅰ~Ⅱ				Ⅲ				Ⅳ			
				田面宽度(m)											
				6	8	10	每增加1m	6	8	10	每增加1m	6	8	10	每增加1m
1	人工	甲类工	工日												
2		乙类工		1 067.7	1 285.6	1 512.0	113.2	1 423.7	1 714.2	2 016.0	151.0	1 850.8	2 228.5	2 620.7	196.2
3		合计		1 067.7	1 285.6	1 512.0	113.2	1 423.7	1 714.2	2 016.0	151.0	1 850.8	2 228.5	2 620.7	196.2
4	其他费用		%	2.0	2.0	2.0		2.0	2.0	2.0		2.0	2.0	2.0	

(5) 地面坡度 20°~25°

单位：hm²

顺序号	项目		单位	定额编号								
				10661	10662	10663	10664	10665	10666	10667	10668	10669
				土类级别								
				Ⅰ~Ⅱ			Ⅲ			Ⅳ		
				田面宽度(m)								
				5	8	每增加1m	5	8	每增加1m	5	8	每增加1m
1	人工	甲类工	工日									
2		乙类工		1 365.2	1 864.0	166.3	1 820.4	2 485.4	221.7	2 366.4	3 231.0	288.2
3		合计		1 365.2	1 864.0	166.3	1 820.4	2 485.4	221.7	2 366.4	3 231.0	288.2
4	其他费用		%	1.0	1.0		1.0	1.0		1.0	1.0	

1-48　人工修筑石坎水平梯田(拣集石料)

工作内容:定线、清基、石料拣集、修砌石坎、保留表土、坎后填膛、修平田面、表土还原等。

(1) 地面坡度 3°～5°

单位:hm²

顺序号	项目		单位	10670	10671	10672	10673	10674	10675	10676	10677
	定额编号			\multicolumn{8}{c}{土类级别}
				\multicolumn{4}{c}{Ⅲ}	\multicolumn{4}{c}{Ⅳ}
				\multicolumn{8}{c}{田面宽度(m)}
				10	20	30	每增加5m	10	20	30	每增加5m
1	人工	甲类工	工日								
2		乙类工		385.1	561.0	758.8	98.9	420.8	612.7	828.2	107.7
3		合计		385.1	561.0	758.8	98.9	420.8	612.7	828.2	107.7
4	机械	双胶轮车	台班	14.29	21.43	32.14	5.36	18.57	27.86	41.79	7.14
5	其他费用		%	5.0	5.0	5.0		5.0	5.0	5.0	

(2) 地面坡度 5°～10°

单位:hm²

顺序号	项目		单位	10678	10679	10680	10681	10682	10683	10684	10685
	定额编号			\multicolumn{8}{c}{土类级别}
				\multicolumn{4}{c}{Ⅲ}	\multicolumn{4}{c}{Ⅳ}
				\multicolumn{8}{c}{田面宽度(m)}
				8	14	20	每增加3m	8	14	20	每增加3m
1	人工	甲类工	工日								
2		乙类工		703.2	959.6	1 231.2	135.8	770.2	1 050.7	1 346.9	148.1
3		合计		703.2	959.6	1 231.2	135.8	770.2	1 050.7	1 346.9	148.1
4	机械	双胶轮车	台班	16.43	24.64	37.02	6.19	21.31	32.02	48.10	8.10
5	其他费用		%	4.0	4.0	4.0		4.0	4.0	4.0	

(3) 地面坡度 10°～15°

单位:hm²

顺序号	项目		单位	10686	10687	10688	10689	10690	10691	10692	10693
	定额编号			\multicolumn{8}{c}{土类级别}
				\multicolumn{4}{c}{Ⅲ}	\multicolumn{4}{c}{Ⅳ}
				\multicolumn{8}{c}{田面宽度(m)}
				7	11	15	每增加2m	7	11	15	每增加2m
1	人工	甲类工	工日								
2		乙类工		1 197.3	1 560.4	1 938.3	189.0	1 317.0	1 716.4	2 132.1	208.0
3		合计		1 197.3	1 560.4	1 938.3	189.0	1 317.0	1 716.4	2 132.1	208.0

续表

顺序号	项目	单位	定额编号							
			10686	10687	10688	10689	10690	10691	10692	10693
			土类级别							
			Ⅲ				Ⅳ			
			田面宽度(m)							
			7	11	15	每增加 2 m	7	11	15	每增加 2 m
4	其他费用	%	3.0	3.0	3.0		3.0	3.0	3.0	

（4）地面坡度 15°～20°

单位：hm²

顺序号	项目		单位	定额编号						
				10694	10695	10696	10697	10698	10699	10700	10701
				土类级别						
				Ⅲ				Ⅳ		
				田面宽度(m)						
				6	8	10	每增加 1 m	6	8	10	每增加 1 m
1	人工	甲类工	工日								
2		乙类工		1 664.4	1 955.7	2 258.3	151.3	1 830.8	2 151.3	2 484.2	166.4
3		合计		1 664.4	1 955.7	2 258.3	151.3	1 830.8	2 151.3	2 484.2	166.4
4	其他费用		%	2.0	2.0	2.0		2.0	2.0	2.0	

（5）地面坡度 20°～25°

单位：hm²

顺序号	项目		单位	定额编号					
				10702	10703	10704	10705	10706	10707
				土类级别					
				Ⅲ			Ⅳ		
				田面宽度(m)					
				5	8	每增加 1 m	5	8	每增加 1 m
1	人工	甲类工	工日						
2		乙类工		2 146.1	2 818.5	224.2	2 360.7	3 100.4	246.5
3		合计		2 146.1	2 818.5	224.2	2 360.7	3 100.4	246.5
4	其他费用		%	1.0	1.0		1.0	1.0	

1-49 推土机修筑土坎水平梯田

工作内容：定线、清基、筑坎、保留表土、修平田面、表土还原等。

（1）地面坡度 3°～5°

单位：hm²

顺序号	项目		单位	土类级别											
				定额编号	10708	10709	10710	10711	10712	10713	10714	10715	10716	10717	10718	10719
					Ⅰ～Ⅱ				Ⅲ				Ⅳ		
				田面宽度(m)											
				10	20	30	每增加5 m	10	20	30	每增加5 m	10	20	30	每增加5 m
1	人工	甲类工	工日												
2		乙类工	工日	144.5	116.4	112.4	−2.0	144.5	116.4	112.4	−2.0	144.5	116.4	112.4	−2.0
3		合计		144.5	116.4	112.4	−2.0	144.5	116.4	112.4	−2.0	144.5	116.4	112.4	−2.0
4	机械	推土机 74 kW	台班	1.31	2.62	3.81	0.60	1.43	2.86	4.29	0.71	1.55	3.10	4.76	0.83
5		其他费用	%	5.0	5.0	5.0		5.0	5.0	5.0		5.0	5.0	5.0	

（2）地面坡度 5°～10°

单位：hm²

顺序号	项目		单位	土类级别								
				定额编号	10720	10721	10722	10723	10724	10725	10726	10727	10728
				Ⅰ～Ⅱ			Ⅲ			Ⅳ		
				田面宽度(m)								
				14	20	每增加3 m	14	20	每增加3 m	14	20	每增加3 m
1	人工	甲类工	工日									
2		乙类工	工日	276.3	298.7	11.2	276.3	298.7	11.2	276.3	298.7	11.2
3		合计		276.3	298.7	11.2	276.3	298.7	11.2	276.3	298.7	11.2
4	机械	推土机 74 kW	台班	3.81	5.36	0.83	4.17	5.95	0.95	4.64	6.55	1.07
5		其他费用	%	4.0	4.0		4.0	4.0		4.0	4.0	

(3)地面坡度 10°~15°

单位:hm²

顺序号	项目		单位	10729	10730	10731	10732	10733	10734	10735	10736	10737
				土类级别								
				Ⅰ~Ⅱ			Ⅲ			Ⅳ		
				田面宽度(m)								
				11	15	每增加 2 m	11	15	每增加 2 m	11	15	每增加 2 m
1	人工	甲类工	工日									
2		乙类工		563.9	637.6	36.9	563.9	637.6	36.9	563.9	637.6	36.9
3		合计		563.9	637.6	36.9	563.9	637.6	36.9	563.9	637.6	36.9
4	机械	推土机 74 kW	台班	5.00	6.90	0.95	5.60	7.62	1.07	6.19	8.33	1.19
5	其他费用		%	3.0	3.0		3.0	3.0		3.0	3.0	

1-50 推土机修筑石坎水平梯田(拣集石料)

工作内容:定线、清基、石料拣集、修砌石坎、保留表土、坎后填膛、修平田面、表土还原等。

(1)地面坡度 3°~5°

单位:hm²

顺序号	项目		单位	10738	10739	10740	10741	10742	10743	10744	10745
				土类级别							
				Ⅲ				Ⅳ			
				田面宽度(m)							
				10	20	30	每增加 5 m	10	20	30	每增加 5 m
1	人工	甲类工	工日								
2		乙类工		188.3	160.1	157.6	-1.3	188.3	160.1	157.6	-1.3
3		合计		188.3	160.1	157.6	-1.3	188.3	160.1	157.6	-1.3
4	机械	推土机 74 kW	台班	1.43	2.86	4.29	0.71	1.55	3.10	4.76	0.83
5	其他费用		%	5.0	5.0	5.0		5.0	5.0	5.0	

（2）地面坡度 5°～10°

单位：hm²

顺序号	项目		单位	土类级别					
				\multicolumn{3}{c}{Ⅲ}	\multicolumn{3}{c}{Ⅳ}			
				田面宽度(m)					
定额编号				10746	10747	10748	10749	10750	10751
				14	20	每增加 3 m	14	20	每增加 3 m
1	人工	甲类工	工日						
2		乙类工	工日	371.2	392.1	10.5	371.2	392.1	10.5
3		合计		371.2	392.1	10.5	371.2	392.1	10.5
4	机械	推土机 74 kW	台班	4.17	5.95	0.95	4.64	6.55	1.07
5	其他费用		%	4.0	4.0		4.0	4.0	

（3）地面坡度 10°～15°

单位：hm²

顺序号	项目		单位	土类级别					
				\multicolumn{3}{c}{Ⅲ}	\multicolumn{3}{c}{Ⅳ}			
				田面宽度(m)					
定额编号				10752	10753	10754	10755	10756	10757
				11	15	每增加 2 m	11	15	每增加 2 m
1	人工	甲类工	工日						
2		乙类工	工日	729.0	804.9	38.0	729.0	804.9	38.0
3		合计		729.0	804.9	38.0	729.0	804.9	38.0
4	机械	推土机 74 kW	台班	5.60	7.62	1.07	6.19	8.33	1.19
5	其他费用		%	3.0	3.0		3.0	3.0	

第二章 石方工程

说 明

一、本章包括一般石方开挖、保护层、沟渠、基坑等石方开挖和石渣运输定额等，共21节，180个子目。

二、本章计量单位，除注明外，均按自然方计。

三、岩石级别按土石十六级分类法划分，详见附录4；地质部门岩石十二级分类与十六级分类对照表详见附录5。

四、一般石方开挖定额，适用于一般明挖石方工程；底宽超过7 m的沟槽、上口大于160 m² 的石方坑挖工程、倾角小于或等于20°以及开挖厚度大于5 m（垂直于设计面的平均厚度）的坡面石方开挖。

五、一般坡面石方开挖的定额，适用于设计倾角大于20°和厚度5 m以内的石方开挖。

六、保护层石方开挖定额，适用于设计规定不允许破坏岩层结构的石方开挖工程，如河床坝基、两岸坝基、泵房基础等工程连接岩基部分，厚度按设计规定计算。

七、沟渠石方开挖定额，适用于底宽小于或等于4 m，两侧垂直或有边坡的长条形石方开挖工程。如渠道、截水槽、排水沟、地槽等。

八、基坑石方开挖定额，适用于上口面积小于或等于160 m²、深度小于上口短边长度或直径的石方开挖工程，如集水坑、墩基、柱基、基座、混凝土基坑等。上口面积大于160 m² 的基坑开挖工程按一般石方开挖定额计算，有保护层的，按一般石方和保护层比例综合计算。

九、炸药价格的计取

1. 一般石方开挖，按2号岩石铵锑炸药计算。

2. 边坡、基坑、沟渠、保护层石方开挖，按2号岩石铵锑炸药和4号抗水岩石铵锑炸药各半计算。

十、挖掘机或装载机装石渣、自卸汽车运输定额，按露天作业计算。

十一、建筑垃圾等固体废弃物挖装、运输、回填可以参照本章2-13～2-21节选用定额子目，但需按定额人工和机械乘以0.8的调整系数。

2-1 一般石方开挖——人工打孔

适用范围：一般明挖。

工作内容：人工打孔、爆破、撬移、解小、翻渣、清面、场内料具搬运。

单位：100 m³

顺序号	项目		单位	定额编号			
				20001	20002	20003	20004
				岩石级别			
				Ⅴ—Ⅵ	Ⅶ—Ⅷ	Ⅸ—Ⅹ	Ⅺ—Ⅻ
1	人工	甲类工	工日	1.3	2.1	3.3	5.4
2		乙类工		25.1	39.8	62.9	103.4
3		合计		26.4	41.9	66.2	108.8
4	材料	钢钎	kg	1.30	2.11	3.39	5.55
5		炸药	kg	25.20	32.10	39.80	47.30
6		雷管	个	37.60	48.20	59.70	71.00
7		导线 火线	m	75.20	96.50	119.50	142.00
8		电线	m	93.90	120.50	149.30	177.50
9	机械	载重汽车 5 t	台班	0.20	0.20	0.20	0.20
10	其他费用		%	4.0	3.4	2.7	2.1

2-2 一般石方开挖——风钻钻孔

适用范围：一般明挖。

工作内容：钻孔、爆破、撬移、解小、翻渣、清面、场内料具搬运。

单位：100 m³

顺序号	项目		单位	定额编号			
				20005	20006	20007	20008
				岩石级别			
				Ⅴ—Ⅵ	Ⅶ—Ⅷ	Ⅸ—Ⅹ	Ⅺ—Ⅻ
1	人工	甲类工	工日	0.6	0.8	0.9	1.2
2		乙类工		12.2	14.4	17.6	22.1
3		合计		12.8	15.2	18.5	23.3
4	材料	合金钻头	个	0.78	1.28	1.93	2.80
5		空心钢	kg	0.33	0.56	0.97	1.62
6		炸药	kg	22.40	28.30	34.80	41.50
7		雷管	个	26.80	33.60	41.50	48.80
8		导线 火线	m	61.20	76.10	94.80	111.00
9		电线	m	107.00	134.00	166.00	195.00
10	机械	手持式风钻	台班	0.65	1.10	1.90	3.31
11		修钎设备		0.03	0.05	0.08	0.14
12		载重汽车 5 t		0.20	0.20	0.20	0.20
13	其他费用		%	8.0	8.2	7.9	7.2

2-3 一般石方开挖——潜孔钻钻孔

适用范围:潜孔钻钻孔,风钻配合。
工作内容:钻孔、爆破、撬移、解小、翻渣、清面、场内料具搬运。

单位:100 m³

顺序号	项目		单位	定额编号			
				20009	20010	20011	20012
				岩石级别			
				Ⅴ—Ⅵ	Ⅶ—Ⅷ	Ⅸ—Ⅹ	Ⅺ—Ⅻ
1	人工	甲类工	工日	0.4	0.5	0.7	0.8
2		乙类工		8.1	9.8	12.4	15.3
3		合计		8.5	10.3	13.1	16.1
4	材料	合金钻头	个	0.04	0.07	0.11	0.14
5		钻头 80 型	个	0.31	0.42	0.59	0.79
6		冲击器	套		0.04	0.06	0.08
7		空心钢	kg	0.14	0.21	0.28	0.35
8		钻杆	m	0.39	0.47	0.57	0.69
9		炸药	kg	38.16	42.75	48.69	54.45
10		雷管	个	21.00	24.00	27.00	31.00
11		导线 火线	m	42.00	48.00	54.00	62.00
12		电线	m	78.00	88.00	94.00	111.00
13	机械	手持式风钻	台班	0.21	0.33	0.43	0.54
14		潜孔钻 80 型		0.87	1.10	1.58	2.23
15		载重汽车 5 t		0.20	0.20	0.20	0.20
16	其他费用		%	4.8	4.8	4.5	4.2

注:适用于钻孔深度 6 m 以内。若用导爆管引爆,按导火线定额乘以 1.12 系数。

2-4 坡面一般石方开挖——人工打孔

适用范围:设计倾角 20°～40°,平均厚度 5 m 以下,无保护层。
工作内容:打孔、爆破、撬移、解小、翻渣、清面、场内料具搬运。

单位:100 m³

顺序号	项目		单位	定额编号			
				20013	20014	20015	20016
				岩石级别			
				Ⅴ—Ⅵ	Ⅶ—Ⅷ	Ⅸ—Ⅹ	Ⅺ—Ⅻ
1	人工	甲类工	工日	2.2	3.0	4.6	7.3
2		乙类工		40.9	57.8	87.1	138.1
3		合计		43.1	60.8	91.7	145.4

续表

顺序号	项目		单位	定额编号 20013	20014	20015	20016
				岩石级别			
				Ⅴ—Ⅵ	Ⅶ—Ⅷ	Ⅸ—Ⅹ	Ⅺ—Ⅻ
4	材料	钢钎	kg	1.43	2.32	3.73	6.11
5		炸药	kg	25.20	33.10	41.00	48.70
6		雷管	个	37.60	49.50	61.20	72.70
7		导线 火线	m	75.20	99.00	122.40	145.40
8		电线	m	94.00	123.75	153.00	181.75
9	机械	载重汽车 5 t	台班	0.20	0.20	0.20	0.20
10	其他费用		%	2.4	2.2	1.9	1.6

注：1. 倾角小于20°和厚度大于5 m时，按一般石方开挖计。
2. 倾角大于40°时，人工定额乘以1.15系数。

2-5 坡面一般石方开挖——风钻钻孔

适用范围：设计倾角20°～40°，平均厚度5 m以下，无保护层。
工作内容：风钻钻孔、爆破、撬移、解小、翻渣、清面、场内料具搬运。

单位：100 m³

顺序号	项目		单位	定额编号 20017	20018	20019	20020
				岩石级别			
				Ⅴ—Ⅵ	Ⅶ—Ⅷ	Ⅸ—Ⅹ	Ⅺ—Ⅻ
1	人工	甲类工	工日	1.5	1.7	2.0	2.3
2		乙类工		27.6	31.9	37.1	43.8
3		合计		29.1	33.6	39.1	46.1
4	材料	合金钻头	个	0.78	1.28	1.93	2.73
5		空心钢	kg	0.37	0.62	1.07	1.80
6		炸药	kg	23.30	29.40	36.20	43.20
7		雷管	个	26.80	33.60	41.50	48.80
8		导线 火线	m	61.20	76.10	94.80	111.00
9		电线	m	107.00	134.00	166.00	195.00
10	机械	手持式风钻	台班	0.72	1.22	2.11	3.67
11		修钎设备		0.03	0.05	0.09	0.16
12		载重汽车 5 t		0.20	0.20	0.20	0.20
13	其他费用		%	5.8	6.3	6.3	5.9

注：1. 风钻钻孔倾角小于20°和厚度大于5 m时，按一般石方开挖计。
2. 风钻钻孔倾角大于40°时，人工定额乘以1.10系数，风钻乘以1.25系数。

2-6 坡面保护层石方开挖——人工打孔

适用范围:设计倾角 20°~40°,不允许破坏岩层的石方工程,如坝基、基础等。

工作内容:打孔、爆破、撬移、解小、翻渣、清面、修整断面、场内料具搬运。

单位:100 m³

定额编号			20021	20022	20023	20024
顺序号	项目	单位	岩石级别			
			Ⅴ—Ⅵ	Ⅶ—Ⅷ	Ⅸ—Ⅹ	Ⅺ—Ⅻ
1	人工 甲类工	工日	4.0	6.2	10.0	15.6
2	乙类工		75.8	117.7	189.1	297.2
3	合计		79.8	123.9	199.1	312.8
4	材料 钢钎	kg	2.46	4.89	9.24	14.65
5	炸药	kg	43.00	55.00	66.00	77.00
6	雷管	个	254.00	314.00	370.00	425.00
7	导火线	m	509.00	628.00	741.00	851.00
8	机械 载重汽车 5 t	台班	0.20	0.20	0.20	0.20
9	其他费用	%	1.7	1.6	1.3	1.1

注:倾角大于40°时,人工定额乘以1.15系数。

2-7 坡面保护层石方开挖——风钻钻孔

适用范围:设计倾角 20°~40°,不允许破坏岩层的石方工程,如坝基、基础等。

工作内容:钻孔、爆破、撬移、解小、翻渣、清面、修整断面、场内料具搬运。

单位:100 m³

定额编号			20025	20026	20027	20028
顺序号	项目	单位	岩石级别			
			Ⅴ—Ⅵ	Ⅶ—Ⅷ	Ⅸ—Ⅹ	Ⅺ—Ⅻ
1	人工 甲类工	工日	3.0	3.5	4.1	4.9
2	乙类工		57.1	65.8	77.3	92.7
3	合计		60.1	69.3	81.4	97.6
4	材料 合金钻头	个	2.51	3.84	5.55	7.94
5	空心钢	kg	0.94	1.50	2.48	4.21
6	炸药	kg	41.90	50.80	60.40	71.00
7	雷管	个	300.00	343.00	395.00	457.00
8	导火线	m	460.00	527.00	609.00	704.00
9	机械 手持式风钻	台班	1.85	2.97	4.30	8.29
10	修钎设备		0.08	0.13	0.21	0.36
11	载重汽车 5 t		0.20	0.20	0.20	0.20
12	其他费用	%	2.1	2.1	2.2	2.0

注:倾角大于40°时,风钻台班乘以1.25系数。

2-8 底部保护层石方开挖——人工打孔

适用范围:设计倾角20°以下,不允许破坏岩层的石方工程,如坝基、基础等。

工作内容:打孔、爆破、撬移、解小、翻渣、清面、修整断面、场内料具搬运。

单位:100 m³

顺序号	项目		单位	定额编号 20029	20030	20031	20032
				岩石级别			
				Ⅴ—Ⅵ	Ⅶ—Ⅷ	Ⅸ—Ⅹ	Ⅺ—Ⅻ
1	人工	甲类工	工日	3.1	5.1	8.2	13.9
2		乙类工		58.8	97.0	155.3	263.6
3		合计		61.9	102.1	163.5	277.5
4	材料	钢钎	kg	2.23	4.40	8.32	13.20
5		炸药	kg	43.00	55.00	66.00	77.00
6		雷管	个	254.00	314.00	370.00	425.00
7		导火线	m	390.00	482.00	569.00	654.00
8	机械	载重汽车 5t	台班	0.20	0.20	0.20	0.20
9		其他费用	%	2.2	1.9	1.6	1.3

2-9 底部保护层石方开挖——风钻钻孔

适用范围:设计倾角20°以下,不允许破坏岩层的石方工程,如坝基、基础等。

工作内容:钻孔、爆破、撬移、解小、翻渣、清面、修整断面、场内料具搬运。

单位:100 m³

顺序号	项目		单位	定额编号 20033	20034	20035	20036
				岩石级别			
				Ⅴ—Ⅵ	Ⅶ—Ⅷ	Ⅸ—Ⅹ	Ⅺ—Ⅻ
1	人工	甲类工	工日	2.2	2.6	3.1	3.9
2		乙类工		42.0	49.2	59.4	73.7
3		合计		44.2	51.8	62.5	77.6
4	材料	合金钻头	个	2.88	4.39	6.31	8.93
5		空心钢	kg	0.97	1.53	2.52	4.19
6		炸药	kg	45.60	54.60	64.80	75.70
7		雷管	个	362.00	413.00	474.00	548.00
8		导火线	m	554.00	632.00	725.00	838.00
9	机械	手持式风钻	台班	1.90	3.03	4.96	8.36
10		修钎设备		0.08	0.13	0.21	0.36
11		载重汽车 5t		0.20	0.20	0.20	0.20
12		其他费用	%	2.3	2.3	2.2	2.1

2-10 沟渠石方开挖——人工打孔

适用范围:露天作业。

工作内容:打孔、爆破、撬移、解小、翻渣、清面、修整断面、场内料具搬运。

(1) 底宽≤1 m

单位:100 m³

顺序号	项目		单位	定额编号			
				20037	20038	20039	20040
				岩石级别			
				Ⅴ—Ⅵ	Ⅶ—Ⅷ	Ⅸ—Ⅹ	Ⅺ—Ⅻ
1	人工	甲类工	工日	9.4	14.4	19.4	32.3
2		乙类工		178.4	273.2	367.9	615.1
3		合计		187.8	287.6	387.3	647.4
4	材料	钢钎	kg	6.87	12.20	17.52	32.08
5		炸药	kg	149.50	175.75	202.00	227.95
6		雷管	个	649.25	763.13	877.00	1 011.00
7		导火线	m	974.00	1 144.00	1 314.00	1 517.00
8	机械	载重汽车 5 t	台班	0.20	0.20	0.20	0.20
9	其他费用		%	3.2	2.8	2.3	1.8

(2) 底宽 1~2 m

单位:100 m³

顺序号	项目		单位	定额编号			
				20041	20042	20043	20044
				岩石级别			
				Ⅴ—Ⅵ	Ⅶ—Ⅷ	Ⅸ—Ⅹ	Ⅺ—Ⅻ
1	人工	甲类工	工日	4.5	7.2	9.9	16.9
2		乙类工		86.3	137.1	187.9	321.9
3		合计		90.8	144.3	197.8	338.8
4	材料	钢钎	kg	3.24	5.96	8.68	15.07
5		炸药	kg	95.00	111.50	128.00	148.00
6		雷管	个	239.75	281.88	324.00	373.00
7		导线 火线	m	384.00	451.00	518.00	598.00
8		电线	m	125.00	147.00	169.00	194.00
9	机械	载重汽车 5 t	台班	0.20	0.20	0.20	0.20
10	其他费用		%	4.3	3.6	2.8	2.2

2-11 沟渠石方开挖——风钻钻孔

适用范围:露天作业。

工作内容:钻孔、爆破、撬移、解小、翻渣、清面、修整断面、场内料具搬运。

(1) 底宽≤1 m

单位:100 m³

顺序号	项目		单位	定额编号 20045	20046	20047	20048
				岩石级别			
				Ⅴ—Ⅵ	Ⅶ—Ⅷ	Ⅸ—Ⅹ	Ⅺ—Ⅻ
1	人工	甲类工	工日	6.9	7.9	8.8	11.0
2		乙类工		130.8	148.8	166.7	209.1
3		合计		137.7	156.7	175.5	220.1
4	材料	合金钻头	个	9.68	13.79	17.90	24.54
5		空心钢	kg	2.84	4.40	5.96	10.08
6		炸药	kg	187.00	212.91	238.82	289.02
7		雷管	个	691.00	783.43	875.86	1 010.73
8		导火线	m	987.14	1 119.19	1 251.23	1 443.90
9	机械	手持式风钻	台班	5.63	8.9	12.15	20.52
10		修钎设备		0.27	0.4	0.52	0.88
11		载重汽车 5 t		0.20	0.20	0.20	0.20
12	其他费用		%	3.6	3.6	3.6	3.4

(2) 底宽 1~2 m

单位:100 m³

顺序号	项目		单位	定额编号 20049	20050	20051	20052
				岩石级别			
				Ⅴ—Ⅵ	Ⅶ—Ⅷ	Ⅸ—Ⅹ	Ⅺ—Ⅻ
1	人工	甲类工	工日	3.8	4.4	4.9	6.1
2		乙类工		72.4	82.2	91.9	115.4
3		合计		76.2	86.6	96.8	121.5
4	材料	合金钻头	个	5.70	7.40	9.09	13.00
5		空心钢	kg	2.21	3.08	3.95	6.64
6		炸药	kg	109.00	126.00	143.00	167.00
7		雷管	个	270.00	311.00	352.00	411.00
8		导线 火线	m	432.00	497.00	562.00	652.00
9		电线	m	132.00	154.00	176.00	203.00
10	机械	手持式风钻	台班	3.92	5.50	7.07	11.79
11		修钎设备		0.16	0.23	0.30	0.50
12		载重汽车 5 t		0.20	0.20	0.20	0.20
13	其他费用		%	3.4	3.4	3.4	3.2

(3) 底宽 2～4 m

单位：100 m³

顺序号	项目		单位	定额编号 20053	20054	20055	20056
				岩石级别 Ⅴ—Ⅵ	Ⅶ—Ⅷ	Ⅸ—Ⅹ	Ⅺ—Ⅻ
1	人工	甲类工	工日	2.0	2.3	2.6	3.2
2		乙类工		38.1	43.2	48.3	60.3
3		合计		40.1	45.5	50.9	63.5
4	材料	合金钻头	个	2.54	3.61	4.68	6.77
5		空心钢	kg	0.95	1.50	2.05	3.46
6		炸药	kg	58.33	67.64	76.94	89.95
7		雷管	个	92.43	102.72	113.00	150.00
8		导线 火线	m	190.00	225.00	260.00	307.00
9		电线	m	163.00	190.50	218.00	251.00
10	机械	手持式风钻	台班	1.69	2.67	3.65	5.65
11		修钎设备		0.08	0.12	0.16	0.26
12		载重汽车 5 t		0.20	0.20	0.20	0.20
13	其他费用		%	3.2	3.2	3.2	3.1

2-12 基坑石方开挖——风钻钻孔

适用范围：露天作业。

工作内容：钻孔、爆破、撬移、解小、翻渣、清面、修整断面、场内料具搬运。

(1) 坑口面积≤2.5 m²

单位：100 m³

顺序号	项目		单位	定额编号 20057	20058	20059	20060
				岩石级别 Ⅴ—Ⅵ	Ⅶ—Ⅷ	Ⅸ—Ⅹ	Ⅺ—Ⅻ
1	人工	甲类工	工日	7.5	8.9	10.3	13.3
2		乙类工		141.8	168.8	195.7	252.9
3		合计		149.3	177.7	206.0	266.2
4	材料	合金钻头	个	11.50	15.56	19.61	27.54
5		炸药	kg	289.69	338.32	386.95	440.42
6		雷管	个	687.76	803.23	918.69	1 045.64
7		导火线	m	982.52	1 147.47	1 312.41	1 493.77
8	机械	手持式风钻	台班	6.02	8.26	10.49	15.96
9		修钎设备		0.43	0.60	0.76	1.35
10		载重汽车 5 t		0.20	0.20	0.20	0.20
11	其他费用		%	0.8	0.8	0.8	0.7

(2) 坑口面积 2.5～5 m²

单位：100 m³

顺序号	定额编号		单位	20061	20062	20063	20064
	项目			岩石级别			
				Ⅴ—Ⅵ	Ⅶ—Ⅷ	Ⅸ—Ⅹ	Ⅺ—Ⅻ
1	人工	甲类工	工日	5.8	6.9	7.9	10.1
2		乙类工		109.5	129.5	149.6	192.5
3		合计		115.3	136.4	157.5	202.6
4	材料	合金钻头	个	8.53	11.53	14.52	20.38
5		炸药	kg	214.98	250.77	286.56	325.83
6		雷管	个	382.79	446.52	510.25	580.18
7		导火线	m	619.76	722.94	826.12	939.34
8	机械	手持式风钻	台班	4.70	6.46	8.22	12.56
9		修钎设备		0.30	0.42	0.54	1.01
10		载重汽车 5 t		0.20	0.20	0.20	0.20
11	其他费用		%	1.2	1.2	1.1	1.0

(3) 坑口面积 5～10 m²

单位：100 m³

顺序号	定额编号		单位	20065	20066	20067	20068
	项目			岩石级别			
				Ⅴ—Ⅵ	Ⅶ—Ⅷ	Ⅸ—Ⅹ	Ⅺ—Ⅻ
1	人工	甲类工	工日	3.7	4.4	5.0	6.5
2		乙类工		71.9	84.2	96.5	122.7
3		合计		75.6	88.6	101.5	129.2
4	材料	合金钻头	个	6.36	8.59	10.81	15.16
5		炸药	kg	160.17	186.73	213.29	242.40
6		雷管	个	228.16	266.00	303.83	345.30
7		导 火线	m	434.59	506.66	578.72	657.71
8		电线	m	504.13	587.72	671.31	762.95
9	机械	手持式风钻	台班	3.50	4.81	6.12	9.35
10		修钎设备		0.22	0.31	0.39	0.68
11		载重汽车 5 t		0.20	0.20	0.20	0.20
12	其他费用		%	1.6	1.6	1.6	1.4

(4) 坑口面积 10~20 m²

单位:100 m³

顺序号	项目		单位	定额编号 20069	20070	20071	20072
				岩石级别			
				Ⅴ—Ⅵ	Ⅶ—Ⅷ	Ⅸ—Ⅹ	Ⅺ—Ⅻ
1	人工	甲类工	工日	2.3	2.7	3.2	4.1
2		乙类工		43.8	51.8	59.7	77.3
3		合计		46.1	54.5	62.9	81.4
4	材料	合金钻头	个	4.20	5.65	7.09	10.10
5		炸药	kg	105.98	122.93	139.87	161.46
6		雷管	个	162.34	188.45	214.55	246.73
7		导线 火线	m	292.98	339.90	386.81	446.07
8		电线	m	304.34	352.71	401.08	464.88
9	机械	手持式风钻	台班	2.31	3.16	4.01	6.23
10		修钎设备		0.14	0.22	0.30	0.52
11		载重汽车 5 t		0.20	0.20	0.20	0.20
12	其他费用		%	2.1	2.0	2.0	1.8

(5) 坑口面积 20~40 m²

单位:100 m³

顺序号	项目		单位	定额编号 20073	20074	20075	20076
				岩石级别			
				Ⅴ—Ⅵ	Ⅶ—Ⅷ	Ⅸ—Ⅹ	Ⅺ—Ⅻ
1	人工	甲类工	工日	1.7	2.0	2.4	3.0
2		乙类工		32.5	38.6	44.6	58.5
3		合计		34.2	40.6	47.0	61.5
4	材料	合金钻头	个	3.25	4.38	5.50	7.90
5		炸药	kg	78.24	90.77	103.30	120.31
6		雷管	个	107.75	125.09	142.43	165.04
7		导线 火线	m	218.42	253.42	288.42	335.73
8		电线	m	266.27	308.71	351.15	411.15
9	机械	手持式风钻	台班	1.88	2.59	3.29	5.18
10		修钎设备		0.10	0.15	0.20	0.35
11		载重汽车 5 t		0.20	0.20	0.20	0.20
12	其他费用		%	2.4	2.4	2.3	2.1

(6) 坑口面积 40～80 m²

单位：100 m³

顺序号	项目		单位	定额编号 20077	20078	20079	20080
				岩石级别			
				Ⅴ—Ⅵ	Ⅶ—Ⅷ	Ⅸ—Ⅹ	Ⅺ—Ⅻ
1	人工	甲类工	工日	1.5	1.7	2.0	2.6
2		乙类工		27.0	32.0	36.9	48.2
3		合计		28.5	33.7	38.9	50.8
4	材料	合金钻头	个	2.88	3.88	4.88	7.05
5		炸药	kg	69.09	80.34	91.58	107.03
6		雷管	个	78.74	91.57	104.39	121.47
7		导线 火线	m	185.35	215.52	245.68	287.08
8		电线	m	264.38	307.37	350.35	410.78
9	机械	手持式风钻	台班	1.67	2.30	2.93	4.63
10		修钎设备		0.09	0.18	0.26	0.34
11		载重汽车 5 t		0.20	0.20	0.20	0.20
12	其他费用		%	2.8	2.7	2.6	2.4

(7) 坑口面积 80～160 m²

单位：100 m³

顺序号	项目		单位	定额编号 20081	20082	20083	20084
				岩石级别			
				Ⅴ—Ⅵ	Ⅶ—Ⅷ	Ⅸ—Ⅹ	Ⅺ—Ⅻ
1	人工	甲类工	工日	1.1	1.3	1.5	2.0
2		乙类工		20.8	24.7	28.5	37.3
3		合计		21.9	26.0	30.0	39.3
4	材料	合金钻头	个	2.35	3.16	3.97	5.77
5		炸药	kg	55.66	64.63	73.59	86.54
6		雷管	个	54.74	63.58	72.41	84.78
7		导线 火线	m	146.68	170.31	193.93	228.00
8		电线	m	226.27	262.67	299.07	352.51
9	机械	手持式风钻	台班	1.38	1.90	2.41	3.84
10		修钎设备		0.08	0.15	0.22	0.29
11		载重汽车 5 t		0.20	0.20	0.20	0.20
12	其他费用		%	3.2	3.1	3.0	2.8

2-13 人工挑抬运石渣

适用范围:露天作业。

工作内容:撬移、解小、清渣、装筐、挑抬运、卸除、空回、平场等。

(1) 岩石级别 Ⅴ～Ⅶ

单位:100 m³

顺序号	项目		单位	定额编号 20085	20086	20087	20088	20089	20090	20091	20092	20093	20094	20095
				运距(m)										每增运 10 m
				0～10	10～20	20～30	30～40	40～50	50～60	60～70	70～80	80～90	90～100	
1	人工	甲类工	工日	2.2	2.5	2.8	3.1	3.4	3.7	4.0	4.3	4.6	4.8	0.3
2		乙类工		41.8	47.5	53.2	58.9	64.6	70.3	76.0	81.7	86.4	91.2	5.7
3		合计		44.0	50.0	56.0	62.0	68.0	74.0	80.0	86.0	91.0	96.0	6.0
4	其他费用		%	5.1	4.5	4.0	3.6	3.3	3.0	2.8	2.6	2.5	2.3	

(2) 岩石级别 Ⅷ～Ⅹ

单位:100 m³

顺序号	项目		单位	定额编号 20096	20097	20098	20099	20100	20101	20102	20103	20104	20105	20106
				运距(m)										每增运 10 m
				0～10	10～20	20～30	30～40	40～50	50～60	60～70	70～80	80～90	90～100	
1	人工	甲类工	工日	2.5	2.8	3.2	3.5	3.9	4.2	4.5	4.8	5.1	5.4	0.3
2		乙类工		46.5	53.2	59.8	66.5	73.1	78.8	84.5	90.2	95.9	101.6	5.7
3		合计		49.0	56.0	63.0	70.0	77.0	83.0	89.0	95.0	101.0	107.0	6.0
4	其他费用		%	4.6	4.0	3.6	3.2	2.9	2.7	2.5	2.4	2.2	2.1	

(3) 岩石级别 Ⅺ～Ⅻ

单位:100 m³

顺序号	项目		单位	定额编号 20107	20108	20109	20110	20111	20112	20113	20114	20115	20116	20117
				运距(m)										每增运 10 m
				0～10	10～20	20～30	30～40	40～50	50～60	60～70	70～80	80～90	90～100	
1	人工	甲类工	工日	2.7	3.1	3.5	3.9	4.3	4.6	5.0	5.3	5.7	6.0	0.4
2		乙类工		51.3	58.9	66.7	74.1	80.7	87.4	94.0	100.7	107.3	114.0	6.7
3		合计		54.0	62.0	70.2	78.0	85.0	92.0	99.0	106.0	113.0	120.0	7.1
4	其他费用		%	4.1	3.6	3.2	2.9	2.6	2.4	2.3	2.1	2.0	1.9	

2-14 人工装双胶轮车运石渣

适用范围:露天作业。
工作内容:撬移、解小、装渣、运卸、空回、平整场地等。

(1) 岩石级别Ⅴ～Ⅶ

单位:100 m³

顺序号	项目		单位	20118	20119	20120	20121	20122	20123	20124
	定额编号									每增运 10 m
				<50	50～60	60～70	70～80	80～90	90～100	
1	人工	甲类工	工日	2.5	2.6	2.7	2.7	2.8	2.8	0.1
2		乙类工		48.0	49.3	50.6	52.0	53.3	54.6	1.2
3		合计		50.5	51.9	53.3	54.7	56.1	57.4	1.3
4	机械	双胶轮车	台班	12.07	13.39	14.71	16.03	17.26	18.46	1.20
5	其他费用		%	3.1	3.0	3.0	2.9	2.8	2.7	

(2) 岩石级别Ⅷ～Ⅹ

单位:100 m³

顺序号	项目		单位	20125	20126	20127	20128	20129	20130	20131
	定额编号									每增运 10 m
				<50	50～60	60～70	70～80	80～90	90～100	
1	人工	甲类工	工日	2.8	2.9	3.0	3.0	3.1	3.3	0.1
2		乙类工		54.0	55.5	57.0	58.5	59.9	61.2	1.4
3		合计		56.8	58.4	60.0	61.5	63.0	64.5	1.5
4	机械	双胶轮车	台班	13.63	15.03	16.41	17.79	19.17	20.55	1.36
5	其他费用		%	2.8	2.7	2.6	2.5	2.5	2.4	

(3) 岩石级别Ⅺ～Ⅻ

单位:100 m³

顺序号	项目		单位	20132	20133	20134	20135	20136	20137	20138
	定额编号									每增运 10 m
				<50	50～60	60～70	70～80	80～90	90～100	
1	人工	甲类工	工日	3.1	3.3	3.3	3.5	3.6	3.6	0.1
2		乙类工		60.1	61.7	63.5	65.1	66.8	68.5	1.6
3		合计		63.2	65.0	66.8	68.6	70.4	72.1	1.7
4	机械	双胶轮车	台班	15.13	16.78	18.43	20.08	21.65	23.17	1.52
5	其他费用		%	2.5	2.4	2.4	2.3	2.2	2.2	

2-15 人工装卸手扶拖拉机运石渣

适用范围:露天作业。

工作内容:撬移、解小、扒渣、清底、装渣、运输、卸渣、空回、平场等。

单位:100 m³

顺序号	项目		单位	定额编号 20139	20140	20141	20142	20143	20144
				运距(m)					每增运 100 m
				<100	100～200	200～300	300～400	400～500	
1	人工	甲类工	工日	3.0	3.0	3.0	3.0	3.0	
2		乙类工		55.3	55.3	55.3	55.3	55.3	
3		合计		58.3	58.3	58.3	58.3	58.3	
4	机械	手扶拖拉机 11 kW	台班	17.36	18.61	19.77	20.86	21.92	0.90
5		其他费用	%	1.2	1.1	1.1	1.1	1.0	

2-16 人工装机动翻斗车运石渣

适用范围:露天作业。

工作内容:撬移、解小、扒渣、清底、装渣、运输、卸渣、空回、平场等。

单位:100 m³

顺序号	项目		单位	定额编号 20145	20146	20147	20148	20149	20150
				运距(m)					每增运 100 m
				100	200	300	400	500	
1	人工	甲类工	工日	1.3	1.3	1.3	1.3	1.3	
2		乙类工		24.9	24.9	24.9	24.9	24.9	
3		合计		26.2	26.2	26.2	26.2	26.2	
4	机械	机动翻斗车 1 t	台班	7.74	8.25	8.72	9.16	9.59	0.39
5		其他费用	%	3.1	3.0	2.9	2.8	2.8	

2-17 人工装卸中型拖拉机运石渣

适用范围:露天作业。

工作内容:撬移、解小、扒渣、清底、装渣、运输、卸渣、空回、平场等。

单位:100 m³

顺序号	项目		单位	定额编号 20151	20152	20153	20154	20155	20156
				运距(km)					
				1.0以内	1.0～1.5	1.5～2.0	2.0～3.0	3.0～4.0	4.0～5.0
1	人工	甲类工	工日	5.5	5.5	5.5	5.5	5.5	5.5
2		乙类工		55.8	55.8	55.8	55.8	55.8	55.8
3		合计		61.3	61.3	61.3	61.3	61.3	61.3
4	机械	拖拉机 20 kW	台班	14.45	15.78	17.04	18.85	21.12	23.28
5		26 kW		11.16	12.06	12.90	14.12	15.61	17.05
6		37 kW		9.15	9.82	10.46	10.46	12.49	13.56
7		其他费用	%	1.0	1.0	0.9	0.9	0.8	0.8

2-18 1.0 m³ 挖掘机装石渣自卸汽车运输

适用范围:露天作业。

工作内容:挖装、运输、卸除、空回。

单位:100 m³

顺序号	项目		单位	定额编号 20157	20158	20159	20160	20161	20162
				运距(km)					每增运 1 km
				1	2	3	4	5	
1	人工	甲类工	工日	0.1	0.1	0.1	0.1	0.1	
2		乙类工		2.5	2.5	2.5	2.5	2.5	
3		合计		2.6	2.6	2.6	2.6	2.6	
4	机械	挖掘机 1.0 m³	台班	0.60	0.60	0.60	0.60	0.60	
5		推土机 59 kW		0.30	0.30	0.30	0.30	0.30	
6		自卸汽车 3.5 t		4.42	5.62	6.8	8.03	9.47	1.19
7		5 t		2.65	3.31	3.96	4.63	5.42	0.66
8		8 t		1.89	2.31	2.72	3.15	3.66	0.42
9		10 t		1.74	2.08	2.42	2.76	3.18	0.34
10	其他费用		%	2.3	2.3	2.1	2.0	1.8	

注:1. 人工定额包括指挥、安全维护、计量、场地维护、排水、值班电工、拉电缆及其他用工。
    2. 挖掘机单机作业或渣场需要平整时,推土机台班乘以 2.0 系数。

2-19 2.0 m³ 挖掘机装石渣自卸汽车运输

适用范围:露天作业。

工作内容:挖装、运输、卸除、空回。

单位:100 m³

顺序号	项目		单位	定额编号 20163	20164	20165	20166	20167	20168
				运距(km)					每增运 1 km
				1	2	3	4	5	
1	人工	甲类工	工日	0.1	0.1	0.1	0.1	0.1	
2		乙类工		1.4	1.4	1.4	1.4	1.4	
3		合计		1.5	1.5	1.5	1.5	1.5	
4	机械	挖掘机 2.0 m³	台班	0.30	0.30	0.30	0.30	0.30	
5		推土机 74 kW		0.15	0.15	0.15	0.15	0.15	
6		自卸汽车 3.5 t		3.07	4.03	4.98	5.96	7.12	0.95
7		5 t		2.27	2.94	3.58	4.26	4.97	0.67
8		8 t		1.65	2.07	2.49	2.92	3.43	0.42
9		10 t		1.50	1.83	2.17	2.52	2.93	0.34
10	其他费用		%	2.4	2.2	1.9	1.7	1.5	

注:1. 人工定额包括指挥、安全维护、计量、场地维护、排水、值班电工、拉电缆及其他用工。
    2. 挖掘机单机作业或渣场需要平整时,推土机台班乘以 2.0 系数。

2-20　1.0 m³ 装载机装石渣自卸汽车运输

适用范围:露天作业。

工作内容:挖装、运输、卸除、空回。

单位:100 m³

顺序号	项目		单位	定额编号 20169	20170	20171	20172	20173	20174
				运距(km)					每增运 1 km
				1	2	3	4	5	
1	人工	甲类工	工日	0.1	0.1	0.1	0.1	0.1	
2		乙类工		2.5	2.5	2.5	2.5	2.5	
3		合计		2.6	2.6	2.6	2.6	2.6	
4	机械	装载机 1.0 m³	台班	0.87	0.87	0.87	0.87	0.87	
5		推土机 59 kW		0.40	0.40	0.40	0.40	0.40	
6		自卸汽车 3.5 t		3.78	4.74	5.69	6.67	7.82	0.96
7		5 t		2.82	3.47	4.12	4.80	5.59	0.66
8		8 t		2.07	2.50	2.91	3.34	3.85	0.42
9		10 t		1.93	2.26	2.60	2.95	3.36	0.34
10	其他费用		%	2.8	2.5	2.2	1.9	1.9	

注:1. 人工定额包括指挥、安全维护、计量、场地维护、排水、值班电工、拉电缆及其他用工。
2. 装载机单机作业或渣场需要平整时,推土机台班乘以2.0系数。

2-21　2.0 m³ 装载机装石渣自卸汽车运输

适用范围:露天作业。

工作内容:挖装、运输、卸除、空回。

单位:100 m³

顺序号	项目		单位	定额编号 20175	20176	20177	20178	20179	20180
				运距(km)					每增运 1 km
				1	2	3	4	5	
1	人工	甲类工	工日	0.1	0.1	0.1	0.1	0.1	
2		乙类工		1.1	1.1	1.1	1.1	1.1	
3		合计		1.2	1.2	1.2	1.2	1.2	
4	机械	装载机 2.0 m³	台班	0.48	0.48	0.48	0.48	0.48	
5		推土机 59 kW		0.22	0.22	0.22	0.22	0.22	
6		自卸汽车 3.5 t		3.25	4.21	5.15	6.14	7.29	0.95
7		5 t		2.46	3.13	3.78	4.45	5.25	0.65
8		8 t		1.75	2.17	2.58	3.02	3.53	0.42
9		10 t		1.59	1.94	2.27	2.62	3.03	0.34
10	其他费用		%	2.2	2.0	1.8	1.6	1.4	

注:1. 人工定额包括指挥、安全维护、计量、场地维护、排水、值班电工、拉电缆及其他用工。
2. 装载机单机作业或渣场需要平整时,推土机台班乘以2.0系数。

第三章 砌体工程

说　明

一、本章包括砂石铺筑、干砌块石、浆砌块石、浆砌砖、砌体砂浆抹面、砌体拆除等定额，共12节,63个子目。

二、本章定额中的计量单位,除注明外,均按"成品方"计算。

三、本章定额砖、石料的规格及标准说明如下。

标准砖:长×宽×厚＝240 mm×115 mm×53 mm。

块石:厚度大于20 cm,长、宽各为厚度的2～3倍,上下两面平行且大致平整,无尖角、薄边的石块。

碎石:经破碎、加工分级后,粒径大于5 mm的石块。

卵石:最小粒径大于20 cm的天然河卵石。

毛条石:指一般长度大于60 cm的长条形四棱方正的石料。

料石:由毛条石经过修边打荒加工,外露面方正,各相邻面正交,表面凹凸不超过10 mm的石料。

四、各节材料定额中石料计算单位:砂、碎石为堆方;块石、卵石为码方;条石、料石为清料方。

五、浆砌砖石定额中工作内容已包括勾缝的工作。

六、本章定额中的材料场内运输已综合到子目中。

3-1 砂石铺筑

工作内容:修坡、铺筑、压实。

单位:100 m³

顺序号	项目		单位	30001 粗砂垫层	30002 碎石垫层	30003 砂砾石垫层	30004 反滤层
		定额编号		30001	30002	30003	30004
	项目		单位	粗砂垫层	碎石垫层	砂砾石垫层	反滤层
1	人工	甲类工	工日	2.9	2.8	1.6	3.2
2		乙类工		55.4	53.1	30.3	60.2
3		合计		58.3	55.9	31.9	63.4
4	材料	碎石	m³		102.00		81.60
5		砂砾石	m³			102.00	
6		粗砂	m³	112.00			20.40
7	机械	机动翻斗车1 t	台班	8.42	12.41	12.50	12.55
8	其他费用		%	1.0	1.0	1.0	1.0

3-2 干砌块石

工作内容:选石、修石、砌筑、填缝等。

单位:100 m³

顺序号	项目		单位	30005 护坡 平面	30006 护坡 曲面	30007 护底	30008 基础	30009 挡土墙
1	人工	甲类工	工日	5.5	6.3	5.0	4.6	5.4
2		乙类工		105.5	119.7	94.9	86.9	103.6
3		合计		111.0	126.0	99.9	91.5	109.0
4	材料	块石	m³	118.00	118.00	118.00	118.00	118.00
5	机械	双胶轮车	台班	15.98	15.98	15.98	15.98	15.98
6	其他费用		%	1.0	1.0	1.0	1.0	1.0

3-3 浆砌块石

工作内容:选石、修石、拌和砂浆、砌筑、勾缝。

单位:100 m³

顺序号	项目		单位	30010 护坡 平面	30011 护坡 曲面	30012 护底	30013 基础	30014 挡土墙	30015 桥闸墩	30016 排水沟
1	人工	甲类工	工日	8.4	9.4	8.1	6.9	8.1	9.1	9.4
2		乙类工	工日	159.9	177.6	153.4	130.0	154.3	172.0	178.7
3		合计	工日	168.3	187.0	161.5	136.9	162.4	181.1	188.1
4	材料	块石	m³	108.00	108.00	108.00	108.00	108.00	108.00	108.00
5		砂浆	m³	35.30	35.30	35.30	34.00	34.40	34.80	35.15
6	机械	搅拌机 0.4 m³	台班	1.06	1.06	1.06	1.02	1.03	1.04	1.05
7		双胶轮车		32.38	32.38	32.38	31.74	31.94	32.13	32.38
8	其他费用		%	0.5	0.5	0.5	0.5	0.5	0.5	0.5

3-4 浆砌卵石

工作内容:选石、修石、拌和砂浆、砌筑、勾缝。

单位:100 m³

顺序号	项目		单位	30017 护坡 平面	30018 护坡 曲面	30019 护底	30020 基础	30021 挡土墙	30022 桥闸墩	30023 排水沟
1	人工	甲类工	工日	9.0	10.1	8.5	7.3	8.8	9.8	10.1
2		乙类工	工日	170.4	191.4	162.4	138.1	166.3	185.7	191.8
3		合计	工日	179.4	201.5	170.9	145.4	175.1	195.5	201.9
4	材料	卵石	m³	105.00	105.00	105.00	105.00	105.00	105.00	105.00
5		砂浆	m³	37.00	37.00	37.00	35.70	36.10	36.50	37.00
6	机械	搅拌机 0.4 m³	台班	1.11	1.11	1.11	1.07	1.08	1.10	1.11
7		双胶轮车		22.97	22.97	22.97	22.52	22.66	22.80	22.97
8	其他费用		%	0.5	0.5	0.5	0.5	0.5	0.5	0.5

3-5 浆砌条料石

工作内容:选石、修石、拌和砂浆、砌筑、勾缝。

单位:100 m³

顺序号	项目		单位	30024	30025	30026	30027	30028	30029	30030
	定额编号			平面护坡	护底	基础	挡土墙	桥闸墩	帽石	防浪墙
1	人工	甲类工	工日	7.5	7.1	6.2	7.2	8.1	11.2	9.9
2		乙类工		142.9	135.3	118.6	138.4	155.1	214.4	189.3
3		合计		150.4	142.4	124.8	145.6	163.2	225.6	199.2
4	材料	毛条石	m³	86.70	86.70	86.70	65.30	36.70		
5		料石	m³				21.40	50.00	86.70	86.70
6		砂浆	m³	26.00	26.00	25.00	25.20	25.50	23.00	23.00
7	机械	搅拌机 0.4 m³	台班	0.78	0.78	0.75	0.76	0.77	0.69	0.69
8		双胶轮车		32.80	32.80	32.30	32.40	32.55	31.31	31.31
9	其他费用		%	0.5	0.5	0.5	0.5	0.5	0.5	0.5

注:1. 挡土墙、桥闸墩砌体表面不需加工的,料石量并入毛条石计算。
2. 护坡、护底砌体表面需加工的,毛条石改为料石,用量不变。

3-6 浆砌石坝

工作内容:凿毛、选石、修石、砂浆(混凝土)拌制、砌筑、勾缝、养护、搭拆跳板。

单位:100 m³

顺序号	项目		单位	30031	30032	30033	30034
	定额编号			块石重力坝		条石拱坝	
				浆砌	混凝土砌	浆砌	混凝土砌
1	人工	甲类工	工日	5.5	7.5	5.3	7.0
		乙类工		105.5	142.6	101.7	134.0
		合计		111.0	150.1	107.0	141.0
2	材料	毛条石	m³			91.00	
3		料石	m³				58.00
4		块石	m³	114.00	88.00		
5		混凝土	m³		56.65		52.52
6		砂浆	m³	38.40		25.00	
7	机械	插入式振捣器 2.2 kW	台班		12.50		12.50
8		搅拌机 0.4 m³		1.22	2.00	0.70	1.74
9		双胶轮车		50.99	56.87	58.00	59.82
10	其他费用		%	1.0	1.0	1.0	1.0

3-7 浆砌石渠

工作内容：选修石、冲洗、拌浆、砌渠、勾缝。

单位：100 m³

顺序号	项目		单位	定额编号									
				30035	30036	30037	30038	30039	30040	30041	30042	30043	30044
				非岩石地基					岩石地基				
				块石		条(料)石			块石		条(料)石		
				渠底宽度(m)									
				≤1	>1	≤2	2~3	>3	≤1	>1	≤2	2~3	>3
1	人工	甲类工	工日	9.4	7.9	8.1	7.3	7.6	10.6	9.8	8.6	8.0	7.8
2		乙类工	工日	177.1	150.4	153.2	138.7	143.9	201.6	187.3	164.1	152.5	148.7
3		合计		186.5	158.3	161.3	146.0	151.5	212.2	197.1	172.7	160.5	156.5
4	材料	毛条石	m³			86.70	86.70	86.70			86.70	86.70	86.70
5		块石	m³	115.00	115.00				115.00	115.00			
6		砂浆	m³	35.30	35.30	26.00	26.00	26.00	47.80	47.80	38.50	38.50	38.50
7	机械	搅拌机0.4 m³	台班	1.06	1.06	0.78	0.78	0.78	1.43	1.43	1.16	1.16	1.16
8		双胶轮车	台班	32.80	32.80	32.80	32.80	32.80	32.80	32.80	32.80	32.80	32.80
9	其他费用		%	1.0	1.0	1.0	1.0	1.0	1.0	1.0	1.0	1.0	1.0

3-8 浆砌石拱圈

工作内容：拱架模板制作、安装、拆除、选石、冲洗、修石、拌浆、砌筑、勾缝。

单位：100 m³

顺序号	项目		单位	定额编号	
				30045	30046
				料石拱	块石拱
1	人工	甲类工	工日	11.5	11.9
2		乙类工	工日	216.5	225.5
3		合计		228.0	237.4
4	材料	块石	m³		118.00
5		料石	m³	86.70	
6		砂浆	m³	25.90	35.40
7		锯材	m³	2.75	2.75
8		铁钉	kg	17.00	17.00
9	机械	搅拌机0.4 m³	台班	0.78	1.06
10		双胶轮车		32.75	32.43
11	其他费用		%	0.8	0.8

3-9　浆砌混凝土预制块

工作内容：拌和砂浆、砌筑、勾缝。

单位：100 m³

顺序号	定额编号		单位	30047	30048	30049
	项目			护坡、护底	栏杆	挡土墙、桥台、闸墩
1	人工	甲类工	工日	5.2	6.3	5.1
2		乙类工		98.0	119.3	97.3
3		合计		103.2	125.6	102.4
4	材料	混凝土预制块	m³	92.0	92.0	92.0
5		砂浆	m³	16.00	17.30	15.50
6	机械	搅拌机 0.4 m³	台班	0.48	0.52	0.47
7		双胶轮车		24.79	25.43	24.54
8	其他费用		%	0.1	0.1	0.1

3-10　浆砌砖

工作内容：拌和砂浆、砌筑、勾缝。

单位：100 m³

顺序号	定额编号		单位	30050	30051	30052
	项目			基础	护坡、护底	挡土墙、桥台、闸墩
1	人工	甲类工	工日	6.0	7.8	7.6
2		乙类工		114.0	148.4	145.1
3		合计		120.0	156.2	152.7
4	材料	标准砖	千块	52.40	54.00	53.00
5		砂浆	m³	26.40	26.40	26.40
6	机械	搅拌机 0.4 m³	台班	0.79	0.79	0.79
7		机动翻斗车 1 t		10.61	10.61	10.61
8		双胶轮车				3.21
9	其他费用		%	0.2	0.2	0.2

3-11 砌体砂浆抹面

工作内容：拌运砂浆、清洗表面、抹灰、压光。

单位：100 m²

顺序号	项目		单位	30053	30054	30055	30056
				厚 2 cm			每增减 1 cm 厚度
				平面	立面	拱面	
1	人工	甲类工	工日	0.5	0.7	1.2	0.2
2		乙类工		10.1	13.5	23.3	3.9
3		合计		10.6	14.2	24.5	4.1
4	材料	砂浆	m³	2.10	2.30	2.50	1.05
5	机械	双胶轮车	台班	1.04	1.14	1.24	0.52
6	其他费用		%	3.2	3.2	3.2	

3-12 砌体拆除

适用范围：块、条、料石及砖，基本运距 30 m。

工作内容：拆除、清理、堆放。

单位：100 m³

顺序号	项目		单位	30057	30058	30059	30060	30061	30062	30063
				人工拆除					机械拆除	
				水泥浆砌石	白灰浆砌石	干砌石	白灰浆砌砖	水泥浆砌砖	水泥浆砌石	干砌石
1	人工	甲类工	工日							
2		乙类工		185.9	159.1	68.0	140.1	175.3	5.6	2.8
3		合计		185.9	159.1	68.0	140.1	175.3	5.6	2.8
4	机械	液压挖掘机 1.0 m³	台班						2.3	0.9
5	其他费用		%	2.2	1.6	1.8	1.2	2.0	10.0	5.0

第四章 混凝土工程

说　明

一、本章定额包括现浇混凝土、预制混凝土构件及其运输与安装、钢筋制作与安装、混凝土拌制、混凝土运输、止水等定额,共50节,318个子目。

二、本章定额的计量单位,除注明者外,均为建筑物或构筑物的成品实体方。

三、本章现浇和预制混凝土的主要工作内容,除注明者外,均包括:凿毛、冲洗、清仓、混凝土的配料、拌制、浇筑、振捣、养护、模板及支撑的制作安装和拆除整修,以及场内运输和辅助工作。预制混凝土还包括预制场内的混凝土运输、预制件场内调移、堆放。

四、混凝土定额中已包含模板的制作、安装、拆除和整修等工作内容,所需的人工、机械及模板材料的摊销量:

1. 模板材料均按预算消耗量计算,包括制作、安装、拆除、维修的消耗、损耗,并考虑了周转和回收。

2. 模板定额中已综合考虑平面模板、异面模板、曲面模板所需耗用的材料,若实际施工所用的模板类型、含量、比例不同时,不作调整。

3. 模板定额中的材料,除模板本身外,还包括支撑模板的型钢、铁件等,其范围计算到支撑模板结构的承重梁为止。悬空建筑物、承重梁以下的支撑结构未包括在本定额内。

五、材料定额中的"混凝土"是指完成定额单位产品所需的混凝土半成品量,其中包括凿毛、干缩、施工损耗和运输损耗等的消耗量在内。

六、混凝土半成品的单价,只需根据混凝土配合比计算配制单位体积混凝土所需水泥、砂石骨料、水、掺和料及其外加剂等的用量及价格。混凝土配合比的各项材料用量应根据工程试验提供的资料计算;无试验资料时,可参考附录7"混凝土、砂浆配合比及材料用量表"中的混凝土材料配合比计算。

七、混凝土拌制

1. 现浇混凝土定额各节,不含拌制混凝土所需的人工和机械,混凝土拌制费用按有关拌制定额计算。

2. 搅拌机清洗用水已计入拌制定额的其他费用中。

3. 混凝土拌制定额均以半成品方为单位计算,不含施工损耗和运输损耗所消耗的人工、材料、机械的数量和费用。

4. 如采用商品混凝土,定额中不计混凝土拌制费用。

八、混凝土运输

1."混凝土运输"是指混凝土自搅拌机出料口至混凝土浇筑仓面的全部水平和垂直运输。

2.混凝土的水平运输费用应根据设计选定的运输方式、机械类型,按有关运输定额计算其综合单价。

3.由于土地综合整治中混凝土垂直运输情况较少,其费用已计入定额的其他费用中,不另外列出混凝土垂直运输定额。

4.混凝土运输定额均以半成品方为单位计算,不含施工损耗和运输所消耗的人工、材料的数量和费用。

5.混凝土构件的预制、运输及吊(安)装定额中,若预制混凝土构件重量超过定额中起重机械起重量时,可用相应起重机械替换,台班数不作调整。

九、钢筋工程数量计算按设计规定应包括弯钩长度,其断头、搭接损耗已包括在定额内,不得另加。钢筋制作安装定额,不分规格型号,统一以"t"为计量单位综合计算。

十、混凝土预制构件吊(安)装,仅计吊(安)装过程中所需的人工、材料、机械的使用量。其制作和运输的费用,包含在预制混凝土构件的预算单价中,另按预制构件制作及运输定额计算。

4-1 混凝土溢流面

适用范围：溢流坝溢流面及圬工砌体外包混凝土溢流面。
工作内容：钢滑模安装、滑升、拆除、混凝土浇筑、凿毛、清洗、抹面、养护。

单位：100 m³

定额编号				40001
顺序号	项目		单位	溢流面
1	人工	甲类工	工日	16.1
2		乙类工		51.0
3		合计		67.1
4	材料	锯材	m³	0.15
5		钢滑模	kg	302.00
6		组合钢模板	kg	7.13
7		型钢	kg	17.03
8		卡扣件	kg	22.86
9		铁件	kg	10.62
10		预埋铁件	kg	35.75
11		电焊条	kg	0.56
12		混凝土	m³	103.00
13		水	m³	100.00
14	机械	电焊机直流 30 kVA	台班	0.16
15		插入式振捣器 2.2 kW		4.70
16		风水（砂）枪		1.94
17		载重汽车 5 t		0.24
18		油压滑模设备		1.00
19		其他费用	%	0.60
20		混凝土拌制	m³	103.00
21		混凝土运输	m³	103.00

注：滑模按溢流面曲线长度 50 m 计，曲线长度每增加 10 m，滑模定额乘以下表系数。

曲线长度(m)	0～50	56～60	60～70	70～80	90～100
系数	1	0.78	0.75	0.72	0.68

4-2 混凝土消力坎

适用范围:低水头水工建筑物的消力坎。
工作内容:滑模制作、安装、拆除、混凝土浇筑、养护。

单位:100 m³

顺序号	定额编号		单位	40002	40003
	项目			有宽缝	无宽缝
1	人工	甲类工	工日	32.6	29.6
2		乙类工		103.4	93.7
3		合计		136.0	123.3
4	材料	锯材	m³	0.91	0.82
5		组合钢模板	kg	17.84	11.70
6		型钢	kg	42.63	27.97
7		卡扣件	kg	57.24	37.55
8		铁件	kg	17.68	15.51
9		预埋铁件	kg	96.82	72.07
10		电焊条	kg	1.41	0.92
11		铁钉	kg	5.15	4.72
12		混凝土	m³	103.00	103.00
13		水	m³	100.00	100.00
14	机械	插入式振捣器 2.2 kW	台班	6.00	6.00
15		电焊机直流 30 kVA		0.40	0.27
16		载重汽车 5 t		0.32	0.30
17		风水(砂)枪		5.59	5.59
18		其他费用	%	3.7	3.7
19		混凝土拌制	m³	103.00	103.00
20		混凝土运输	m³	103.00	103.00

4-3 混凝土消力池

适用范围:低水头水工建筑物的消力池。
工作内容:模板制作、安装、拆除、混凝土浇筑、养护。

单位:100 m³

顺序号	定额编号		单位	40004
	项目			消力池
1	人工	甲类工	工日	31.17
2		乙类工		98.73
3		合计		129.9
4	材料	锯材	m³	0.26
5		组合钢模板	kg	12.46
6		型钢	kg	12.52
7		卡扣件	kg	12.21
8		锯材	m³	0.26

续表

定额编号				40004
顺序号	项目		单位	消力池
9	材料	电焊条	kg	1.32
10		铁钉	kg	1.00
11		混凝土	m³	103.00
12		水	m³	90.00
13	机械	插入式振捣器 2.2 kW	台班	4.60
14		电焊机直流 30 kVA		0.36
15		载重汽车 5 t		0.30
16		风水(砂)枪		5.59
17	其他费用		%	3.7
18	混凝土拌制		m³	103.00
19	混凝土运输		m³	103.00

4-4 混凝土底板

适用范围：水闸底板，桥梁和渡槽墩台基础底板，重力式挡土墙基础底板。
工作内容：模板制作、安装、拆除、混凝土浇筑、养护。

单位：100 m³

定额编号				40005	40006
顺序号	项目		单位	中孔底板	连底式岸墙底板
1	人工	甲类工	工日	26.3	27.2
2		乙类工		61.3	63.5
3		合计		87.6	90.7
4	材料	锯材	m³	0.23	0.33
5		组合钢模板	kg	17.95	23.59
6		型钢	kg	13.11	20.62
7		卡扣件	kg	14.90	23.23
8		铁件	kg	20.00	40.00
9		预埋铁件	kg	34.45	54.38
10		电焊条	kg	0.69	1.15
11		铁钉	kg	1.93	5.10
12		混凝土	m³	103.00	103.00
13		水	m³	100.00	100.00

续表

顺序号	项目		单位	40005 中孔底板	40006 连底式岸墙底板
14	机械	插入式振捣器 2.2 kW	台班	4.60	2.59
15		电焊机直流 30 kVA		1.64	1.68
16		载重汽车 5 t		0.20	0.30
17		风水(砂)枪		2.59	1.00
18	其他费用		%	1.3	1.4
19	混凝土拌制		m³	103.00	103.00
20	混凝土运输		m³	103.00	103.00

4-5 混凝土压顶

适用范围：浆砌块石挡土墙、渠道压顶。

工作内容：顶表面清理冲洗，模板制作、安装、拆除，混凝土浇筑、人工平仓捣实、压光、抹平。

单位：100 m³

顺序号	项目		单位	40007 挡土墙	40008 渠道
1	人工	甲类工	工日	27.8	30.6
2		乙类工		88.1	97.0
3		合计		115.9	127.6
4	材料	锯材	m³	1.30	1.30
5		组合钢模板	kg	194.70	214.2
6		铁件	kg	88.00	
7		混凝土	m³	103.00	103.00
8	机械	插入式振捣器 2.2 kW	台班	8.90	8.90
9	其他费用		%	1.0	1.0
10	混凝土拌制		m³	103.00	103.00
11	混凝土运输		m³	103.00	103.00

4-6 混凝土铺盖、护底

适用范围:闸、坝上下游河床保护段。
工作内容:模板制作、安装、拆除、混凝土浇筑、养护。

单位:100 m³

定额编号				40009
顺序号	项目		单位	铺盖、护底
1	人工	甲类工	工日	27.2
2		乙类工		102.5
3		合计		129.7
4	材料	锯材	m³	0.07
5		组合钢模板	kg	6.88
6		型钢	kg	6.92
7		卡扣件	kg	6.65
8		铁钉	kg	0.39
9		混凝土	m³	103.00
10		水	m³	90.00
11	机械	插入式振捣器 2.2 kW	台班	4.60
12		电焊机直流 30 kVA		0.35
13		载重汽车 5 t		0.23
14		风水(砂)枪		0.89
15	其他费用		%	2.20
16	混凝土拌制		m³	103.00
17	混凝土运输		m³	103.00

4-7 混凝土桥面铺装

适用范围:桥面板保护层。
工作内容:模板制作、安装、拆除、混凝土浇筑、养护。

单位:100 m³

定额编号				40010
顺序号	项目		单位	桥面铺装
1	人工	甲类工	工日	61.2
2		乙类工		232.8
3		合计		294.0
4	材料	混凝土	m³	103.00
5		水	m³	130.00
6	其他费用		%	1.4
7	混凝土拌制		m³	103.00
8	混凝土运输		m³	103.00

4-8 现浇混凝土 U 形渠

工作内容:模板安装、拆除、运输、混凝土浇筑、养护。

单位:100 m³

顺序号	项目		单位	40011	40012	40013
				平均壁厚(cm)		
				≤6	8	10
1	人工	甲类工	工日	60.86	46.86	37.20
2		乙类工		113.01	87.00	69.07
3		合计		173.87	133.86	106.27
4	材料	锯材	m³	1.76	1.33	1.03
5		组合钢模板	kg	680.88	514.80	397.36
6		型钢	kg	1 480.96	1 119.63	864.08
7		卡扣件	kg	275.09	208.00	160.56
8		铁件	kg	429.89	325.00	250.83
9		预埋铁件	kg	700.71	529.75	408.84
10		电焊条	kg	2.46	1.85	1.43
11		铁钉	kg	8.39	6.34	4.89
12		铁丝	kg	0.72	0.59	0.46
13		混凝土	m³	103.00	103.00	103.00
14		水	m³	180.00	180.00	180.00
15	机械	载重汽车 5 t	台班	1.97	1.60	1.24
16		电焊机直流 30 kVA		0.76	0.62	0.48
17		插入式振捣器 2.2 kW		10.45	10.45	10.45
18		其他费用	%	4.20	4.20	4.20
19		混凝土拌制	m³	103.00	103.00	103.00
20		混凝土运输	m³	103.00	103.00	103.00

4-9 现浇混凝土梯形渠

适用范围:引水、泄水、灌溉渠道。

工作内容:模板制作、安装、拆除、混凝土浇筑、养护。

单位:100 m³

定额编号				40014	40015	40016	40017
顺序号	项目		单位	衬砌厚度(cm)			
				≤10	10～15	15～20	20～25
1	人工	甲类工	工日	39.7	36.3	33.0	29.7
2		乙类工		125.6	115.0	104.5	94.1
3		合计		165.3	151.3	137.5	123.8
4	材料	锯材	m³	1.27	0.99	0.66	0.49
5		组合钢模板	kg	30.91	23.61	15.74	11.80
6		型钢	kg	73.89	56.42	37.62	28.21
7		卡扣件	kg	15.46	11.81	7.88	5.90
8		铁件	kg	2.30	1.75	1.17	0.87
9		预埋铁件	kg	115.3	88.04	58.7	44.02
10		电焊条	kg	2.45	1.87	1.24	0.93
11		混凝土	m³	103.00	103.00	103.00	103.00
12		水	m³	180.00	180.00	160.00	160.00
13	机械	电焊机直流 30 kVA	台班	0.69	0.53	0.35	0.26
14		插入式振捣器 2.2 kW		8.71	7.23	6.57	5.85
15		载重汽车 5 t		0.20	0.15	0.10	0.07
16		风水(砂)枪		26.63	13.32	8.88	6.66
17	其他费用		%	1.7	1.7	1.6	1.1
18	混凝土拌制		m³	103.00	103.00	103.00	103.00
19	混凝土运输		m³	103.00	103.00	103.00	103.00

注:1. 本定额不适用于渐变段。

2. 本定额不适用于边墙为重力式的梯形渠。

4-10 矩形暗渠

适用范围:引水渠道。

工作内容:模板制作、安装、拆除、混凝土浇筑、养护。

单位:100 m³

定额编号				40018	40019	40020
顺序号	项目		单位	衬砌厚度(cm)		
				25～30	30～35	35～40
1	人工	甲类工	工日	60.0	50.0	41.7
2		乙类工		190.1	158.4	132.0
3		合计		250.1	208.4	173.7

续表

顺序号	项目		单位	定额编号 40018	40019	40020
				衬砌厚度(cm)		
				25~30	30~35	35~40
4	材料	锯材	m³	0.26	0.22	0.20
5		组合钢模板	kg	238.80	199.00	165.80
6		型钢	kg	110.77	92.31	76.90
7		卡扣件	kg	111.74	93.12	77.60
8		预埋铁件	kg	160.33	133.61	111.30
9		电焊条	kg	0.55	0.46	0.40
10		铁钉	kg	0.96	0.80	0.70
11		混凝土	m³	103.00	103.00	103.00
12		水	m³	160.00	140.00	140.00
13	机械	电焊机直流 30 kVA	台班	0.16	0.13	0.10
14		插入式振捣器 2.2 kW	台班	13.20	11.00	9.20
15		风水(砂)枪		1.78	1.48	1.20
16		载重汽车 5 t		0.26	0.22	0.20
17	其他费用		%	0.7	0.6	0.6
18	混凝土拌制		m³	103.00	103.00	103.00
19	混凝土运输		m³	103.00	103.00	103.00

4-11 涵洞顶板及底板

适用范围：一般涵洞顶、底板
工作内容：模板制作、安装、拆除、混凝土浇筑、养护。

单位：100 m³

顺序号	项目		单位	定额编号 40021	40022	40023	40024	40025	40026	40027	40028
				顶板							底板
				净跨(m)							
				0~2			2~3				
				洞顶填土高度(m)							
				0~1	1~2	2~3	0~1	1~2	2~3	3~4	
1	人工	甲类工	工日	32.0	31.4	30.8	30.2	29.9	29.7	29.5	32.0
2		乙类工	工日	113.5	111.3	109.1	107.1	106.0	105.3	104.5	113.5
3		合计		145.5	142.7	139.9	137.3	135.9	135.0	134.0	145.5

续表

顺序号	项目		单位	40021	40022	40023	40024	40025	40026	40027	40028
				顶板							底板
				净跨(m)							
				0～2			2～3				
				洞顶填土高度(m)							
				0～1	1～2	2～3	0～1	1～2	2～3	3～4	
4	材料	锯材	m³	0.34	0.34	0.33	0.30	0.30	0.28	0.25	0.34
5		组合钢模板	kg	9.16	8.98	8.80	7.98	7.90	7.37	6.84	9.16
6		型钢	kg	21.88	21.45	21.03	18.89	18.70	17.52	16.34	21.88
7		卡扣件	kg	29.39	28.82	28.25	21.51	21.30	20.00	18.70	29.39
8		铁件	kg	0.68	0.66	0.65	0.59	0.58	0.55	0.51	0.68
9		电焊条	kg	0.37	0.37	0.36	0.36	0.36	0.29	0.22	0.37
10		混凝土	m³	103.00	103.00	103.00	103.00	103.00	103.00	103.00	103.00
11		水	m³	90.00	90.00	90.00	90.00	90.00	90.00	90.00	90.00
12	机械	电焊机直流 30 kVA	台班	0.20	0.19	0.19	0.17	0.17	0.16	0.15	0.20
13		插入式振捣器 2.2 kW	台班	8.90	8.90	8.90	8.90	8.90	8.90	8.90	8.90
14		载重汽车 5 t		0.14	0.13	0.13	0.13	0.13	0.12	0.11	0.14
15		风水(砂)枪		3.73	3.73	3.73	3.73	3.73	3.73	3.73	3.73
16	其他费用		%	4.8	4.8	4.8	4.8	4.8	4.8	4.8	4.8
17	混凝土拌制		m³	103.00	103.00	103.00	103.00	103.00	103.00	103.00	103.00
18	混凝土运输		m³	103.00	103.00	103.00	103.00	103.00	103.00	103.00	103.00

4-12 混凝土箱式涵洞

适用范围:混凝土箱形管节。

工作内容:模板制作、安装、拆除、混凝土浇筑、养护。

单位:100 m³

定额编号			40029
顺序号	项目	单位	箱式涵洞
1	人工 甲类工	工日	63.7
2	人工 乙类工	工日	178.0
3	合计		241.7

续表

顺序号	项目		单位	定额编号 40029 箱式涵洞
4	材料	锯材	m³	2.88
5		组合钢模板	kg	242.61
6		型钢	kg	205.81
7		卡扣件	kg	163.88
8		铁件	kg	75.07
9		铁钉	kg	19.71
10		混凝土	m³	103.00
11		水	m³	90.00
12	机械	插入式振捣器 2.2 kW	台班	7.11
13	其他费用		%	1.8
14	混凝土拌制		m³	103.00
15	混凝土运输		m³	103.00

4-13 混凝土闸墩、桥台

适用范围：水闸闸墩、桥台。

工作内容：模板安装、拆除、修理、运输、混凝土浇筑、养护、抹面、清理、凿毛。

单位：100 m³

顺序号	项目		单位	40030	40031	40032	40033	40034	40035	40036	40037	40038	40039
				整墩					半墩				
				墩厚(m)以下									
				0.8	1.2	1.6	1.8	2	0.6	0.8	1.0	1.2	1.4
1	人工	甲类工	工日	68.6	57.3	47.0	47.0	38.6	75.1	70.8	60.5	46.4	41.1
2		乙类工		168.0	140.2	115.1	115.1	94.4	183.9	173.1	148.2	113.6	100.6
3		合计		236.6	197.5	162.1	162.1	133.0	259.0	243.9	208.7	160.0	141.7
4	材料	锯材	m³	1.84	1.44	1.13	0.96	0.83	1.89	1.59	1.32	1.10	0.91
5		组合钢模板	kg	117.68	93.44	71.53	61.51	53.77	124.1	103.61	84.75	70.18	59.12
6		型钢	kg	209.19	164.91	127.17	109.33	95.58	220.59	184.19	150.64	124.76	105.09
7		卡扣件	kg	124.36	95.81	75.84	61.68	53.63	119.82	102.83	86.13	70.88	58.78
8		铁件	kg	191.35	148.4	115.05	97.25	80.05	182.7	153.8	126	105.85	87.1
9		预埋铁件	kg	286.7	226.95	175.2	151.3	135.2	313.5	259	210	174.2	145.5
10		电焊条	kg	8.14	6.37	5.02	4.67	4.37	8.77	7.13	5.9	5.31	4.91
11		混凝土	m³	103.00	103.00	103.00	103.00	103.00	103.00	103.00	103.00	103.00	103.00
12		水	m³	80.00	80.00	80.00	80.00	80.00	80.00	80.00	80.00	80.00	80.00

续表

顺序号	项目		单位	40030	40031	40032	40033	40034	40035	40036	40037	40038	40039
				\multicolumn{5}{c|}{整墩}	\multicolumn{5}{c}{半墩}
				\multicolumn{10}{c}{墩厚(m)以下}
				0.8	1.2	1.6	1.8	2	0.6	0.8	1.0	1.2	1.4
13	机械	电焊机直流 30 kVA	台班	2.19	1.8	1.42	1.32	1.23	2.24	2.02	1.66	1.47	1.34
14		插入式振捣器 2.2 kW	台班	5.90	5.90	5.90	5.90	5.90	5.90	5.90	5.90	5.90	5.90
15		风水(砂)枪		1.73	1.73	1.73	1.73	1.73	1.73	1.73	1.73	1.73	1.73
16		载重汽车 5 t		0.13	0.13	0.13	0.13	0.13	0.13	0.13	0.13	0.13	0.13
17	其他费用		%	3.6	3.1	2.6	2.4	2.3	4.0	3.6	3.0	2.7	2.4
18	混凝土拌制		m³	103.00	103.00	103.00	103.00	103.00	103.00	103.00	103.00	103.00	103.00
19	混凝土运输		m³	103.00	103.00	103.00	103.00	103.00	103.00	103.00	103.00	103.00	103.00

4-14 混凝土挡土墙、岸墙、翼墙

适用范围:混凝土挡土墙、岸墙、翼墙墙身现浇混凝土。

工作内容:模板安装、拆除、运输、混凝土浇筑、养护。

单位:100 m³

顺序号	项目		单位	40040 重力式	40041 悬臂式	40042 扶壁式	40043 空箱式	40044 连底式岸墙直墙部分
1	人工	甲类工	工日	30.7	34.1	34.2	35.1	31.4
2		乙类工		83.1	92.3	92.4	94.8	85.0
3		合计		113.8	126.4	126.6	129.9	116.4
4	材料	锯材	m³	0.26	0.57	0.60	0.73	0.37
5		组合钢模板	kg	8.31	19.06	20.04	17.60	10.75
6		型钢	kg	19.84	45.49	47.90	42.18	25.17
7		卡扣件	kg	26.68	61.20	64.34	56.49	34.52
8		铁件	kg	6.20	14.20	14.90	12.69	8.00
9		预埋铁件	kg	30.99	71.05	74.80	65.71	40.08
10		电焊条	kg	0.67	1.51	1.59	1.45	0.86
11		混凝土	m³	103.00	103.00	103.00	103.00	103.00
12		水	m³	100.00	100.00	100.00	100.00	100.00
13	机械	插入式振捣器 2.2 kW	台班	8.85	8.85	8.85	8.85	8.85
14		电焊机直流 30 kVA	台班	0.18	0.41	0.43	0.37	0.24
15		风水(砂)枪		3.65	3.65	3.65	3.65	3.65
16		载重汽车 5 t		0.06	0.06	0.06	0.06	0.06

续表

顺序号	项目	单位	定额编号 40040 重力式	40041 悬臂式	40042 扶壁式	40043 空箱式	40044 连底式岸墙直墙部分
17	其他费用	%	1.6	1.6	2.0	2.0	2.0
18	混凝土拌制	m³	103.00	103.00	103.00	103.00	103.00
19	混凝土运输	m³	103.00	103.00	103.00	103.00	103.00

4-15 现浇混凝土渡槽槽身

适用范围:引水、输水、配水渠道上的渡槽。

工作内容:模板安装、拆除、运输、混凝土浇筑、养护。

单位:100 m³

顺序号	项目		单位	定额编号 40045	40046	40047	40048	40049	40050	40051
				矩形渡槽槽身			U形渡槽槽身			箱形渡槽槽身
				平均壁厚(cm)						
				<20	20~30	>30	10~15	15~20	>20	
1	人工	甲类工	工日	162.2	122.3	91.9	295.7	237.8	175.5	136.6
2		乙类工	工日	344.7	260.0	195.3	628.4	505.4	373.1	290.3
3		合计		506.9	382.3	287.2	924.1	743.2	548.6	426.9
4	材料	锯材	m³	0.87	0.62	0.45	1.21	0.99	0.71	0.82
5		组合钢模板	kg	419.80	305.72	219.02	460.23	374.53	266.09	366.94
6		型钢	kg	318.32	231.82	166.08	935.91	761.99	541.57	258.87
7		卡扣件	kg	304.80	221.97	159.02	230.55	187.65	133.3	269.22
8		铁件	kg	27.23	19.83	14.21	342.41	278.78	198.14	9.12
9		预埋铁件	kg	506.00	368.50	264.00	354.36	288.51	205.05	313.23
10		电焊条	kg	1.79	1.30	0.91	1.23	1.01	0.70	1.09
11		铁钉	kg	2.46	1.79	1.28	5.77	4.71	3.35	2.12
12		混凝土	m³	103.00	103.00	103.00	103.00	103.00	103.00	103.00
13		水	m³	100.00	100.00	100.00	100.00	100.00	100.00	100.00
14	机械	插入式振捣器 2.2 kW	台班	11.00	11.00	11.00	11.00	11.00	11.00	11.00
15		电焊机直流 30 kVA		0.51	0.37	0.26	0.35	0.29	0.2	0.31
16		卷扬机 5 t		4.90	3.57	2.56	8.89	7.24	5.15	4.70
17		风水(砂)枪		0.25	0.25	0.25	0.25	0.25	0.25	0.25
18		载重汽车 5 t		0.61	0.44	0.32	0.95	0.77	0.55	0.55
19	其他费用		%	3.7	3.2	2.9	3.6	3.4	3.0	3.5
21	混凝土拌制		m³	103.00	103.00	103.00	103.00	103.00	103.00	103.00
22	混凝土运输		m³	103.00	103.00	103.00	103.00	103.00	103.00	103.00

4-16 混凝土拱

适用范围:渡槽、桥梁。
工作内容:模板安装、拆除、运输、混凝土浇筑、养护。

单位:100 m³

顺序号	定额编号	项目	单位	40052 肋形拱(含横系梁)	40053 板形拱
1	人工	甲类工	工日	80.5	68.0
2	人工	乙类工	工日	229.2	193.5
3	人工	合计	工日	309.7	261.5
4	材料	锯材	m³	0.22	0.17
5	材料	组合钢模板	kg	275.00	262.50
6	材料	型钢	kg	178.06	128.89
7	材料	卡扣件	kg	181.75	125.95
8	材料	铁件	kg	8.14	——
9	材料	预埋铁件	kg	81.36	59.36
10	材料	铁钉	kg	0.98	0.78
11	材料	混凝土	m³	103.00	103.00
12	材料	水	m³	120.00	120.00
13	机械	插入式振捣器 2.2 kW	台班	11.50	11.50
14	机械	风水(砂)枪	台班	0.50	0.50
15	机械	载重汽车 5 t	台班	0.37	0.30
16		其他费用	%	3.4	3.4
17		混凝土拌制	m³	103.00	103.00
18		混凝土运输	m³	103.00	103.00

4-17 混凝土排架及排架基础

适用范围:1. 排架:梁式渡槽、变电站、泵站、桥梁。
2. 排架基础:圆形压力管道。
工作内容:模板安装、拆除、运输、混凝土浇筑、养护。

单位:100 m³

顺序号	项目		单位	40054	40055	40056	40057	40058	40059	40060	40061
				排架						排架基础	
				单排架				A形排架			
				单根立柱横截面积(m²)						柔性基础	刚性基础
				≤0.2	0.2~0.35	0.35~0.5	>0.5	0.2~0.25	0.25~0.3		
1	人工	甲类工	工日	215.5	174.0	150.4	137.2	202.2	151.9	49.4	36.4
2	人工	乙类工	工日	323.4	261.0	225.6	205.9	303.3	227.9	74.0	54.7
3	人工	合计	工日	538.9	435.0	376.0	343.1	505.5	379.8	123.4	91.1

续表

顺序号	项目		单位	40054	40055	40056	40057	40058	40059	40060	40061
	定额编号			排架						排架基础	
				单排架				A形排架		柔性基础	刚性基础
				单根立柱横截面积(m²)							
				≤0.2	0.2~0.35	0.35~0.5	>0.5	0.2~0.25	0.25~0.3		
4	材料	锯材	m³	0.72	0.56	0.40	0.39	0.60	0.40	0.72	0.05
5		组合钢模板	kg	453.74	372.06	291.15	257.05	399.68	288.86	62.82	85.24
6		型钢	kg	536.34	404.12	246.99	244.56	466.01	277.56	115.46	138.47
7		卡扣件	kg	319.54	289.87	197.30	123.72	278.02	176.45	33.67	67.72
8		铁件	kg			66.44	37.69	58.17	60.79	2.64	1.70
9		预埋铁件	kg			35.27		30.88	32.27	30.19	0.90
10		电焊条	kg							6.34	
11		铁钉	kg	16.73	12.81	9.44	9.32	13.85	10.79	17.78	0.92
12		混凝土	m³	103.00	103.00	103.00	103.00	103.00	103.00	103.00	103.00
13		水	m³	120.00	110.00	100.00	80.00	110.00	100.00	80.00	80.00
14	机械	插入式振捣器 2.2 kW	台班	10.96	10.96	8.90	8.90	11.00	11.00	4.00	4.00
15		电焊机直流 30 kVA								1.81	
16		风水(砂)枪		0.50	0.50	0.50	0.50	0.50	0.50	7.00	6.00
17		载重汽车 5 t		0.76	0.62	0.43	0.36	0.66	0.43	0.12	0.17
18		其他费用	%	4.9	4.9	5.2	5.4	5.8	5.3	5.9	5.9
19		混凝土拌制	m³	103.00	103.00	103.00	103.00	103.00	103.00	103.00	103.00
20		混凝土运输	m³	103.00	103.00	103.00	103.00	103.00	103.00	103.00	103.00

4-18 混凝土基础及护坡框格

适用范围：1. 一般设备基础及镇墩等。
2. 堤、坝、河岸混凝土、块石护坡框格、隔埂。
工作内容：模板安装、拆除、运输、混凝土浇筑、抹平养护。

单位：100 m³

顺序号	项目		单位	40062	40063
				基础	护坡框格
1	人工	甲类工	工日	19.1	36.4
2		乙类工		54.4	103.6
3		合计		73.5	140.0

续表

顺序号	定额编号		单位	40062 基础	40063 护坡框格
		项目			
4	材料	锯材	m³	0.68	0.85
5		组合钢模板	kg	23.46	29.33
6		型钢	kg	56.07	70.09
7		卡扣件	kg	75.33	94.16
8		铁件	kg	1.74	2.18
9		预埋铁件	kg	87.50	109.37
10		电焊条	kg	1.86	2.32
11		铁钉	kg	1.92	2.40
12		混凝土	m³	103.00	103.00
13		水	m³	90.00	90.00
14	机械	插入式振捣器 2.2 kW	台班	8.01	8.90
15		电焊机直流 30 kVA		0.58	0.64
16		风水(砂)枪		3.36	3.73
17		载重汽车 5 t		0.10	0.11
18		其他费用	%	2.2	2.2
19		混凝土拌制	m³	103.00	103.00
20		混凝土运输	m³	103.00	103.00

4-19 泵站

工作内容:模板安装、拆除、运输、混凝土浇筑、抹平养护。

单位:100 m³

顺序号	定额编号		单位	40064 下部	40065 中部	40066 上部
		项目				
1	人工	甲类工	工日	98.2	181.6	254.6
2		乙类工		147.3	272.4	381.9
3		合计		245.5	454.0	636.5
4	材料	锯材	m³	0.14	6.17	4.86
5		组合钢模板	kg	13.10	60.00	322.00
6		型钢	kg	13.20	60.80	326.40
7		铁件	kg	14.70	276.00	228.70
8		预埋铁件	kg	52.40	302.40	1 318.30
9		电焊条	kg	1.20	5.80	30.70
10		铁钉	kg	0.80	61.80	58.70
11		混凝土	m³	103.00	103.00	103.00
12		水	m³	100.00	100.00	100.00

续表

顺序号	项目		单位	40064 下部	40065 中部	40066 上部
13	机械	插入式振捣器 2.2 kW	台班	4.60	8.90	13.95
14		电焊机直流 30 kVA		0.20	0.93	5.02
15		载重汽车 5 t		0.05	0.23	1.24
16		汽车起重机 5 t		0.06	1.66	2.53
19		卷扬机 5 t				2.66
20	其他费用		%	3.0	3.0	3.0
21	混凝土拌制		m³	103.00	103.00	103.00
22	混凝土运输		m³	103.00	103.00	103.00

注：1. 适用于立式机组灌排泵站，泵房型式为湿室型。
2. 下部、中部、上部的划分：
(1) 下部：主要指泵站进水室底板；
(2) 中部：主要指下部与上部界线之间的各分部工程；
(3) 上部：指岸、翼墙顶面线以上，公路、工作桥大梁搁置面以上需要另设脚手架施工的部分；厂房的地坪面层以上的建筑工程。

4-20　混凝土灌注桩

（1）灌注桩工作平台

工作内容：堆筑草袋土，制作、施打、拔除木桩，制作、安装、拆除工作平台。

单位：100 m²

顺序号	项目		单位	40067	40068	40069
				水上工作平台		陆上工作平台
				水深		
				≤3	≤6	
1	人工	甲类工	工日	4.61	5.00	2.60
2		乙类工		53.08	57.50	29.90
3		合计		57.69	62.50	32.50
4	材料	原木一等	m³	1.53	2.74	
5		板枋材三等	m³	1.05	1.05	0.99
6		铁件	kg	20	45	6
7		铁钉	kg	45	45	11
8		草袋	只			302
9	机械	双拼打桩船 2×20 t	台班	1.33	1.45	
10		机动艇 7 kW		1.33	1.45	
11		驳船 50 t		1.83	1.83	

（2）护筒制作、埋设、拆除

工作内容：1. 护筒埋设：制作、安装、拆除导向架，护筒制作，冲抓，吊埋就位，拆除护筒。
2. 混凝土护筒预制：配料、运输、搅拌、浇筑、养生、堆放。

单位：根，100 m³

顺序号	项目		单位	40070	40071	40072	40073	40074	40075	40076	40077	40078
				\multicolumn{4}{c|}{陆上埋设}	\multicolumn{4}{c|}{水上埋设钢护筒}	混凝土护筒预制 (100 m³)
				混凝土护筒		钢护筒		水深3 m以内		水深6 m以内		
				\multicolumn{4}{c|}{桩径(cm)}	\multicolumn{4}{c|}{桩径(cm)}	
				≤80	≤120	≤80	≤120	≤80	≤120	≤80	≤120	
1	人工	甲类工	工日	0.25	0.40	0.33	0.50	1.05	1.23	1.30	1.88	98.13
2		乙类工		2.19	3.66	2.93	4.38	9.51	10.96	11.70	16.81	478.75
3		合计		2.44	4.06	3.26	4.88	10.56	12.19	13.00	18.69	576.88
4	材料	混凝土	m³									101.00
5		板枋材一、二等	m³			4.00	5.00	21.00	46.00	32.00	39.00	
6		板枋材三等	m³			13.00	18.00	63.00	88.00	78.00	114.00	
7		组合钢模板	kg					0.06	0.06	0.19	0.19	9.21
8		钢模支撑	kg									210.00
9		螺栓带帽	kg									130.00
10		铁件	kg					54.00	69.00	54.00	69.00	
11		铁钉	kg	1.00	2.00	1.00	1.00	4.00	6.00	4.00	6.00	
12		水	m³									160.00
13	机械	固定扒杆起重船15 t	台班					0.07	0.07			
14		固定扒杆起重船30 t								0.08	0.09	
15		机动艇7 kW						0.13	0.13	0.40	0.40	
16		混凝土搅拌机0.4 m³										3.83
17		卷扬机5 t双筒快速						0.18	0.18	0.29	0.37	
18		卷扬机3 t单筒慢速		0.09	0.11	0.08	0.09					
19		汽车起重机5 t		0.01	0.01							
20		载重汽车4 t		0.01	0.01							
21		电焊机交流30 kVA				0.10	0.15	0.46	0.71	0.65	1.04	
22		其他费用	%	0.1	0.1	0.1	0.1	0.5	0.5	0.5	0.5	0.5

(3)卷扬机带冲抓锥钻孔

工作内容：1. 安装、拆除、移动桩架，安装卷扬机，穿钢丝绳，安装滑轮。
2. 准备抓具、冲抓、提钻、出渣、加水、加黏土、清孔。

单位：100 m进深

顺序号	项目		单位	40079	40080	40081	40082	40083	40084	40085	40086	40087	40088
	定额编号			桩径 150 cm 以内					桩径 150 cm 以内				
				孔深 20 m 以内					孔深 30 m 以内				
				砂土	黏土	砂砾	砾石	卵石	砂土	黏土	砂砾	砾石	卵石
1	人工	甲类工	工日	38.25	44.50	88.38	130.50	171.13	39.88	48.50	106.63	164.50	213.13
2		乙类工		103.13	120.50	239.13	353.00	462.63	108.00	131.13	288.25	444.88	575.88
3		合计		141.38	165.00	327.51	483.50	633.76	147.88	179.63	394.88	609.38	789.01
4	材料	板枋材三等	m³	0.09	0.09	0.09	0.09	0.09	0.06	0.06	0.06	0.06	0.06
5		电焊条	kg	3.00	6.00	8.00	12.00	25.00	3.00	6.00	8.00	12.00	25.00
6		铁件	kg	38.50	39.40	42.50	43.70	46.70	38.50	39.40	42.50	43.70	46.70
7		钢丝绳	kg	173.80	177.80	191.90	197.60	210.60	173.80	177.80	191.90	197.60	210.60
8		黏土	m³	210.00	140.10	280.20	280.20	280.20	210.00	140.10	280.20	280.20	280.20
9		水	m³	610.00	520.00	810.00	810.00	810.00	610.00	520.00	810.00	810.00	810.00
10	机械	载重汽车 10 t	台班	1.31	1.31	1.31	1.31	1.31	0.88	0.88	0.88	0.88	0.88
11		汽车起重机 12 t		1.31	1.31	1.31	1.31	1.31	0.88	0.88	0.88	0.88	0.88
12		卷扬机 5 t 双筒快速		14.13	21.25	51.94	81.06	117.94	18.63	27.50	69.56	115.69	154.31
13		电焊机交流 30 kVA		0.18	0.40	0.51	0.79	1.58	0.18	0.40	0.51	0.79	1.58

续表

顺序号	项目		单位	40089	40090	40091	40092	40093
	定额编号			桩径 150 cm 以内				
				孔深 40 m 以内				
				砂土	黏土	砂砾	砾石	卵石
1	人工	甲类工	工日	43.88	56.13	131.63	209.50	273.50
2		乙类工		118.63	151.88	355.88	566.50	739.75
3		合计		162.51	208.01	487.51	776.00	1 013.25
4	材料	板枋材三等	m³	0.05	0.05	0.05	0.05	0.05
5		电焊条	kg	3.00	6.00	8.00	12.00	25.00
6		铁件	kg	38.50	39.40	42.50	43.70	46.70
7		钢丝绳	kg	173.80	177.80	191.90	197.60	210.60
8		黏土	m³	210.00	140.10	280.20	280.20	280.20
9		水	m³	610.00	520.00	810.00	810.00	810.00
10	机械	载重汽车 10 t	台班	0.63	0.63	0.63	0.63	0.63
11		汽车起重机 12 t		0.63	0.63	0.63	0.63	0.63
12		卷扬机 5 t 双筒快速		23.63	35.56	91.44	153.38	204.38
13		电焊机交流 30 kVA		0.18	0.40	0.51	0.79	1.58

（4）回旋钻机钻孔　陆地上钻孔

工作内容：1. 安装、拆除岸上泥浆循环系统并造浆。
　　　　　2. 准备钻具，安装、拆除、移动钻架与钻机。
　　　　　3. 钻进、提钻、压泥浆、浮渣、清理泥浆池沉渣。
　　　　　4. 清孔。

单位：100 m进深

顺序号	项目		单位	40094	40095	40096	40097	40098	40099	40100	40101	40102	40103	40104	40105	40106	40107	40108
				桩径 100 cm 以内						桩径 120 cm 以内			桩径 150 cm 以内			桩径 200 cm 以内		
				孔深 30 m 以内			孔深 40 m 以内			孔深 40 m 以内			孔深 30 m 以内			孔深 40 m 以内		
				砂土	黏土	砂砾	砂土	黏土	砂砾	砂土	黏土	砂砾	砂土	黏土	砂砾	砂土	黏土	砂砾
1	人工	甲类工	工日	21.38	22.88	33.13	22.25	23.50	35.50	24.38	26.00	40.13	28.88	30.00	44.88	35.50	35.63	54.50
2		乙类工		64.00	68.38	99.38	66.75	70.50	106.50	73.25	78.00	120.50	86.63	89.75	134.63	117.63	107.13	163.88
3		合计		85.38	91.26	132.51	89.00	94.00	142.00	97.63	104.00	160.63	115.51	119.75	179.51	153.13	142.76	218.38
4	材料	板枋材三等	m³	0.10	0.10	0.10	0.07	0.07	0.07	0.11	0.11	0.11	0.17	0.17	0.17	0.21	0.21	0.21
5		电焊条	kg	1.00	2.00	3.00	1.00	2.00	3.00	1.10	2.10	3.20	1.10	3.20	4.20	2.10	3.20	4.20
6		铁件	kg	19.00	20.50	22.00	19.00	20.50	22.00	23.50	25.60	27.30	32.10	35.10	36.80	40.60	44.20	47.30
7		水	m³	220.00	180.00	310.00	220.00	180.00	310.00	320.00	260.00	450.00	510.00	410.00	710.00	880.00	710.00	1 239.00
8		黏土	m³	44.70	29.80	59.60	44.70	29.80	59.60	67.70	45.20	90.20	105.60	70.50	140.90	183.80	122.50	245.20
9	机械	挖掘机 1 m³	台班	0.18	0.18	0.18	0.11	0.11	0.11	0.19	0.19	0.19	0.19	0.19	0.19	0.13	0.13	0.13
10		载重汽车 15 t		0.69	0.69	0.69	0.50	0.50	0.50	0.53	0.53	0.53	0.48	0.48	0.48	0.46	0.46	0.46
11		履带起重机 15 t		0.63	0.63	0.63	0.50	0.50	0.50	0.53	0.53	0.53	0.48	0.48	0.48	0.46	0.46	0.46
12		泥浆搅拌机		1.53	1.53	1.53	1.53	1.53	1.53	2.25	2.25	2.25	3.55	3.55	3.55	6.14	6.14	6.14
13		回旋钻机 Φ1 500 mm		16.80	18.60	30.60	17.70	19.70	32.20	19.74	22.15	35.18	20.48	20.48	20.48			
14		回旋钻机 Φ2 500 mm														21.43	24.05	40.43
15		电焊机交流 30 kVA		0.06	0.18	0.18	0.06	0.18	0.18	0.06	0.19	0.24	0.13	0.19	0.24	0.13	0.24	0.30

（5）回旋钻机钻孔　水中平台上钻孔

工作内容：1. 安装、拆除岸上泥浆循环系统并造浆。
　　　　　2. 准备钻具，安装、拆除、移动钻架与钻机。
　　　　　3. 钻进、提钻、压泥浆、浮渣、清理泥浆池沉渣。
　　　　　4. 清孔。

单位：100 m进深

顺序号	项目		单位	40109	40110	40111	40112	40113	40114	40115	40116	40117	40118	40119	40120	40121	40122	40123
				桩径 100 cm 以内						桩径 120 cm 以内			桩径 150 cm 以内			桩径 200 cm 以内		
				孔深 30 m 以内			孔深 40 m 以内			孔深 40 m 以内			孔深 30 m 以内			孔深 40 m 以内		
				砂土	黏土	砂砾	砂土	黏土	砂砾	砂土	黏土	砂砾	砂土	黏土	砂砾	砂土	黏土	砂砾
1	人工	甲类工	工日	23.75	25.00	35.50	24.25	25.25	37.50	26.50	27.88	42.00	30.00	31.00	46.25	36.25	36.75	55.38
2		乙类工		71.00	75.00	106.50	72.75	75.75	112.50	79.50	83.38	126.00	89.75	92.88	138.50	108.63	110.25	166.13
3		合计		94.75	100.00	142.00	97.00	101.00	150.00	106.00	111.26	168.00	119.75	123.88	184.75	144.88	147.00	221.51
4	材料	板枋材三等	m³	0.10	0.10	0.10	0.07	0.07	0.07	0.11	0.11	0.11	0.17	0.17	0.17	0.21	0.21	0.21
5		电焊条	kg	1.00	2.00	3.00	1.00	2.00	3.00	1.10	2.10	3.20	1.10	3.20	4.20	2.10	3.20	4.20
6		铁件	kg	19.00	20.50	22.00	19.00	20.50	22.00	23.50	25.60	27.30	32.10	35.10	36.80	40.60	44.20	47.30
7		水	m³	220.00	180.00	310.00	220.00	180.00	310.00	220.00	260.00	450.00	510.00	410.00	710.00	880.00	710.00	1 230.00
8		黏土	m³	44.70	29.80	59.60	44.70	29.80	59.60	67.60	45.20	90.20	105.60	70.50	140.90	183.80	122.50	245.20

续表

顺序号	项目		单位	40094	40095	40096	40097	40098	40099	40100	40101	40102	40103	40104	40105	40106	40107	40108
				桩径100 cm以内						桩径120 cm以内			桩径150 cm以内			桩径200 cm以内		
				孔深30 m以内			孔深40 m以内			孔深40 m以内			孔深30 m以内			孔深40 m以内		
				砂土	黏土	砂砾	砂土	黏土	砂砾	砂土	黏土	砂砾	砂土	黏土	砂砾	砂土	黏土	砂砾
9		挖掘机 1 m³		0.18	0.18	0.18	0.11	0.11	0.11	0.19	0.19	0.19	0.19	0.19	0.19	0.13	0.13	0.13
10		履带起重机 15 t		2.06	2.06	2.06	1.50	1.50	1.50	1.58	1.58	1.58	1.58	1.58	1.58	1.58	1.58	1.58
11		回旋钻机 Φ1 500 mm		18.50	20.30	32.30	18.90	20.90	33.40	20.40	22.65	36.44	21.24	23.73	38.11			
12		回旋钻机 Φ2 500 mm														22.20	24.58	41.05
13	机械	泥浆搅拌机	台班	1.53	1.53	1.53	1.53	1.53	1.53	2.25	2.25	2.25	3.55	3.55	3.55	6.14	6.14	6.14
14		电焊机交流 30 kVA		0.06	0.18	0.18	0.06	0.18	0.18	0.06	0.19	0.24	0.13	0.19	0.24	0.24	0.24	0.30
15		拖船 90 kW		11.60	11.60	11.60	11.20	11.20	11.20	11.45	11.45	11.45	9.88	9.88	9.88	6.61	6.61	6.61
16		驳船 100 t		11.20	12.20	19.50	15.30	16.90	27.00	16.28	18.06	30.45	25.63	28.66	45.89	1.15	1.15	1.15
17		驳船 200 t														25.30	28.45	48.30

（6）潜水钻机钻孔 陆地上钻孔

工作内容：1. 安装、拆除岸上泥浆循环系统并造浆。

2. 准备钻具，安装、拆除、移动钻架及钻机、安装、拆除钻杆及钻头。

3. 钻进、提钻、压泥浆、浮渣、清理泥浆池沉渣。

4. 清孔。

单位：100 m进深

顺序号	项目		单位	40124	40125	40126	40127	40128	40129	40130	40131	40132	40133	40134	40135
				桩径100 cm以内									桩径120 cm以内		
				孔深30 m以内			孔深40 m以内			孔深30 m以内			孔深40 m以内		
				砂土	黏土	砂砾	砂土	黏土	砂砾	砂土	黏土	砂砾	砂土	黏土	砂砾
1	人工	甲类工	工日	13.50	14.00	15.75	14.50	14.75	16.50	15.00	15.50	17.38	15.75	16.25	18.38
2		乙类工		40.50	42.00	47.25	43.50	44.25	49.50	44.88	46.50	51.88	47.25	48.88	55.13
3		合计		54.00	56.00	63.00	58.00	59.00	66.00	59.88	62.00	69.26	63.00	65.13	73.51
4		板枋材三等	m³	0.10	0.10	0.10	0.07	0.07	0.07	0.12	0.12	0.12	0.11	0.11	0.11
5		电焊条	kg	1.00	2.00	3.00	1.00	2.00	3.00	1.10	2.10	3.10	1.10	2.10	3.20
6	材料	铁件	kg	19.00	20.50	22.00	19.00	20.50	22.00	23.50	25.60	27.30	23.50	25.60	27.30
7		水	m³	220.00	180.00	310.00	220.00	180.00	310.00	320.00	260.00	450.00	320.00	260.00	450.00
8		黏土	m³	44.70	29.80	59.60	44.70	29.80	59.60	67.70	45.20	90.20	67.70	45.20	90.20

续表

顺序号	项目		单位	定额编号											
				40124	40125	40126	40127	40128	40129	40130	40131	40132	40133	40134	40135
				桩径 100 cm 以内								桩径 120 cm 以内			
				孔深 30 m 以内			孔深 40 m 以内			孔深 30 m 以内			孔深 40 m 以内		
				砂土	黏土	砂砾	砂土	黏土	砂砾	砂土	黏土	砂砾	砂土	黏土	砂砾
9	机械	挖掘机 1 m³	台班	0.18	0.18	0.18	0.11	0.11	0.11	0.19	0.19	0.19	0.13	0.13	0.13
10		载重汽车 15 t		0.25	0.25	0.25	0.25	0.25	0.25	0.26	0.26	0.26	0.20	0.20	0.20
11		履带起重机 20 t		5.31	5.81	7.06	5.81	6.13	7.56	5.78	6.30	7.68	6.30	6.70	8.20
12		泥浆搅拌机		2.93	2.93	2.93	2.93	2.93	2.93	3.66	3.66	3.66	3.66	3.66	3.66
13		潜水钻机 Φ1 250 mm		9.60	10.20	11.50	10.20	11.00	12.40	10.79	11.48	12.65	11.48	12.35	14.39
14		电焊机交流 30 kVA		0.11	0.23	0.15	0.11	0.23	0.15	0.13	0.24	0.21	0.13	0.24	0.21

续表

顺序号	项目		单位	定额编号					
				40136	40137	40138	40139	40140	40141
				桩径 150 cm 以内					
				孔深 30 m 以内			孔深 40 m 以内		
				砂土	黏土	砂砾	砂土	黏土	砂砾
1	人工	甲类工	工日	16.00	16.50	18.63	16.50	17.63	19.75
2		乙类工		48.00	49.63	55.88	49.63	52.75	59.00
3		合计		64.00	66.13	74.51	66.13	70.38	78.75
4	材料	板枋材三等	m³	0.19	0.19	0.19	0.17	0.17	0.17
5		电焊条	kg	1.10	3.20	4.20	2.10	3.20	4.20
6		水	m³	510.00	410.00	710.00	510.00	410.00	710.00
7		黏土	m³	105.60	70.50	140.90	105.60	70.50	140.90
8		铁件	kg	32.10	35.10	36.80	32.10	35.10	36.80
9	机械	挖掘机 1 m³	台班	0.19	0.19	0.19	0.13	0.13	0.13
10		载重汽车 15 t		0.20	0.20	0.20	0.20	0.20	0.20
11		履带起重机 20 t		6.10	6.63	8.01	6.63	7.09	8.60
12		泥浆搅拌机		4.61	4.61	4.61	4.61	4.61	4.61
13		潜水钻机 Φ1 500 mm		11.13	12.11	13.34	11.86	12.91	14.39
14		电焊机交流 30 kVA		0.13	0.24	0.21	0.13	0.24	0.21

(7) 潜水钻机钻孔 水中平台上钻孔

工作内容：1. 安装、拆除岸上泥浆循环系统并造浆。
          2. 准备钻具，安装、拆除、移动钻架及钻机，安装、拆除钻杆及钻头。
          3. 钻进、提钻、压泥浆、浮渣、清理泥浆池沉渣。
          4. 清孔。

单位：100 m 进深

顺序号	项目		单位	40142	40143	40144	40145	40146	40147	40148	40149	40150	40151	40152	40153
				\multicolumn{6}{c	}{桩径 100 cm 以内}	\multicolumn{6}{c	}{桩径 120 cm 以内}
				孔深 30 m 以内			孔深 40 m 以内			孔深 30 m 以内			孔深 40 m 以内		
				砂土	黏土	砂砾	砂土	黏土	砂砾	砂土	黏土	砂砾	砂土	黏土	砂砾
1	人工	甲类工	工日	14.00	14.75	16.50	14.50	15.50	17.25	15.50	16.25	18.13	16.00	17.00	18.88
2		乙类工		42.00	44.25	49.50	43.50	46.50	50.50	46.50	48.88	54.13	48.00	51.25	56.75
3		合计		56.00	59.00	66.00	58.00	62.00	67.75	62.00	65.13	72.26	64.00	68.25	75.63
4	材料	板枋材三等	m³	0.10	0.10	0.10	0.07	0.07	0.07	0.12	0.12	0.12	0.11	0.11	0.11
5		电焊条	kg	1.00	2.00	3.00	1.00	2.00	3.00	1.10	2.10	3.10	1.10	2.10	3.20
6		水	m³	220.00	180.00	310.00	220.00	180.00	310.00	320.00	260.00	450.00	320.00	260.00	450.00
7		黏土	m³	44.70	29.80	59.60	44.70	29.80	59.60	67.70	45.20	90.20	67.70	45.20	90.20
8		铁件	kg	19.00	20.50	22.00	19.00	20.50	22.00	23.50	25.60	27.30	23.50	25.60	27.30
9	机械	挖掘机 1 m³	台班	0.18	0.18	0.18	0.11	0.11	0.11	0.19	0.19	0.19	0.13	0.13	0.13
10		履带起重机 20 t		5.56	5.93	7.31	6.00	6.40	7.63	6.04	6.44	7.88	6.50	6.76	8.28
11		潜水钻机 Φ1 250 mm		10.10	10.80	12.00	10.70	11.50	12.80	11.34	12.13	13.49	12.03	12.91	14.39
12		泥浆搅拌机		2.93	2.93	2.93	2.93	2.93	2.93	3.66	3.66	3.66	3.66	3.66	3.66
13		电焊机交流 30 kVA		0.11	0.23	0.29	0.11	0.23	0.29	0.13	0.24	0.30	0.13	0.24	0.30
14		拖轮 90 kW		3.50	3.50	3.50	3.40	3.40	3.40	4.94	4.94	4.94	3.46	3.46	3.46
15		驳船 100 t		3.00	3.30	5.30	4.10	4.60	7.30	7.35	8.09	13.65	4.41	4.83	8.20

续表

顺序号	项目		单位	40154	40155	40156	40157	40158	40159
				\multicolumn{6}{c	}{桩径 150 cm 以内}
				孔深 30 m 以内			孔深 40 m 以内		
				砂土	黏土	砂砾	砂土	黏土	砂砾
1	人工	甲类工	工日	16.50	17.38	19.38	17.00	18.13	20.13
2		乙类工		49.63	51.88	58.38	51.25	54.38	60.75
3		合计		66.13	69.26	77.76	68.25	72.51	80.88
4	材料	板枋材三等	m³	0.19	0.19	0.19	0.17	0.17	0.17
5		电焊条	kg	1.10	3.20	4.20	2.10	3.20	4.20
6		水	m³	510.00	410.00	710.00	510.00	410.00	710.00
7		黏土	m³	105.60	70.50	140.90	105.60	70.50	140.90
8		铁件	kg	32.10	35.10	36.80	32.10	35.10	36.80

续表

顺序号	项目		单位	定额编号					
				40154	40155	40156	40157	40158	40159
				桩径150 cm以内					
				孔深30 m以内			孔深40 m以内		
				砂土	黏土	砂砾	砂土	黏土	砂砾
9	机械	挖掘机1 m³	台班	0.19	0.19	0.19	0.13	0.13	0.13
10		履带起重机20 t		6.30	6.76	8.20	6.69	7.15	8.66
11		潜水钻机Φ1 250 mm							
12		潜水钻机Φ1 500 mm		11.45	12.29	13.75	12.11	13.13	14.60
13		泥浆搅拌机		4.61	4.61	4.61	4.61	4.61	4.61
14		电焊机交流30 kVA		0.13	0.24	0.30	0.13	0.24	0.30
15		拖轮90 kW		4.20	4.20	4.20	2.94	2.94	2.94
16		驳船100 t		11.55	12.91	20.69	6.93	7.78	12.39

（8）浇筑灌注桩混凝土

工作内容：安装、拆除导管及漏斗，灌注混凝土，清洗机具和现场，凿除混凝土桩头。

单位：100 m³

顺序号	项目		单位	定额编号					
				40160	40161	40162	40163	40164	40165
				冲抓钻孔		冲击钻孔		回旋、潜水钻机钻孔	
				起重机配吊斗	输送泵	起重机配吊斗	输送泵	起重机配吊斗	输送泵
1	人工	甲类工	工日	15.75	4.50	14.87	4.50	13.62	3.62
2		乙类工		89.37	25.25	84.13	25.25	76.50	20.50
3		合计		105.12	29.75	99.00	29.75	90.12	24.12
4	材料	混凝土（水下）	t	136.30	139.00	126.10	128.70	120.40	122.80
5		水	m³	30.00	30.00	20.00	30.00	30.00	30.00
6	机械	混凝土输送泵60 m³/h	台班		0.55		0.50		0.50
7		汽车起重机12 t		2.85		2.60		2.54	
8		混凝土拌制	m³	136.30	139.00	126.10	128.70	120.40	122.80
9		混凝土运输	m³	136.30		126.10		120.40	

4-21 混凝土回填

单位：100 m³

顺序号	项目		单位	定额编号	
				40166	40167
				露天回填	填腹
1	人工	甲类工	工日	2.91	3.03
2		乙类工		38.60	40.21
3		合计		41.51	43.24

续表

顺序号	项目		单位	定额编号 40166 露天回填	40167 填腹
4	材料	混凝土	m^3	103.00	103.00
5		水	m^3	45.00	20.00
6	机械	振捣器插入式 1.1 kW	台班	5.01	2.50
7		风水枪 6 m^3/min		0.50	0.75
8	混凝土拌制		m^3	103.00	103.00
9	混凝土运输		m^3	103.00	103.00
10	其他费用		%	8.50	8.50

注：露天回填指露天各部位回填混凝土，填腹指箱型拱填腹及一般填腹。

4-22 混凝土拆除

工作内容：人工或机械凿除、清渣、转移地点等。

单位：100 m^3

顺序号	项目		单位	定额编号 40168 人工拆除 无钢筋	40169 人工拆除 有钢筋	40170 机械拆除 风镐 无钢筋	40171 机械拆除 风镐 有钢筋	40172 机械拆除 液压挖掘机
1	人工	甲类工	工日					
2		乙类工		224.6	366.6	108.6	159.6	1.2
3		合计		224.6	366.6	108.6	159.6	1.2
4	材料	合金钻头	个			1.3	2.0	
5		空心钢	kg			2.1	3.1	
6	机械	风镐	台班			48.4	70.0	
7		液压挖掘机 0.6 m^3						10.3
8		1.0 m^3						7.5
9		1.6 m^3						5.4
10	其他费用		%	4.4	5.0	7.0	9.0	5

4-23 预制渡槽槽身

工作内容：模板制作、安装、拆除、混凝土拌制、场内运输、浇筑、养护、堆放。

单位：100 m^3

顺序号	项目		单位	定额编号 40173 U 形	40174 矩形肋板式
1	人工	甲类工	工日	109.4	22.6
2		乙类工		534.0	110.3
3		合计		643.4	132.9

续表

顺序号	项目		单位	40173 U形	40174 矩形肋板式
4	材料	锯材	m³	0.88	3.04
5		组合钢模板	kg	344.52	
6		型钢	kg	748.94	
7		卡扣件	kg	139.20	
8		铁件	kg	217.40	42.82
9		预埋铁件	kg	354.36	
10		电焊条	kg	1.23	
11		铁钉	kg	4.23	10.55
12		混凝土	m³	102.00	102.00
13		水	m³	180.00	180.00
14	机械	插入式振捣器 2.2 kW	台班	6.29	6.29
15		搅拌机 0.4 m³		3.17	3.17
16		双胶轮车		18.94	18.94
17		载重汽车 5 t		0.87	0.14
18		电焊机交流 20 kVA～25 kVA		0.27	
19		平板式振捣器 2.2 kW			3.78
20		其他费用	%	15.0	15.0

4-24 预制混凝土梁

适用范围：工作桥、公路桥。

工作内容：模板制作、安装、拆除、混凝土拌制、场内运输浇筑、养护、堆放。

单位：100 m³

顺序号	项目		单位	40175 T型梁	40176 I型梁
1	人工	甲类工	工日	144.5	127.3
2		乙类工		246.1	216.7
3		合计		390.6	344.0
4	材料	锯材	m³	6.69	6.93
5		组合钢模板	kg	700.00	680.00
6		型钢	kg	280.00	272.00
7		卡扣件	kg	420.00	408.00
8		铁件	kg	490.00	150.00
9		混凝土	m³	102.00	102.00
10		水	m³	120.00	120.00

续表

顺序号	项目		单位	40175 T型梁	40176 I型梁
		定额编号			
11	机械	搅拌机 0.4 m³	台班	5.00	5.00
12		插入式振捣器 2.2 kW		10.50	10.50
13		双胶轮车		20.00	20.00
14	其他费用		%	6.9	9.7

4-25 预制混凝土拱肋、横系梁、排架

工作内容:模板安装、拆除、混凝土拌制浇筑、养护。

单位:100 m³

顺序号	项目		单位	40177 矩形拱肋	40178 横系梁	40179 排架
		定额编号				
1	人工	甲类工	工日	57.0	85.8	74.7
2		乙类工		97.1	146.1	127.1
3		合计		154.1	231.9	201.8
4	材料	锯材	m³	0.39	0.40	0.20
5		组合钢模板	kg	85.43		128.67
6		专用钢模板	kg		122.40	
7		型钢	kg	59.20		51.55
8		卡扣件	kg	41.69		75.91
9		铁件	kg	30.13	40.90	0.00
10		预埋铁件	kg	1 968.34	2 735.00	479.55
11		电焊条	kg	6.90	9.59	1.68
12		铁钉	kg	1.49	1.80	0.66
13		混凝土	m³	103.00	103.00	103.00
14		水	m³	180.00	180.00	180.00
15	机械	电焊机直流 30 kVA	台班	1.52	2.11	0.37
16		搅拌机 0.4 m³		4.00	4.00	4.00
17		插入式振捣器 2.2 kW		11.00	11.00	11.00
18		双胶轮车		18.94	18.94	18.94
19		载重汽车 5 t		0.12	0.15	0.22
20	其他费用		%	3.8	3.6	3.2

4-26 预制混凝土板

适用范围:工作桥、房屋面板、地沟、电缆沟、排水盖板及交通设施盖板。
工作内容:木模板制作、安装、混凝土浇筑、养护、预制件吊移。

单位:100 m³

顺序号	项目		单位	40180	40181	40182	40183	40184
				空心板		平板	肋形或槽形板	地沟盖板
				构件孔数				
				2孔以下	2孔以上			
1	人工	甲类工	工日	135.2	124.1	102.9	207.7	113.4
2		乙类工		230.1	211.3	175.1	353.5	193.0
3		合计		365.3	335.4	278.0	561.2	306.4
4	材料	锯材	m³	8.29	7.01	2.76	8.66	3.06
5		铁钉	kg	36.00	40.00	10.00	33.00	11.00
6		混凝土	m³	102.00	102.00	102.00	102.00	102.00
7		水	m³	248.00	240.00	240.00	230.00	266.00
8	机械	塔式起重机 10 t	台班	5.00	5.00	5.00	5.00	5.00
9		搅拌机 0.4 m³		4.00	4.00	4.00	4.00	4.00
10		插入式振捣器 2.2 kW		12.90	12.00	12.60	13.20	13.80
11		双胶轮车		23.20	23.20	23.20	23.20	23.20
12		载重汽车 5 t		0.36	0.36	0.36	0.36	0.36
13	其他费用		%	2.4	2.4	2.4	2.4	2.4

4-27 预制混凝土 U 形渠

工作内容:模板制作、安装、拆除、混凝土拌制、场内运输浇筑、养护、堆放。

单位:100 m³

顺序号	项目		单位	40185	40186	40187
				平均壁厚(cm)		
				≤6	8	10
1	人工	甲类工	工日	370.4	285.2	226.4
2		乙类工		687.9	529.6	420.4
3		合计		1 058.3	814.8	646.8
4	材料	锯材	m³	1.41	1.06	0.82
5		组合钢模板	kg	544.70	411.84	317.89
6		型钢	kg	1 184.77	895.70	691.26
7		卡扣件	kg	220.07	166.40	128.45
8		铁件	kg	343.91	260.00	200.66
9		预埋铁件	kg	560.57	423.80	327.07
10		电焊条	kg	1.97	1.48	1.14
11		铁钉	kg	6.71	5.07	3.91
12		混凝土	m³	103.00	103.00	103.00
13		水	m³	180.00	180.00	180.00

续表

顺序号	项目		单位	定额编号 40185	40186	40187
				平均壁厚(cm)		
				≤6	8	10
14	机械	搅拌机 0.4 m³	台班	4.00	4.00	4.00
15		插入式振捣器 2.2 kW		11.00	11.00	11.00
16		双胶轮车		23.20	23.20	23.20
17		载重汽车5 t		2.07	1.68	1.30
18		电焊机交流 20 kVA~25 kVA		0.80	0.65	0.50
19	其他费用		%	4.9	4.90	4.40

4—28 预制渠道混凝土板

适用范围：渠道护坡、护底。

工作内容：模板制安、拆除、修理、混凝土拌和、场内运输、浇筑、养护、堆放。

单位：100 m³

顺序号	项目		单位	定额编号 40188	40189	40190	40191
				厚度(cm)			
				4~8	8~12	12~16	16~20
1	人工	甲类工	工日	121.6	119.6	116.2	112.4
2		乙类工		131.7	129.6	125.9	121.7
3		合计		253.3	249.2	242.1	234.1
4	材料	专用钢模板	kg	116.41	91.94	81.16	75.67
5		铁件	kg	24.59	17.79	14.83	13.25
6		混凝土	m³	102.00	102.00	102.00	102.00
7		水	m³	240.00	240.00	240.00	240.00
8	机械	搅拌机 0.4 m³	台班	4.00	4.00	4.00	4.00
9		插入式振捣器 2.2 kW		8.89	7.48	6.70	6.70
10		双胶轮车		23.20	23.20	23.20	23.20
11		载重汽车5 t		0.40	0.32	0.28	0.26
12	其他费用		%	0.8	0.8	0.8	0.8

4-29 混凝土板桩、方桩预制

工作内容:钢、木模板制作、拼装、安装、拆除、修理,混凝土配料、拌和、浇筑、养护,材料及成品件场内运输堆放

单位:100 m³

顺序号	项目		单位	定额编号 40192	40193
				混凝土板桩预制	混凝土方桩预制
1	人工	甲类工	工日	63.35	46.87
2		乙类工		309.39	228.53
3		合计		372.74	275.40
4	材料	板枋材一、二等	m³	7.35	
5		板枋材三等	m³	2.59	1.12
6		组合钢模板	kg		276.00
7		钢模支撑	kg		191.11
8		零星卡具	kg		102.09
9		螺栓带帽	kg		15.30
10		铁件	kg	23.05	8.65
11		铁钉	kg	20.40	3.06
12		混凝土	m³	102.00	102.00
13		水	m³	129.54	129.54
14	机械	混凝土搅拌机 0.4 m³	台班	12.51	12.51
15		插入式振捣器 2.2 kW		50.52	50.52
16		机动翻斗车 1 t		52.08	52.08
17		双胶轮车		64.44	64.44
18		塔式起重机 6 t		12.26	12.26
19		其他费用	%	3.0	3.0

4-30 预制混凝土闸门

工作内容:模板制作、安装、拆除、混凝土拌制、浇筑、养护及场内材料运输。

单位:100 m³

顺序号	项目		单位	定额编号 40194	40195	40196	40197
				体积(m³)			
				≤0.5	0.5~1	1~2	2~3
1	人工	甲类工	工日	165.9	154.0	142.0	130.1
2		乙类工		282.5	262.1	241.8	221.4
3		合计		448.4	416.1	383.8	351.5

续表

顺序号	项目		单位	定额编号 40194	40195	40196	40197
				体积(m³)			
				≤0.5	0.5~1	1~2	2~3
4	材料	锯材	m³	6.45	6.15	5.70	5.25
5		组合钢模板	kg	602.00	590.00	570.00	550.00
6		预埋铁件	kg	2 600.00	2 550.00	2 500.00	2 450.00
7		铁件	kg	26.00	25.00	24.00	23.00
8		电焊条	kg	18.00	17.50	17.00	16.00
9		混凝土	m³	103.00	103.00	103.00	103.00
10		水	m³	270.00	270.00	270.00	270.00
11	机械	塔式起重机 10 t	台班	5.50	5.50	5.50	5.50
12		电焊机直流 30 kVA		4.00	4.00	4.00	4.00
13		搅拌机 0.4 m³		5.00	5.00	5.00	5.00
14		插入式振捣器 2.2 kW		12.00	12.00	12.00	12.00
15		双胶轮车		30.00	30.00	30.00	30.00
16		载重汽车 5 t		1.50	1.50	1.50	1.50
17	其他费用		%	4.2	4.0	3.8	3.5

4-31 预制混凝土小型构件及安装

适用范围:桥涵缘(帽)石、栏杆。

工作内容:模板安装、拆除、混凝土拌制、浇筑、养护。

单位:100 m³

顺序号	项目		单位	定额编号 40198	40199	40200	40201
				人行道构件	栏杆扶手	缘(帽)石	安装
1	人工	甲类工	工日	206.7	330.4	202.5	227.9
2		乙类工		351.9	562.6	344.7	186.4
3		合计		558.6	893.0	547.2	414.3
4	材料	锯材	m³	1.55	0.60	0.39	
5		组合钢模板	kg	1 080.00	1 390.00	900.00	
6		钢板	kg		1 180.00		
7		铁件	kg	550.00	768.00	496.00	
8		电焊条	kg		90.00		
9		混凝土	m³	102.00	102.00	102.00	
10		水	m³	120.00	120.00	120.00	
11		砂浆	m³				9.20

续表

顺序号	项目		单位	定额编号 40198 人行道构件	40199 栏杆扶手	40200 缘(帽)石	40201 安装
12	机械	电焊机直流30 kVA	台班	40.00			
13		搅拌机0.4 m³		4.00	4.00		
14		双胶轮车		30.00	30.00	30.00	25.26
15	其他费用		%	7.8	7.8	11.1	60.0

4-32 汽车运预制混凝土梁

工作内容:装车、运输、卸车并按指定地点堆放。

单位:100 m³

顺序号	项目		单位	定额编号 40202	40203	40204	40205	40206	40207
				体积(m³)					
				≤2			2~4		
				运距(km)					
				0~1	1~5	每增运5	0~1	1~5	每增运5
1	人工	甲类工	工日						
2		乙类工		21.9	36.0	15.4	16.4	25.9	10.8
3		合计		21.9	36.0	15.4	16.4	25.9	10.8
4	材料	锯材	m³	0.17	0.17		0.10	0.10	
5		铁件	kg	12.00	12.00		8.00	8.00	
6	机械	汽车起重机10 t	台班				3.50	4.70	2.40
7		汽车起重机5 t		4.60	9.90	5.30			
8		载重汽车10 t		4.60	9.90	5.30	3.50	4.70	2.40
9	其他费用		%	2.2	2.2		1.5	1.5	

4-33 双胶轮车运预制渠道混凝土板

适用范围:运距不超过200 m。

工作内容:装车、运输、卸车并按指定地点堆放。

单位:100 m³

顺序号	项目		单位	定额编号 40208 装运50 m	40209 增运50 m
1	人工	甲类工	工日		
2		乙类工		38.0	2.2
3		合计		38.0	2.2
4	机械	双胶轮车	台班	3.87	2.26
5	其他费用		%	3.0	3.0

4-34 汽车运预制混凝土板

工作内容：装车、运输、卸车并按指定地点堆放。

单位：100 m³

顺序号	项目		单位	40210	40211	40212	40213	40214	40215
				\multicolumn{6}{c}{体积(m³)}
				≤0.6			0.6~1.5		
				\multicolumn{6}{c}{运距(km)}
				0~1	1~5	每增运5	0~1	1~5	每增运5
1	人工	甲类工	工日						
2		乙类工	工日	28.9	35.2	15.7	19.2	25.6	12.6
3		合计		28.9	35.2	15.7	19.2	25.6	12.6
4	材料	锯材	m³	0.15	0.15		0.30	0.30	
5	机械	汽车起重机5 t	台班	6.00	12.00	5.00	4.40	8.60	4.20
6		载重汽车10 t	台班	6.00	12.00	5.00	4.40	8.60	4.20
7	其他费用		％	1.5	1.5		1.5	1.5	

4-35 双胶轮车运小型预制混凝土构件

适用范围：运距不超过200 m。

工作内容：装车、运输、卸车并按指定地点堆放。

单位：100 m³

顺序号	项目		单位	40216	40217
				装运50 m	增运50 m
1	人工	甲类工	工日		
2		乙类工	工日	41.8	2.4
3		合计		41.8	2.4
4	机械	双胶轮车	台班	4.26	2.48
5	其他费用		％	3.0	3.0

4-36 预制混凝土构件安装

适用范围:渡槽槽身、梁、排架、板。
工作内容:连接铁件的安装、构件吊装校正、焊接固定及临时固定、填缝灌浆。

单位:100 m³

顺序号	定额编号		单位	40218	40219	40220	40221
	项目			渡槽槽身	梁	排架	板
1	人工	甲类工	工日	105.3	47.5	108.6	31.6
2		乙类工		97.2	43.9	100.3	29.1
3		合计		202.5	91.4	208.9	60.7
4	材料	锯材	m³	1.47	0.70	2.00	0.81
5		铁垫条	kg	15.03	65.00		
6		电焊条	kg	27.62		23.24	
7		预制混凝土构件	m³	(100.00)	(100.00)	(100.00)	(100.00)
8		混凝土	m³	6.46		7.35	8.60
9		砂浆	m³	0.1			1.60
10	机械	电焊机直流 30 kVA	台班	3.95		3.32	
11		搅拌机 0.4 m³	台班	0.32		0.37	0.43
12		双胶轮车	台班	1.29		1.47	1.72
13		履带起重机 15 t	台班	4	1.94	5.14	5.90
14		其他费用	%	0.5	0.5	0.5	0.5

4-37 预制渠道混凝土板、U形渠砌筑

适用范围:渠道混凝土板、U形渠。
工作内容:冲洗、拌浆、砌筑、勾缝。

单位:100 m³

顺序号	定额编号		单位	40222	40223	40224
	项目			平均壁厚(cm)		
				≤6	8	10
1	人工	甲类工	工日	63.6	53.5	49.1
2		乙类工		58.8	49.4	45.3
3		合计		122.4	102.9	94.4
4	材料	预制混凝土构件	m³	(90.00)	(90.00)	(90.00)
5		砂浆	m³	23.70	20.40	19.00
6		其他费用	%	0.5	0.5	0.5

4-38 预制混凝土闸门安装

工作内容:埋设件清理、校正、止水粘接、闸门安装。

单位:100 m³

定额编号				40225
顺序号	项目		单位	闸门安装
1	人工	甲类工	工日	250.3
2		乙类工		231.2
3		合计		481.5
4	材料	锯材	m³	4.39
5		铁件	kg	473.10
6		型钢	kg	3 718.00
7		平型橡皮止水	m	69.80
8		P型橡皮止水	m	165.50
9		混凝土构件	m³	(100.00)
10	机械	汽车起重机5 t	台班	2.10
11		其他费用	%	5.0

4-39 预制混凝土管安装

定额编号			40226	40227	40228	40229	40230	40231	40232	40233	40234	40235	40236	40237	40238	40239
顺序号	项目	单位	人机配合下管,平接式,管径(cm)													
			30	40	50	60	80	100	120	135	150	165	180	200	220	240
1	人工 甲类工	工日	1.05	1.24	1.65	2.03	2.70	4.00	4.95	5.40	6.28	7.31	8.98	11.74	15.58	23.19
2	乙类工		5.96	7.00	9.32	11.50	15.32	22.68	19.81	21.61	25.13	29.25	35.93	46.94	62.34	92.76
3	合计		7.01	8.24	10.97	13.53	18.02	26.68	24.76	27.01	31.41	36.56	44.91	58.68	77.92	115.95
4	材料 预制混凝土管	m	101.00	101.00	101.00	101.00	101.00	101.00	101.00	101.00	101.00	101.00	101.00	101.00	101.00	101.00
5	汽车式起重机5 t	台班	0.43	0.59	0.69	0.91	1.21									
6	8 t							1.84								
7	12 t								2.03	2.21						
8	16 t										2.58	2.97	3.68			
9	机械 20 t													4.83		
10	32 t														6.44	9.66
11	叉式起重机3 t								0.20	0.22	0.26					
13	6 t											0.30	0.37			
14	10 t													0.48	0.64	0.97

续表

顺序号	项目		单位	40240	40241	40242	40243	40244	40245	40246	40247	40248	40249	40250	40251	40252	40253
				\multicolumn{14}{c}{人机配合下管,套箍式,管径(cm)}
				30	40	50	60	80	100	120	135	150	165	180	200	220	240
1	人工	甲类工	工日	1.13	1.34	1.77	2.19	2.92	4.34	5.51	5.88	6.94	8.20	9.87	13.32	16.64	21.59
2		乙类工		6.42	7.57	10.06	12.40	16.53	24.58	22.02	23.53	27.77	32.81	39.50	53.29	66.58	86.37
3		合计		7.55	8.91	11.83	14.59	19.45	28.92	27.53	29.41	34.71	41.01	49.37	66.61	83.22	107.96
4	材料	预制混凝土管	m	101.00	101.00	101.00	101.00	101.00	101.00	101.00	101.00	101.00	101.00	101.00	101.00	101.00	101.00
5	机械	汽车式起重机 5 t	台班	0.48	0.59	0.77	1.01	1.33									
6		8 t							2.03								
7		12 t								2.27	2.42						
8		16 t										2.86	3.36	4.07			
9		20 t													5.52		
10		32 t														6.44	9.66
11		叉式起重机 3 t								0.23	0.24	0.29					
12		6 t											0.34	0.41			
13		10 t													0.55	0.64	0.97

4-40 混凝土面喷浆

工作内容:凿毛、配件、上料、拌和、喷射、处理回弹料、养护及清理施工场地。

单位:100 m³

顺序号	项目		单位	40254	40255	40256	40257	40258	40259	40260	40261	40262	40263
				\multicolumn{5}{c}{有钢筋网}	\multicolumn{5}{c}{无钢筋网}
				\multicolumn{10}{c}{喷射厚度(cm)}
				0～1	1～2	2～3	3～4	4～5	0～1	1～2	2～3	3～4	4～5
1	人工	甲类工	工日	11.0	11.8	12.6	13.4	14.2	9.4	10.2	10.9	11.7	12.4
2		乙类工		39.3	42.0	44.7	47.6	50.4	33.5	36.1	38.8	41.5	44.2
3		合计		50.3	53.8	57.3	61.0	64.6	42.9	46.3	49.7	53.2	56.6
4	材料	水泥 42.5	kg	730.00	1 450.00	2 180.00	2 910.00	3 640.00	730.00	1 450.00	2 180.00	2 910.00	3 640.00
5		砂	m³	1.09	2.18	3.27	4.36	5.45	1.09	2.18	3.27	4.36	5.45
6		水	m³	3.00	3.00	4.00	4.00	5.00	3.00	3.00	4.00	4.00	5.00
7		防水粉	m³	36.50	72.50	109	145.50	182.00	36.50	72.50	109.00	145.5	182.0
8	机械	双胶轮车	台班	0.13	0.31	0.42	0.55	0.68	0.13	0.31	0.42	0.55	0.68
9		喷浆机 75 L		1.30	1.57	1.83	2.12	2.39	1.15	1.42	1.67	1.93	2.18
10		风水(砂)枪		1.18	1.18	1.18	1.18	1.18	0.82	0.82	0.82	0.82	0.82
11	其他费用		%	9.1	6.6	5.2	4.3	3.6	10	7.2	5.6	4.5	3.8

4-41 钢筋制作安装

适用范围:水工建筑物各部位及预制构件。
工作内容:回直、除锈、切断、弯制、焊接绑扎及加工场至施工场地运输。

单位:t

顺序号	项目		单位	40264	40265	40266
				底板、消力池、小型预制构件	闸墩、桥墩、胸墙、工作桥、交通桥、框格、横撑、梁板柱	各式挡土墙、隔墙、涵洞、渡槽
1	人工	甲类工	工日	5.1	7.0	8.6
2		乙类工		7.6	10.4	13.0
3		合计		12.7	17.4	21.6
4	材料	钢筋	t	1.02	1.02	1.02
5		电焊条	kg	7.22	7.22	7.22
6		铁丝	kg	4.00	4.00	4.00
7	机械	钢筋调直机 14 kW	台班	0.08	0.08	0.08
8		风水(砂)枪		0.34	0.27	0.23
9		钢筋切断机 20 kW		0.16	0.18	0.19
10		钢筋弯曲机 $\Phi 6 \sim 40$		0.25	0.34	0.32
11		电焊机直流 30 kVA		0.30	0.47	0.54
12		对焊机电弧 150		0.26	0.26	0.15
13		双胶轮车		0.59	0.59	0.59
14	其他费用		%	1.0	1.0	1.0

4-42 搅拌机拌制混凝土

工作内容:2 m 以内配运水泥、骨料、加水、加外加剂、搅拌、出料、清洗。

单位:100 m³

顺序号	项目		单位	40267	40268
				\multicolumn{2}{c}{搅拌出料(m³)}	
				0.4	0.8
1	人工	甲类工	工日	12.9	9.6
2		乙类工		30.0	22.3
3		合计		42.9	31.9
4	机械	搅拌机 0.4 m³	台班	4.00	1.92
5		双胶轮车	台班	16.60	16.60
6	其他费用		%	1.0	1.0

4-43 人工运混凝土

工作内容:装、挑(抬)、运、卸、清洗。

单位:100 m³

顺序号	项目		单位	40269	40270	40271	40272	40273	40274	40275	40276	40277	40278	40279	40280	40281
				运距(m)												每增运 20 m
				0~10	10~20	20~30	30~40	40~50	50~60	60~70	70~80	80~100	100~120	120~140	140~200	>200
1	人工	甲类工	工日													
2		乙类工		26.3	32.8	39.3	45.6	52.2	58.7	65.5	72.2	83.8	98.4	110.4	11.9	13.4
3		合计		26.3	32.8	39.3	45.6	52.2	58.7	65.5	72.2	83.8	98.4	110.4	11.9	13.4
4	其他费用		%	14.0	11.3	9.4	8.1	7.1	6.3	5.6	5.1	4.4	3.8	3.4		

4-44 双胶轮车运混凝土

工作内容:装、运、卸、清洗。

单位:100 m³

顺序号	项目		单位	40282	40283	40284	40285	40286	40287	40288	40289	40290
				运距(m)								每增运 20 m
				0~10	10~20	20~30	30~40	40~50	50~60	60~80	80~100	>100
1	人工	甲类工	工日									
2		乙类工		7.8	8.3	9.3	10.2	11.2	12.1	13.0	15.0	1.7
3		合计		7.8	8.3	9.3	10.2	11.2	12.1	13.0	15.0	1.7
4	双胶轮车		台班	7.80	8.30	9.30	10.20	11.20	12.10	13.00	15.00	1.70
5	其他费用		%	10.0	10.0	10.0	10.0	10.0	10.0	10.0	10.0	

4-45 机动翻斗车运混凝土

工作内容:装、运、卸、空回。

单位:100 m³

顺序号	项目		单位	40291	40292	40293	40294	40295	40296
				运距(m)					每增运 100 m
				100	200	300	400	500	>500
1	人工	甲类工	工日	4.6	4.6	4.6	4.6	4.6	
2		乙类工		3.7	3.7	3.7	3.7	3.7	
3		合计		8.3	8.3	8.3	8.3	8.3	
4	机械	机动翻斗车 1 t	台班	4.12	4.81	5.46	6.05	6.64	0.56

续表

顺序号	项目	单位	定额编号 40291	40292	40293	40294	40295	40296
			运距(m)					每增运 100 m
			100	200	300	400	500	>500
5	其他费用	%	3.0	3.0	3.0	3.0	3.0	

4-46 止水

适用范围:坝、闸、渠道。

工作内容:清洗缝面、弯制、安装、熔涂沥青。

单位:100 m

顺序号		项目	单位	定额编号 40297	40298	40299	40300
				铜片止水	铁片止水	塑料止水	橡胶止水
1	人工	甲类工	工日	35.1	12.3	10.2	11.2
2		乙类工		38.0	13.3	11.0	12.2
3		合计		73.1	25.6	21.2	23.4
4	材料	沥青	t	1.70	1.70		
5		木材	m³	0.57	0.57		
6		紫铜片厚1.5 mm	kg	561.00			
7		白铁皮厚0.82 mm	kg		203.00		
8		塑料止水带	m			103.00	
9		橡胶止水带	m				103.00
10		铜电焊条	kg	3.12			
11		焊锡	kg		4.20		
12		铁钉	kg		1.80		
13	机械	电焊机直流 30 kVA	台班	3.37			
14		双胶轮车		2.20	1.90		
15		其他费用	%	0.2	3.5	1.0	0.5

注:紫铜片规格 0.0015 m×0.4 m×1.5 m,损耗率5%。

白铁皮规格 0.00082 m×0.3 m×20 m,损耗率5%。

4-47 渡槽止水

工作内容:模板制作、拆除、修理、填料配制、填塞、养护。

单位:100 m

顺序号	定额编号			40301	40302	40303
		项目	单位	环氧粘橡皮	木屑水泥	胶泥填料
1	人工	甲类工	工日	57.5	18.3	21.5
2		乙类工	工日	62.2	19.9	23.4
3		合计		119.7	38.2	44.9
4	材料	锯材	m³	0.30	0.88	
5		预埋铁件	kg		83.00	
6		铁件	kg		2.60	
7		6101 环氧树脂	kg	65.92		
8		甲苯	kg	9.95		
9		二丁脂	kg	9.95		27.24
10		乙二胺	kg	5.84		
11		沥青	t	0.136		
12		煤焦油	kg			272.4
13		水	m³	37.00	6.00	
14		聚氧乙烯粉	kg			27.24
15		硬脂酸钙	kg			2.72
16		粉煤灰	kg			27.24
17		木屑	kg		804.00	
18		麻丝	kg		13.40	
19		水泥 42.5	kg	168.00	1 770.00	
20		砂	m³	0.25		
21		麻絮	kg	92.00		
22		橡胶止水带	m	105.00		
23	其他费用		%	0.5	0.5	0.5

4-48 防水层

适用范围：水工建筑物及泵房等相关部位。

工作内容：1. 抹水泥砂浆：清洗、拌和、抹面。

2. 涂沥青：清洗、熔化、浇涂、搭拆跳板等。

3. 麻布沥青：清洗、熔化、裁铺麻布、浇涂、搭拆跳板。

4. 青麻沥青：清洗、熔化、浸刷塞缝、涂沥青等。

单位：100 m²

顺序号		项目	单位	40304 抹水泥砂浆 立面	40305 抹水泥砂浆 平面	40306 抹水泥砂浆 拱面	40307 涂沥青 立面拱面	40308 涂沥青 平面	40309 麻布沥青 一布二油	40310 麻布沥青 二布三油	40311 青麻沥青
1	人工	甲类工	工日	10.2	7.1	17.9	7.7	5.7	11.7	17.0	41.7
2		乙类工	工日	2.6	1.8	4.5	1.9	1.9	2.9	4.3	10.4
3		合计		12.8	8.9	22.4	9.6	7.6	14.6	21.3	52.1
4	材料	沥青	t				0.29	0.26	0.59	0.59	0.87
5		麻布	m²						120.00	240.00	
6		煤沥青	t								1.73
7		木柴	kg				100.00	90.00	160.00	210.00	910.00
8		麻刀	t								0.44
9		砂	m³	3.33	2.61	2.61					
10		水泥 42.5	kg	1 520.00	1 140.00	1 140.00					
11		水	m³	1.00	1.00	1.00					
12	机械	双胶轮车	台班	1.36	1.07	1.07					
13		其他费用	%	1.5	1.5	1.5	4.9	4.9	1.5	1.5	1.5

4-49 伸缩缝

适用范围：坝、闸、渡槽、渠道。

工作内容：

1. 沥青油毡：清洗缝面、熔化、涂刷沥青、铺贴油毡。
2. 沥青木板：木板制作、熔化、涂刷沥青、安装。

单位：100 m²

顺序号		项目	单位	40312 沥青油毡 一毡二油	40313 沥青油毡 二毡三油	40314 沥青油毡 三毡四油	40315 沥青木板
1	人工	甲类工	工日	13.8	20.4	27.1	26.3
2		乙类工	工日	3.5	5.1	6.8	6.6
3		合计		17.3	25.5	33.9	32.9

续表

顺序号	项目		单位	40312	40313	40314	40315
				沥青油毡			沥青木板
				一毡二油	二毡三油	三毡四油	
4	材料	板枋材	m³				2.20
5		油毡	m²	115.00	226.00	340.00	
6		沥青	t	1.22	1.83	2.44	1.24
7		木柴	kg				8.8
8	机械	电动空气压缩机 0.6 m³/min	台班	0.42	0.67	0.87	0.84
9	其他费用		%	1.2	0.8	0.6	0.6

4-50 钢管脚手架

工作内容：脚手架及脚手板搭设、维护、拆除。

单位：表列单位

顺序号	项目		单位	40316	40317	40318
				单排脚手架	双排脚手架	满堂脚手架
				100 m²		100 m³
1	人工	甲类工	工日	1.2	1.5	1.8
2		乙类工		3.9	5.8	6.9
3		合计		5.1	7.3	8.7
4	材料	钢管Φ50	t	1.05	1.86	1.89
5		卡扣件	kg	158.0	316.0	105.0
6	其他费用		%	3	3	3

第五章 管道工程

说 明

一、本章包括铸铁管、钢管、塑料管等管道及管件安装,共9节,107个子目。

二、管道铺设均考虑了沟槽边堆土的影响因素,使用时不论沟槽边有无堆土,都不作调整。

三、管道的闭水试验用水已综合考虑在定额内。

四、管道安装均按施工图中心线的长度计算(支管长度从主管中心开始计算到支管末端交接处的中心),管件、阀门所占长度已综合考虑,计算工程量时均不扣除其所占长度。

五、管道安装按材质、连接形式分别列项。

六、管件连接中已综合考虑了弯头、三通、异径管、管帽、管接头等管口含量的差异,应按设计图纸用量执行定额。

七、各种管件连接不分种类,以"10个"为计量单位。

八、金属管道安装总工程量不足50 m时,管径≤Φ300 mm的,其人工、机械台班耗用量乘以系数1.67;管径>Φ300 mm的,其人工和机械台班耗用量乘以系数2。

5-1 铸铁管安装

（1）青铅接口

工作内容：检查及清扫管材、切管、管道安装、化铅、打麻、打铅口、水压试验。

单位：10 m

顺序号	项目		单位	50001	50002	50003	50004	50005	50006	50007
	定额编号			\multicolumn{7}{c}{公称直径（mm 以内）}
				75	100	150	200	300	400	500
1	人工	甲类工	工日	0.3	0.3	0.4	0.6	0.7	0.9	1.2
2		乙类工		0.5	0.5	0.7	0.9	1.0	1.3	1.7
3		合计		0.8	0.8	1.1	1.5	1.7	2.2	2.9
4	材料	铸铁管	m	10.00	10.00	10.00	10.00	10.00	10.00	10.00
5		青铅	kg	6.21	7.73	11.38	14.64	19.61	26.89	37.92
6		木柴	kg	0.21	0.26	0.52	0.64	0.84	1.05	1.26
7		氧气	m³	0.05	0.10	0.13	0.23	0.26	0.49	0.62
8		乙炔气	kg	0.02	0.03	0.04	0.07	0.08	0.16	0.21
9		焦炭	kg	2.62	3.09	4.44	5.70	7.09	9.74	12.66
10		油麻	kg	0.23	0.28	0.42	0.54	0.72	0.98	1.39
11	机械	汽车起重机 5 t	台班						0.06	0.08	0.10
12		载重汽车 5 t						0.38	0.38	0.38
13		其他费用	%	1.0	1.0	1.0	1.0	1.0	1.0	1.0

（2）膨胀水泥接口

工作内容：检查及清扫管材、切管、管道安装、调制接口材料、接口、养护、水压试验。

单位：10 m

顺序号	项目		单位	50008	50009	50010	50011	50012	50013	50014
	定额编号			\multicolumn{7}{c}{公称直径（mm 以内）}
				75	100	150	200	300	400	500
1	人工	甲类工	工日	0.3	0.3	0.4	0.5	0.6	0.7	0.8
2		乙类工		0.4	0.4	0.5	0.7	0.9	1.0	1.3
3		合计		0.7	0.7	0.9	1.2	1.5	1.7	2.1
4	材料	铸铁管	m	10.00	10.00	10.00	10.00	10.00	10.00	10.00
5		膨胀水泥	kg	1.75	2.18	3.20	4.11	5.50	7.55	10.65
6		氧气	m³	0.05	0.10	0.13	0.23	0.26	0.49	0.62
7		乙炔气	kg	0.02	0.03	0.04	0.07	0.08	0.16	0.21
8		油麻	kg	0.23	0.28	0.42	0.54	0.72	0.98	1.39
9	机械	汽车起重机 5 t	台班						0.06	0.08	0.10
10		载重汽车 5 t						0.38	0.38	0.38
11		其他费用	%	1.0	1.0	1.0	1.0	1.0	1.0	1.0

(3) 石棉水泥接口

工作内容:检查及清扫管材、切管、管道安装、调制接口材料、接口、养护、水压试验。

单位:10 m

顺序号	项目		单位	定额编号 50015	50016	50017	50018	50019	50020	50021
				公称直径(mm 以内)						
				75	100	150	200	300	400	500
1	人工	甲类工	工日	0.3	0.3	0.4	0.5	0.6	0.7	0.9
2		乙类工		0.5	0.5	0.6	0.8	0.9	1.1	1.4
3		合计		0.8	0.8	1.0	1.3	1.5	1.8	2.3
4	材料	铸铁管	m	10.00	10.00	10.00	10.00	10.00	10.00	10.00
5		水泥 52.5	kg	1.14	1.42	2.09	2.68	3.59	4.93	6.95
6		氧气	m³	0.05	0.10	0.13	0.23	0.26	0.49	0.62
7		乙炔气	kg	0.02	0.03	0.04	0.07	0.08	0.16	0.21
8		石棉绒	kg	0.50	0.61	0.90	1.16	1.55	2.13	3.00
9		油麻	kg	0.23	0.28	0.42	0.54	0.72	0.98	1.39
10	机械	汽车起重机 5 t	台班					0.06	0.08	0.10
11		载重汽车 5 t						0.38	0.38	0.38
12	其他费用		%	1.0	1.0	1.0	1.0	1.0	1.0	1.0

(4) 胶圈接口

工作内容:检查及清扫管材、切管、管道安装、上胶圈、水压试验。

单位:10 m

顺序号	项目		单位	定额编号 50022	50023	50024	50025	50026	50027	50028
				公称直径(mm 以内)						
				75	100	150	200	300	400	500
1	人工	甲类工	工日	0.3	0.4	0.4	0.6	0.6	0.8	1.0
2		乙类工		0.5	0.6	0.6	0.8	0.9	1.2	1.5
3		合计		0.8	1.0	1.0	1.4	1.5	2.0	2.5
4	材料	铸铁管	m	10.00	10.00	10.00	10.00	10.00	10.00	10.00
5		橡胶圈	个	2.57	2.57	2.57	2.57	2.06	2.06	2.06
6		氧气	m³	0.05	0.10	0.13	0.23	0.26	0.49	0.62
7		乙炔气	kg	0.02	0.03	0.04	0.07	0.08	0.16	0.21
8		润滑油	kg	0.08	0.10	0.12	0.14	0.16	0.18	0.22
9	机械	汽车起重机 5 t	台班					0.06	0.08	0.10
10		载重汽车 5 t						0.38	0.38	0.38
11	其他费用		%	1.0	1.0	1.0	1.0	1.0	1.0	1.0

5-2 铸铁管件安装

(1) 青铅接口

工作内容：切管、管口处理、管件安装、化铅、接口。

单位：10个

顺序号	项目		单位	定额编号						
				50029	50030	50031	50032	50033	50034	50035
				公称直径（mm 以内）						
				75	100	150	200	300	400	500
1	人工	甲类工	工日	0.2	0.2	0.3	0.4	0.5	0.7	1.0
2		乙类工		0.3	0.4	0.5	0.6	0.7	1.1	1.5
3		合计		0.5	0.6	0.8	1.0	1.2	1.8	2.5
4	材料	铸铁管件	个	10.00	10.00	10.00	10.00	10.00	10.00	10.00
5		青铅	kg	4.97	6.19	9.10	11.71	19.62	26.89	37.92
6		木柴	kg	0.18	0.22	0.44	0.66	0.88	1.10	1.32
7		氧气	m³	0.04	0.07	0.10	0.18	0.26	0.50	0.63
8		乙炔气	kg	0.01	0.02	0.03	0.06	0.09	0.16	0.21
9		焦炭	kg	2.10	2.48	3.55	4.56	7.10	9.74	12.66
10		油麻	kg	0.18	0.23	0.33	0.43	0.72	0.99	1.39
11	机械	汽车起重机 5 t	台班					0.01	0.02	0.03
12		载重汽车 5 t						0.01	0.01	0.01
13		其他费用	%	1.0	1.0	1.0	1.0	1.0	1.0	1.0

(2) 膨胀水泥接口

工作内容：切管、管口处理、管件安装、调制接口材料、接口、养护。

单位：10个

顺序号	项目		单位	定额编号						
				50036	50037	50038	50039	50040	50041	50042
				公称直径（mm 以内）						
				75	100	150	200	300	400	500
1	人工	甲类工	工日	0.2	0.2	0.2	0.3	0.4	0.5	0.7
2		乙类工		0.3	0.3	0.4	0.5	0.5	0.7	1.0
3		合计		0.5	0.5	0.6	0.8	0.9	1.2	1.7
4	材料	铸铁管件	个	10.00	10.00	10.00	10.00	10.00	10.00	10.00
5		膨胀水泥	kg	1.40	1.74	2.56	3.29	5.50	7.55	10.65
6		氧气	m³	0.04	0.07	0.10	0.18	0.26	0.50	0.63
7		乙炔气	kg	0.01	0.02	0.03	0.06	0.09	0.16	0.21
8		油麻	kg	0.18	0.23	0.33	0.43	0.72	0.99	1.39
9	机械	汽车起重机 5 t	台班					0.01	0.02	0.03
10		载重汽车 5 t						0.01	0.01	0.01
11		其他费用	%	1.0	1.0	1.0	1.0	1.0	1.0	1.0

(3) 石棉水泥接口

工作内容：切管、管口处理、管件安装、调制接口材料、接口、养护。

单位：10个

顺序号	项目		单位	定额编号						
				50043	50044	50045	50046	50047	50048	50049
				公称直径(mm 以内)						
				75	100	150	200	300	400	500
1	人工	甲类工	工日	0.2	0.2	0.3	0.4	0.5	0.6	0.8
2		乙类工		0.3	0.3	0.4	0.5	0.7	0.9	1.2
3		合计		0.5	0.5	0.7	0.9	1.2	1.5	2.0
4	材料	铸铁管件	m	10.00	10.00	10.00	10.00	10.00	10.00	10.00
5		水泥52.5	kg	0.91	1.13	1.67	2.15	3.60	4.93	6.95
6		氧气	m³	0.04	0.07	0.10	0.18	0.26	0.50	0.63
7		乙炔气	kg	0.01	0.02	0.03	0.06	0.09	0.16	0.21
8		石棉绒	kg	0.36	0.45	0.66	0.86	1.43	1.97	2.78
9		油麻	kg	0.18	0.23	0.33	0.43	0.72	0.99	1.39
10	机械	汽车起重机5 t	台班					0.01	0.02	0.03
11		载重汽车5 t						0.01	0.01	0.01
12	其他费用		%	1.0	1.0	1.0	1.0	1.0	1.0	1.0

(4) 胶圈接口

工作内容：选胶圈、清洗管口、上胶圈。

单位：10个

顺序号	项目		单位	定额编号						
				50050	50051	50052	50053	50054	50055	50056
				公称直径(mm 以内)						
				75	100	150	200	300	400	500
1	人工	甲类工	工日	0.2	0.2	0.3	0.4	0.4	0.7	0.9
2		乙类工		0.3	0.4	0.5	0.5	0.7	1.0	1.3
3		合计		0.5	0.6	0.8	0.9	1.1	1.7	2.2
4	材料	铸铁管件	个	10.00	10.00	10.00	10.00	10.00	10.00	10.00
5		橡胶圈	个	2.06	2.06	2.06	2.06	2.06	2.06	2.06
6		氧气	m³	0.04	0.07	0.10	0.18	0.26	0.50	0.63
7		乙炔气	kg	0.01	0.02	0.03	0.06	0.09	0.16	0.21
8		润滑油	kg	0.08	0.10	0.12	0.14	0.16	0.18	0.22
9	机械	汽车起重机5 t	台班					0.01	0.02	0.03
10		载重汽车5 t						0.01	0.01	0.01
11	其他费用		%	1.0	1.0	1.0	1.0	1.0	1.0	1.0

5-3 钢管安装

工作内容：管道铺设、附件制安、水压实试验。

单位：10 m

顺序号	项目		单位	50057	50058	50059	50060	50061	50062	50063
	定额编号			公称直径（mm 以内）						
				80	100	150	200	250	300	400
1	人工	甲类工	工日	0.4	0.6	0.8	1.1	1.4	1.7	2.4
2		乙类工		0.6	0.9	1.2	1.6	2.1	2.5	3.6
3		合计		1.0	1.5	2.0	2.7	3.5	4.2	6.0
4	材料	钢管	m	10.10	10.10	10.10	10.10	10.10	10.10	10.10
5		管件	kg	0.32	0.42	0.63	1.33	1.74	2.22	4.26
6		阀门	个	0.07	0.07	0.03	0.03	0.02	0.02	0.02
7		法兰盘	副	0.07	0.07	0.03	0.03	0.02	0.02	0.02
8		电焊条	kg	0.24	0.29	0.76	1.36	1.85	2.20	3.78
9		氧气	m³	0.46	0.54	1.02	1.35	1.64	2.01	2.97
10		乙炔气	kg	0.29	0.29	0.55	0.85	1.03	1.26	1.87
11	机械	电焊机交流 25 kVA	台班	1.05	1.05	1.52	2.52	2.80	2.90	3.80
12		履带式起重 15 t				0.43	0.43	0.68	0.68	0.86
13		载重汽车 5 t		0.04	0.05	0.10	0.13	0.17	0.26	0.34
14	其他费用		%	0.4	0.4	0.4	0.4	0.4	0.4	0.4

5-4 塑料管安装（粘结）

工作内容：切管、对口、粘结、管道安装、灌水试验。

单位：100 m 管道

顺序号	项目		单位	50064	50065	50066	50067	50068	50069
	定额编号			管外径（mm 以内）					
				50	75	110	125	140	160
1	人工	甲类工	工日	1.50	2.00	2.60	4.80	5.20	6.00
2		乙类工		4.40	5.90	7.80	7.10	7.80	9.00
3		合计		5.90	7.90	10.40	11.90	13.00	15.00
4	材料	塑料管	m	101.00	101.00	101.00	101.00	101.00	101.00
5		钢锯条	根	0.24					
6		砂布	张	3.48	5.20	5.20	7.00	7.00	7.00
7		丙酮	kg	0.20	0.20	0.50	0.60	0.70	0.70
8		粘接剂	g	100.00	160.00	320.00	380.00	430.00	480.00
9	机械	圆盘锯 d≤500 mm	台班		0.03	0.03	0.03	0.03	0.04

5-5 塑料管安装(胶圈接口)

工作内容:切管、上胶圈、对口、管道安装、灌水试验。

单位:100 m管道

顺序号	项目		单位	50070	50071	50072	50073	50074	50075	50076	50077
	定额编号			\multicolumn{8}{c}{管外径(mm 以内)}
				90	125	160	250	315	355	400	500
1	人工	甲类工	工日	2.40	2.70	3.40	5.80	11.00	13.30	14.60	16.90
2		乙类工	工日	7.10	8.00	10.10	17.30	16.60	19.90	22.00	25.30
3		合计		9.50	10.70	13.50	23.10	27.60	33.20	36.60	42.20
4	材料	塑料管	m	101.00	101.00	101.00	101.00	101.00	101.00	101.00	101.00
5		橡胶圈 DN90	个	20.60							
6		DN125	个		20.60						
7		DN160	个			20.60					
8		DN250	个				20.60				
9		DN315	个					20.60			
10		DN350	个						20.60		
11		DN400	个							20.60	
12		DN500	个								20.60
13		砂布	张	5.20	7.00	7.00	11.00	12.20	13.00	14.80	15.70
14		润滑油	kg	0.70	0.80	1.00	1.30	1.40	1.80	2.00	2.20
15	机械	圆盘锯 d≤500 mm	台班	0.03	0.03	0.04	0.05	0.06	0.06	0.07	0.10

5-6 塑料管安装(热熔)

工作内容:切管、对口、升温、熔接、管道安装、灌水试验。

单位:100 m管道

顺序号	项目		单位	50078	50079	50080	50081	50082	50083	50084	50085
	定额编号			\multicolumn{8}{c}{管外径(mm 以内)}
				90	125	160	250	315	355	400	500
1	人工	甲类工	工日	2.2	2.8	3.5	5.2	9.9	12.1	14.5	16.7
2		乙类工	工日	6.5	8.6	10.6	15.7	14.8	18.1	21.8	25.1
3		合计		8.7	11.4	14.1	20.9	24.7	30.2	36.3	41.8
4	材料	塑料管	m	101.00	101.00	101.00	101.00	101.00	101.00	101.00	101.00
5		清洁棉布	kg	0.14	0.18	0.21	0.47	0.60	0.73	0.89	1.05
6		三氯乙烯	kg	0.02	0.02	0.02	0.02	0.03	0.03	0.03	0.03
7		电	kW·h	3.67	0.53	7.38	11.96	13.32	14.68	16.04	18.45
8	机械	对接熔接机	台班	0.94	1.415	1.89	3.07	3.76	4.14	4.57	5.26

5-7 塑料管件安装(粘结)

工作内容:对口、粘结、管件安装。

单位:10个

定额编号				50086	50087	50088	50089	50090	50091
顺序号	项目		单位	管外径(mm以内)					
				50	75	110	125	140	160
1	人工	甲类工	工日	0.2	0.3	0.5	0.8	1.0	1.1
2		乙类工		0.6	0.9	1.4	1.3	1.5	1.6
3		合计		0.8	1.2	1.9	2.1	2.5	2.7
4	材料	塑料管件	m	10.00	10.00	10.00	10.00	10.00	10.00
5		钢锯条	根	0.30					
6		砂布	张	4.00	6.00	6.00	8.00	8.00	8.00
7		丙酮	kg	0.12	0.18	0.38	0.43	0.47	0.55
8		粘接剂	g	82.00	124.00	255.00	285.00	325.00	365.00
9	机械	圆盘锯 d≤500 mm	台班		0.03	0.03	0.03	0.03	0.04

5-8 塑料管件安装(胶圈接口)

工作内容:上胶圈、对口、管件安装。

单位:10个

定额编号				50092	50093	50094	50095	50096	50097	50098	50099
顺序号	项目		单位	管外径(mm以内)							
				90	125	160	250	315	355	400	500
1	人工	甲类工	工日	0.4	0.5	0.6	1.0	1.2	1.5	1.6	1.9
2		乙类工		1.2	1.4	1.8	3.1	3.7	4.4	4.9	5.6
3		合计		1.6	1.9	2.4	4.1	4.9	5.9	6.5	7.5
4	材料	塑料管件	个	10.00	10.00	10.00	10.00	10.00	10.00	10.00	10.00
5		橡胶圈 DN90	个	23.70							
6		DN125	个		23.70						
7		DN160	个			23.70					
8		DN250	个				23.70				
9		DN315	个					23.70			
10		DN350	个						23.70		
11		DN400	个							23.70	
12		DN500	个								23.70
13		砂布	张	6.00	8.00	8.00	12.70	14.00	15.00	17.00	18.00
14		润滑油	kg	0.72	0.91	1.16	1.62	1.84	2.08	2.20	2.54
15	机械	圆盘锯 d≤500 mm	台班	0.03	0.03	0.04	0.05	0.06	0.06	0.07	0.10

5-9 塑料管件安装(热熔)

工作内容:对口、升温、熔接、管件安装。

单位:10个

顺序号	项目		单位	50100	50101	50102	50103	50104	50105	50106	50107
				\multicolumn{8}{c}{管外径(mm以内)}
				90	125	160	250	315	355	400	500
1	人工	甲类工	工日	1.0	1.1	1.2	1.3	2.2	2.3	2.4	2.7
2		乙类工		3.1	3.3	3.5	3.9	3.3	3.5	3.6	4.2
3		合计		4.1	4.4	4.7	5.2	5.5	5.8	6.0	6.9
4	材料	塑料管件	个	10.00	10.00	10.00	10.00	10.00	10.00	10.00	10.00
5		尼龙砂轮片 Φ100×16×3	片	0.13	0.17	0.21	0.25	0.3	0.32	0.32	0.37
6		清洁棉布	kg	0.40	0.40	0.50	0.60	0.60	0.70	0.70	0.70
7		三氯乙烯	kg	0.10	0.10	0.10	0.10	0.10	0.10	0.10	0.10
8		电	kW·h	7.30	9.20	11.00	17.00	19.60	23.20	27.10	31.20
9	机械	对接熔接机	台班	0.80	1.40	1.80	3.10	3.80	4.40	5.10	5.70

第六章　农用井工程

说　明

一、本章包括松散层农用井成孔、井管安装、填封、洗井、大口井工程等，共20节，119个子目。

二、本章定额中的地层划分执行《水文地质钻探地层分类》标准，松散层分为七类，基岩分为五类，详见附录6；大口井土类划分执行《一般工程土类分级表》，详见附录2。

三、钻井中的综合工日包括安装、拆卸钻塔及挖泥浆坑的工日。

四、松散层和基岩钻井：

1. 定额是按地质钻机300型拟定的，采用的地质钻机型号不同时，其定额中的钻机台班消耗数量可按下表系数进行调整。

钻机型号	600型	400型	300型	200型
系数	0.94	0.98	1.00	1.06

2. 定额是按钻井深度50～100 m拟定的，若钻井深度不同时，本章第一节至第十九节的人工和机械台班消耗量均应乘以下表系数进行调整。

钻井深度(m)	≤50	50～100	100～150	150～200	200～250
系数	0.8	1.0	1.2	1.4	1.7
钻井深度(m)	250～300	300～350	350～400	400～450	450～500
系数	2.0	2.4	2.8	3.2	3.6

若钻井深度大于500 m时，每增加50 m，调整系数增加0.4。

3. 钻机是按电动考虑的，若采用油料作为动力燃料时，其钻机台班消耗量应乘以1.05的调整系数。

五、岩基破碎钻进取芯时，地层分类提高一级计算。

六、大口井人工水下挖土是指表面有水，且无法排、抽、掏干情况下的人工挖运井底部土方工程。其定额应乘以下表水下系数。

水深(m)	0.1以下	0.1～0.3
水下系数	1.2	1.7

七、本章定额不包括以下工作内容：

1. 井位的选定；
2. 施工场地总电源开关以上（含总电源开关）的供电线路架设和维护；
3. 井口工程；
4. 井房；
5. 农用井的供电线路架设。

6-1 农用井成孔——松散层Ⅰ类

适用范围:泥浆固壁钻进。

工作内容:钻机就位、泥浆制备、钻进、转移。

单位:10 m

顺序号	项目		单位	定额编号					
				60001	60002	60003	60004	60005	60006
				孔径(mm)					
				450~500	500~550	550~600	600~650	650~700	700~750
1	人工	甲类工	工日	6.7	7.4	8.1	9.1	9.9	10.7
2		乙类工		2.2	2.5	2.7	3.0	3.3	3.6
3		合计		8.9	9.9	10.8	12.1	13.2	14.3
4	材料	刮刀钻头	个	0.09	0.10	0.12	0.14	0.16	0.19
5		钻杆	m	0.13	0.14	0.14	0.15	0.16	0.16
6		黏土	m³	0.36	0.41	0.48	0.55	0.60	0.72
7		水	m³	1.92	2.19	2.55	2.93	3.33	3.82
8	机械	钻机300型	台班	1.65	1.74	1.91	2.07	2.22	2.44
9		泥浆搅拌机		0.05	0.05	0.06	0.09	0.10	0.11
10		泥浆泵		1.14	1.18	1.26	1.34	1.41	1.52
11	其他费用		%	0.5	0.5	0.5	0.5	0.5	0.5

6-2 农用井成孔——松散层Ⅱ类

适用范围:泥浆固壁钻进。

工作内容:钻机就位、泥浆制备、钻进、转移。

单位:10 m

顺序号	项目		单位	定额编号					
				60007	60008	60009	60010	60011	60012
				孔径(mm)					
				450~500	500~550	550~600	600~650	650~700	700~750
1	人工	甲类工	工日	8.3	9.0	9.9	10.7	11.5	12.4
2		乙类工		2.8	3.0	3.3	3.6	3.8	4.1
3		合计		11.1	12.0	13.2	14.3	15.3	16.5
4	材料	刮刀钻头	个	0.11	0.13	0.16	0.18	0.21	0.25
5		钻杆	m	0.18	0.19	0.19	0.20	0.21	0.21
6		黏土	m³	0.52	0.56	0.64	0.73	0.81	0.93
7		水	m³	2.62	2.82	3.22	3.63	4.03	4.63
8	机械	钻机300型	台班	2.10	2.26	2.58	2.82	3.04	3.54
9		泥浆搅拌机		0.08	0.08	0.10	0.11	0.12	0.14
10		泥浆泵		1.39	1.45	1.55	1.64	1.73	1.86
11	其他费用		%	0.5	0.5	0.5	0.5	0.5	0.5

6-3 农用井成孔——松散层Ⅲ类

适用范围:泥浆固壁钻进。

工作内容:钻机就位、泥浆制备、钻进、转移。

单位:10 m

顺序号	项目		单位	定额编号					
				60013	60014	60015	60016	60017	60018
				孔径(mm)					
				450~500	500~550	550~600	600~650	650~700	700~750
1	人工	甲类工	工日	11.6	12.2	13.7	14.7	17.1	18.2
2		乙类工		3.9	4.1	4.6	4.9	5.7	6.1
3		合计		15.5	16.3	18.3	19.6	22.8	24.3
4	材料	刮刀钻头	个	0.15	0.18	0.21	0.25	0.29	0.34
5		钻杆	m	0.23	0.24	0.24	0.25	0.26	0.26
6		黏土	m³	0.70	0.75	0.86	0.97	1.07	1.24
7		水	m³	3.49	3.76	4.30	4.83	5.37	6.18
8	机械	钻机300型	台班	2.50	2.69	3.31	3.29	3.91	4.37
9		泥浆搅拌机		0.11	0.11	0.13	0.15	0.16	0.19
10		泥浆泵		1.96	2.12	2.42	2.72	3.02	3.47
11	其他费用		%	0.5	0.5	0.5	0.5	0.5	0.5

6-4 农用井成孔——松散层Ⅳ类

适用范围:泥浆固壁钻进。

工作内容:钻机就位、泥浆制备、钻进、转移。

单位:10 m

顺序号	项目		单位	定额编号					
				60019	60020	60021	60022	60023	60024
				孔径(mm)					
				450~500	500~550	550~600	600~650	650~700	700~750
1	人工	甲类工	工日	14.6	15.8	17.2	18.4	19.4	20.5
2		乙类工		4.9	5.3	5.7	6.1	6.5	6.8
3		合计		19.5	21.1	22.9	24.5	25.9	27.3
4	材料	牙轮钻头	个	0.21	0.24	0.29	0.33	0.39	0.46
5		钻杆	m	0.29	0.30	0.30	0.31	0.32	0.32
6		黏土	m³	0.87	0.94	1.07	1.21	1.34	1.54
7		水	m³	4.36	4.70	5.37	6.04	6.71	7.72
8	机械	钻机300型	台班	3.36	3.62	4.14	4.66	5.17	5.43
9		泥浆搅拌机		0.13	0.14	0.16	0.18	0.20	0.23
10		泥浆泵		2.45	2.64	3.02	3.40	3.78	4.34
11	其他费用		%	0.5	0.5	0.5	0.5	0.5	0.5

6-5 农用井成孔——松散层Ⅴ类

适用范围:泥浆固壁钻进。

工作内容:钻机就位、泥浆制备、钻进、转移。

单位:10 m

定额编号				60025	60026	60027	60028	60029	60030
顺序号	项目		单位	孔径(mm)					
				450～500	500～550	550～600	600～650	650～700	700～750
1	人工	甲类工	工日	15.7	16.8	18.2	19.5	20.8	22.3
2		乙类工		5.2	5.6	6.1	6.5	6.9	7.4
3		合计		20.9	22.4	24.3	26.0	27.7	29.7
4	材料	牙轮钻头	个	0.25	0.29	0.34	0.40	0.47	0.55
5		钻杆	m	0.36	0.37	0.37	0.38	0.39	0.39
6		黏土	m³	1.05	1.13	1.29	1.45	1.61	1.85
7		水	m³	5.24	5.64	6.45	7.25	8.06	9.27
8	机械	钻机300型	台班	3.71	3.99	4.57	5.14	5.71	6.56
9		泥浆搅拌机		0.16	0.17	0.19	0.22	0.24	0.28
10		泥浆泵		2.95	3.17	3.63	4.08	4.53	5.21
11	其他费用		%	0.5	0.5	0.5	0.5	0.5	0.5

6-6 农用井成孔——松散层Ⅵ类

适用范围:泥浆固壁钻进。

工作内容:钻机就位、泥浆制备、钻进、转移。

单位:10 m

定额编号				60031	60032	60033	60034	60035	60036
顺序号	项目		单位	孔径(mm)					
				450～500	500～550	550～600	600～650	650～700	700～750
1	人工	甲类工	工日	18.0	19.3	20.8	22.4	23.9	25.6
2		乙类工		6.0	6.4	6.9	7.5	8.0	8.6
3		合计		24.0	25.7	27.7	29.9	31.9	34.2
4	材料	牙轮钻头	个	0.30	0.35	0.41	0.48	0.56	0.66
5		钻杆	m	0.44	0.45	0.45	0.46	0.47	0.47
6		黏土	m³	1.26	1.35	1.55	1.74	1.93	2.22
7		水	m³	6.28	6.77	7.73	8.70	9.67	11.12
8	机械	钻机300型	台班	4.48	4.82	5.51	6.20	6.89	7.92
9		泥浆搅拌机		0.19	0.20	0.23	0.26	0.29	0.33
10		泥浆泵		3.54	3.81	4.35	4.89	5.44	6.25
11	其他费用		%	0.5	0.5	0.5	0.5	0.5	0.5

6-7 农用井成孔——松散层Ⅶ类

适用范围:泥浆固壁钻进。

工作内容:钻机就位、泥浆制备、钻进、转移。

单位:10 m

顺序号	项目		单位	定额编号					
				60037	60038	60039	60040	60041	60042
				孔径(mm)					
				450~500	500~550	550~600	600~650	650~700	700~750
1	人工	甲类工	工日	20.8	22.3	24.1	25.9	27.7	29.9
2		乙类工		6.9	7.4	8.0	8.6	9.2	10.0
3		合计		27.7	29.7	32.1	34.5	36.9	39.9
4	材料	牙轮钻头	个	0.39	0.46	0.54	0.63	0.74	0.86
5		钻杆	m	0.53	0.54	0.54	0.55	0.56	0.56
6		黏土	m³	1.68	1.80	2.06	2.32	2.58	2.97
7		水	m³	8.38	9.02	10.31	11.60	12.89	14.83
8	机械	钻机300型	台班	5.61	6.04	6.90	7.77	8.62	9.92
9		泥浆搅拌机		0.25	0.27	0.31	0.35	0.39	0.45
10		泥浆泵		4.71	5.08	5.80	6.53	7.25	8.34
11	其他费用		%	0.5	0.5	0.5	0.5	0.5	0.5

6-8 农用井成孔——基岩Ⅰ类

工作内容:钻机就位、钻进、转移。

单位:10 m

顺序号	项目		单位	定额编号					
				60043	60044	60045	60046	60047	60048
				孔径(mm)					
				250~300	300~350	350~400	400~450	450~500	500~550
1	人工	甲类工	工日	6.6	7.3	8.2	9.2	10.3	12.3
2		乙类工							
3		合计		6.6	7.3	8.2	9.2	10.3	12.3
4	材料	铁砂钻头	个	0.55	0.55	0.55	0.55	0.55	0.55
5		铁砂	kg	19.15	21.44	24.01	26.89	29.83	33.75
6		岩心管	m	0.24	0.24	0.24	0.24	0.24	0.24
7		钻杆	m	0.29	0.30	0.30	0.31	0.32	0.32
8		水	m³	1.11	1.20	1.37	1.54	1.71	2.25
9	机械	钻机300型	台班	2.14	2.35	2.66	2.98	3.33	3.97
10	其他费用		%	0.4	0.4	0.4	0.4	0.4	0.4

6-9 农用井成孔——基岩Ⅱ类

工作内容:钻机就位、钻进、转移。

单位:10 m

顺序号	项目		单位	60049	60050	60051	60052	60053	60054
				孔径(mm)					
				250~300	300~350	350~400	400~450	450~500	500~550
1	人工	甲类工	工日	9.5	10.5	11.9	13.3	14.9	17.8
2		乙类工							
3		合计		9.5	10.5	11.9	13.3	14.9	17.8
4	材料	铁砂钻头	个	0.78	0.78	0.78	0.78	0.78	0.78
5		铁砂	kg	27.32	30.59	34.25	38.37	42.98	48.14
6		岩心管	m	0.28	0.28	0.28	0.28	0.28	0.28
7		钻杆	m	0.38	0.39	0.39	0.41	0.41	0.41
8		水	m^3	1.61	1.73	1.98	2.22	2.47	3.25
9	机械	钻机300型	台班	3.07	3.39	3.83	4.29	4.79	5.72
10		其他费用	%	0.4	0.4	0.4	0.4	0.4	0.4

6-10 农用井成孔——基岩Ⅲ类

工作内容:钻机就位、钻进、转移。

单位:10 m

顺序号	项目		单位	60055	60056	60057	60058	60059	60060
				孔径(mm)					
				250~300	300~350	350~400	400~450	450~500	500~550
1	人工	甲类工	工日	12.8	14.1	15.9	17.9	19.9	23.8
2		乙类工							
3		合计		12.8	14.1	15.9	17.9	19.9	23.8
4	材料	铁砂钻头	个	1.05	1.05	1.05	1.05	1.05	1.05
5		铁砂	kg	36.89	41.32	46.28	51.83	58.05	65.02
6		岩心管	m	0.31	0.31	0.31	0.31	0.31	0.31
7		钻杆	m	0.48	0.49	0.49	0.50	0.51	0.51
8		水	m^3	2.10	2.26	2.59	2.91	3.23	4.25
9	机械	钻机300型	台班	4.12	4.55	5.13	5.76	6.43	7.65
10		其他费用	%	0.4	0.4	0.4	0.4	0.4	0.4

6-11 农用井成孔——基岩Ⅳ类

工作内容：钻机就位、钻进、转移。

单位：10 m

顺序号	项目		单位	60061	60062	60063	60064	60065	60066
				孔径(mm)					
				250～300	300～350	350～400	400～450	450～500	500～550
1	人工	甲类工	工日	16.1	17.8	20.1	22.5	25.1	30.0
2		乙类工							
3		合计		16.1	17.8	20.1	22.5	25.1	30.0
4	材料	铁砂钻头	个	1.34	1.34	1.34	1.34	1.34	1.34
5		铁砂	kg	46.49	52.05	58.29	65.29	73.11	81.91
6		岩心管	m	0.45	0.45	0.45	0.45	0.45	0.45
7		钻杆	m	0.59	0.60	0.60	0.61	0.62	0.62
8		水	m³	2.59	2.79	3.19	3.59	3.99	5.25
9	机械	钻机 300 型	台班	5.19	5.73	6.46	7.25	8.09	9.63
10		其他费用	%	0.4	0.4	0.4	0.4	0.4	0.4

6-12 农用井成孔——基岩Ⅴ类

工作内容：钻机就位、钻进、转移。

单位：10 m

顺序号	项目		单位	60067	60068	60069	60070	60071	60072
				孔径(mm)					
				250～300	300～350	350～400	400～450	450～500	500～550
1	人工	甲类工	工日	19.1	21.1	23.8	26.7	29.8	35.6
2		乙类工							
3		合计		19.1	21.1	23.8	26.7	29.8	35.6
4	材料	铁砂钻头	个	1.40	1.40	1.40	1.40	1.40	1.40
5		铁砂	kg	54.65	61.20	68.55	76.77	86.00	96.31
6		岩心管	m	0.57	0.57	0.57	0.57	0.57	0.57
7		钻杆	m	0.71	0.72	0.72	0.73	0.74	0.74
8		水	m³	3.09	3.33	3.80	4.28	4.75	6.25
9	机械	钻机 300 型	台班	6.17	6.81	7.68	8.61	9.62	11.44
10		其他费用	%	0.4	0.4	0.4	0.4	0.4	0.4

6-13 农用井井管安装——钢管

工作内容：配管、下管、联接。

单位：10 m

顺序号	项目		单位	定额编号 60073	60074	60075	60076	60077	60078
				孔径(mm)					
				250~300	300~350	350~400	400~450	450~500	500~550
1	人工	甲类工	工日	3.1	3.4	3.9	4.4	4.8	5.6
2		乙类工	工日	0.7	0.7	0.8	1.0	1.1	1.2
3		合计		3.8	4.1	4.7	5.4	5.9	6.8
4	材料	井壁管	m	10.30	10.30	10.30	10.30	10.30	10.30
5		滤水管	m						
6	机械	钻机300型	台班	0.42	0.46	0.52	0.58	0.66	0.74
7		其他费用	%	0.1	0.1	0.1	0.1	0.1	0.1

注：井壁管和滤水管的比例由设计确定。

6-14 农用井井管安装——铸铁管

工作内容：配管、下管、联接。

单位：10 m

顺序号	项目		单位	定额编号 60079	60080	60081	60082	60083	60084
				孔径(mm)					
				250~300	300~350	350~400	400~450	450~500	500~550
1	人工	甲类工	工日	3.0	3.2	3.7	4.2	4.6	5.3
2		乙类工	工日	1.4	1.5	1.7	2.0	2.2	2.5
3		合计		4.4	4.7	5.4	6.2	6.8	7.8
4	材料	井壁管	m	10.30	10.30	10.30	10.30	10.30	10.30
5		滤水管	m						
6	机械	钻机300型	台班	0.46	0.51	0.57	0.64	0.73	0.81
7		其他费用	%	0.1	0.1	0.1	0.1	0.1	0.1

注：井壁管和滤水管的比例由设计确定。

6-15 农用井井管安装——钢筋混凝土管

工作内容：配管、下管、联接。

单位：10 m

顺序号	项目		单位	定额编号 60085	60086	60087	60088	60089	60090
				孔径(mm)					
				250~300	300~350	350~400	400~450	450~500	500~550
1	人工	甲类工	工日	5.9	6.3	7.2	8.1	9.0	10.4
2		乙类工	工日	1.0	1.1	1.3	1.4	1.6	1.8
3		合计		6.9	7.4	8.5	9.5	10.6	12.2

续表

顺序号	项目		单位	定额编号 60085	60086	60087	60088	60089	60090
				孔径(mm)					
				250～300	300～350	350～400	400～450	450～500	500～550
4	材料	井壁管	m	10.30	10.30	10.30	10.30	10.30	10.30
5		滤水管	m						
6	机械	钻机300型	台班	0.63	0.69	0.78	0.87	0.99	1.11
7	其他费用		%	0.1	0.1	0.1	0.1	0.1	0.1

注：井壁管和滤水管的比例由设计确定。

6-16 农用井井管安装——塑料管

工作内容：配管、下管、联接。

单位：10 m

顺序号	项目		单位	定额编号 60091	60092	60093
				孔径(mm)		
				150～200	200～300	300以上
1	人工	甲类工	工日	0.64	0.69	0.79
2		乙类工		1.64	1.77	2.03
3		合计		2.28	2.46	2.82
4	材料	井壁管	m	10.30	10.30	10.30
5		滤水管	m			
6	机械	钻机(300型)	台班	0.38	0.42	0.46
7	其他费用		%	2.0	2.0	2.0

6-17 农用井填封——透水层

工作内容：滤料的运输、填封。

单位：10 m

顺序号	项目		单位	定额编号 60094	60095	60096	60097	60098	60099
				孔径(mm)					
				450～500	500～550	550～600	600～650	650～700	700～750
1	人工	甲类工	工日						
2		乙类工		1.1	1.2	1.3	1.5	1.7	1.9
3		合计		1.1	1.2	1.3	1.5	1.7	1.9
4	材料	滤料	m³	1.18	1.33	1.49	1.65	1.81	1.96
5	其他费用		%	0.5	0.5	0.5	0.5	0.5	0.5

6-18 农用井填封——非透水层

工作内容:黏土球的运输、填封。

单位:10 m

定额编号				60100	60101	60102	60103	60104	60105
顺序号	项目		单位	孔径(mm)					
				450~500	500~550	550~600	600~650	650~700	700~750
1	人工	甲类工	工日						
2		乙类工		0.8	0.8	0.9	1.1	1.2	1.3
3		合计		0.8	0.8	0.9	1.1	1.2	1.3
4	材料	黏土球	m³	1.30	1.47	1.64	1.81	1.99	2.16
5	其他费用		%	0.5	0.5	0.5	0.5	0.5	0.5

6-19 农用井洗井——抽水洗井

适用范围:泥浆固壁钻孔,空中扬水设备洗井。

工作内容:孔位转移、接风管、冲洗、分段洗井、抽水试验。

单位:10 m

定额编号				60106	60107	60108	60109	60110	60111
顺序号	项目		单位	孔径(mm)					
				250~300	300~350	350~400	400~450	450~500	500~550
1	人工	甲类工	工日	0.4	0.5	0.6	0.6	0.7	0.8
2		乙类工		0.1	0.1	0.1	0.2	0.2	0.2
3		合计		0.5	0.6	0.7	0.8	0.9	1.0
4	机械	潜水泵 2.2 kW	台班	2.00	2.40	2.80	3.20	3.60	4.00
5	其他费用		%	0.5	0.5	0.5	0.5	0.5	0.5

注:洗井长度为透水段长度。

6-20 大口井

工作内容:

1. 人工挖土:人工挖、装,卷扬机吊运,边挖边沉,随时校正;
2. 封底:砂石料填塞,包括漏斗和套管的安装、拆除,封底填塞;
3. 混凝土封底:混凝土搅拌、浇筑、养护,井壁结合部位混凝土凿毛;
4. 沉井:刃脚制作、安装,模板制作、安装、拆除,钢筋绑扎,混凝土拌制、浇筑、养护。

单位:100 m³

定额编号				60112	60113	60114	60115	60116	60117	60118	60119
顺序号	项目		单位	人工挖土			封底			沉井	
				土类级别			砂卵石填塞	碎石填塞	混凝土封底	方形	圆形
				Ⅰ、Ⅱ	Ⅲ	Ⅳ					
1	人工	甲类工	工日	5.6	7.8	9.8	7.4	7.5	92.2	142.4	159.0
2		乙类工		106.5	147.5	185.6	66.7	67.7	99.8	174.1	194.3
3		合计		112.1	155.3	195.4	74.1	75.2	192.0	316.5	353.3

续表

顺序号	项目		单位	定额编号 60112	60113	60114	60115	60116	60117	60118	60119
				人工挖土			封底			沉井	
				土类级别			砂卵石填塞	碎石填塞	混凝土封底	方形	圆形
				Ⅰ、Ⅱ	Ⅲ	Ⅳ					
4	材料	碎石	m³					137.20			
5		卵石	m³				52.53				
6		粗砂	m³				74.06				
7		板枋材	m³							2.20	2.80
8		组合钢模板	kg							180.00	234.00
9		卡扣件及联杆	kg							270.00	351.00
10		型钢	kg							450.00	580.00
11		铁件	kg							125.00	130.00
12		预埋铁件	kg							220.00	250.00
13		铁钉	kg							30.00	40.00
14		混凝土(无砂混凝土)	m³						103.00	103.00	103.00
15		水	m³						90.00	90.00	90.00
16	机械	卷扬机 5 t	台班	5.24	5.71	8.33					
17		离心水泵 7 kW		5.24	5.71	8.33					
18		搅拌机 0.4 m³							3.90	5.40	5.40
19		插入式振捣器 2.2 kW							7.80	10.80	10.80
20		双胶轮车							6.50	25.00	25.00
21		汽车起重机 10 t								0.50	0.50
22		载重汽车 5 t								0.40	0.40
23		其他费用	%	0.5	0.5	0.5	0.5	0.5	0.5	0.5	0.5

注：1. 透水层段采用无砂混凝土。
2. 此额定为水面以上施工定额,如遇到水下施工,其定额要进行修正,具体系数详见本章说明。

第七章 设备安装工程

说 明

一、本章包括闸门与构件安装、启闭机安装、喷微灌设备安装、水泵安装、电动机安装、变压器安装、配电箱安装、配电屏安装等,共33节,133个子目。

二、"闸门与构件安装"一节是以"t"为计量单位,包括本体及其附件的全部重量,按设计量进行计算。

1. 平面钢闸门安装定额按焊接方式考虑。

2. 闸门埋设件安装按垂直位置计算,如在倾斜位置(≥10°)安装时,人工乘以1.2的系数。

三、"启闭机安装"一节中固定式启闭机安装以"台"为计量单位,包括本体及其附件等全部重量,按设计重量进行计算。启闭机为单吊点和双吊点卷扬式、手动或手、电两用螺杆式,如为台车式,则安装费乘以本节相应子目的1.2系数。

四、"喷、微灌设备安装"一节设备类型分别以"套、块、个"为计量单位,按设计量进行计算。

五、水泵安装包括:轴流泵和混流泵、单级离心泵、多级离心泵、井用潜水泵和真空泵,其中轴流、混流泵以横轴和竖轴划分两种类型,水泵安装统一以"台"为计量单位,按全套设备自重选用子目。

六、电动机安装包括横轴和竖轴两种类型,以"台"为计量单位,按全套设备自重选用子目。

七、变压器安装:

1. 变压器安装中的枕木、绝缘导线、石棉布是按一定的折旧率摊销,实际摊销量与定额不符时,不作换算。

2. 变压器系统的调试已包括避雷器、自动装置、特殊保护装置和接地网的调试。

3. 电力变压器如有"带负荷调整装置"的调试时,定额乘以1.12的系数,单相变压器如带一台备用变压器时,定额乘以1.2的系数。

八、本章所涉及的构件的制作,均不包括镀锌;所涉及的设备安装定额均不包括二次重新喷漆。

九、定额未计价装置性材料,如管路、电缆、轨道型钢、滑触线等,应按设计提供的型号、规格和数量加规定的损耗率计算其本身费用。

7-1 平面钢闸门

工作内容：闸门拼装焊接，焊接透视检查及处理，闸门主行走支承装置安装，侧反支承行走轮安装，闸门在门槽内组合连接，闸门吊杆及其他附件安装，闸门锁锭安装，闸门吊装试验。

单位：t

顺序号	定额编号			70001	70002	70003
	项目		单位	每扇闸门自重(t)		
				≤3	≤5	>5
1	人工	甲类工	工日	15.0	13.5	12.8
2		乙类工		5.0	4.5	4.2
3		合计		20.0	18.0	17.0
4	材料	钢板	kg	4.00	3.60	3.60
5		氧气	m³	2.00	2.00	1.80
6		乙炔气	kg	1.05	1.05	0.94
7		电焊条	kg	2.00	2.00	2.00
8		黄油	kg	0.20	0.20	0.20
9		油漆	kg	3.00	3.00	2.80
10	机械	桅杆起重机 5 t	台班	0.50	0.58	
11		10 t				0.64
12		电焊机交流 30 kVA		0.38	0.38	0.38
13		摇臂钻床 Φ20～Φ35		0.30	0.20	0.20
14	其他费用		%	5.0	5.0	5.0

7-2 闸门埋设件

工作内容：基础螺栓及锚钩埋设，主轨、反轨、侧轨、底槛、门楣、胸墙、水封底板、护角、侧导板、锁锭及其他埋件等安装。

单位：t

顺序号	定额编号			70004	70005	70006
	项目		单位	每套闸门埋设件自重(t)		
				≤3	≤5	>5
1	人工	甲类工	工日	19.4	19.1	18.7
2		乙类工		6.6	6.5	6.3
3		合计		26.0	25.6	25.0

续表

顺序号	项目		单位	70004	70005	70006
				每套闸门埋设件自重(t)		
				≤3	≤5	>5
4	材料	钢板	kg	14.00	14.00	13.00
5		氧气	m³	10.00	10.00	10.00
6		乙炔气	kg	5.03	5.03	5.03
7		电焊条	kg	12.50	12.00	12.00
8		黄油	kg	2.00	2.00	2.00
9		油漆	kg	2.00	2.00	2.00
10	机械	卷扬机 5 t	台班	3.50	3.50	3.30
11		电焊机交流 30 kVA	台班	3.98	3.98	3.78
12		其他费用	%	10.0	10.0	10.0

7-3 拦污栅

工作内容:1. 栅槽安装:现场搬运、就位、校正吊装和固定;
2. 栅体安装:现场搬运、就位、吊入栅槽、吊件及附件安装。

单位:t

顺序号	项目		单位	70007	70008	70009	70010
				栅槽安装		栅体安装	
				每套自重(t以内)		每片自重(t以内)	
				2	5	2	5
1	人工	甲类工	工日	18.0	16.5	3.8	3.0
2		乙类工		6.0	5.5	1.2	1.0
3		合计		24.0	22.0	5.0	4.0
4	材料	钢板	kg	40.00	37.00		
5		氧气	m³	9.00	8.00		
6		乙炔气	kg	4.56	4.10		
7		电焊条	kg	16.00	14.00		
8		油漆	kg	2.00	2.00		
9	机械	汽车起重机 5 t	台班	0.36	0.29	0.36	0.29
10		电焊机交流 30 kVA	台班	2.98	2.48		
11		其他费用	%	12.0	12.0	10.0	10.0

7-4 小型金属结构构件

适用范围：1 t 以下的小型金属构件安装。
工作内容：基础埋设、清洗检查、找正固定、打洞抹灰等一切常规内容。

单位：t

定额编号				70011
顺序号	项目		单位	小型金属结构
1	人工	甲类工	工日	22.5
2		乙类工		7.5
3		合计		30.0
4	材料	氧气	m³	18.00
5		乙炔气	kg	9.36
6		电焊条	kg	10.00
7		油漆	kg	15.00
8	机械	电焊机交流 30 kVA	台班	2.50
9		汽车起重机 5 t		0.30
10	其他费用		%	10.0

7-5 启闭机

工作内容：设备清点、检查，基础埋件、本体及附件安装、电气设备安装和调整，与闸门连接及启闭试验。

单位：台

定额编号			70012	70013	70014	70015
顺序号	项目	单位	螺杆式启闭机			卷扬式启闭机
			设备自重(t)			设备自重(t)
			0.2	0.5	1	2
1	人工 甲类工	工日	3.2	4.6	8.3	11.7
2	乙类工		1.0	1.5	2.8	3.9
3	合计		4.2	6.1	11.1	15.6
4	材料 钢板	kg	12.50	20.00	25.00	20.00
5	氧气	m³	3.75	6.00	6.00	9.00
6	乙炔气	kg	1.63	3.04	3.04	4.56
7	电焊条	kg	0.63	1.00	1.25	3.00
8	汽油	kg	0.94	1.50	1.50	3.00
9	油漆	kg	1.25	2.00	2.00	4.00
10	木材	m³				0.20
11	机械 载重汽车 5 t	台班	0.15	0.38	0.38	
12	桅杆起重机 5 t					2.40
13	电焊机交流 20 kVA～25 kVA		0.2	0.50	0.50	2.00
14	其他费用	%	2.0	2.0	8.0	8.0

7-6 电动葫芦及单轨小车

工作内容:安装、调试。

单位:台

定额编号				70016	70017	70018	70019	70020	70021
顺序号	项目		单位	电动葫芦(起重量 t)				单轨小车(起重量 t)	
				≤1	≤3	≤5	≤10	≤5	≤10
1	人工	甲类工	工日	7.5	11.2	15.7	26.2	4.6	5.6
2		乙类工		2.5	3.8	5.3	8.8	1.6	1.9
3		合计		10.0	15.0	21.0	35.0	6.2	7.5
4	材料	汽油	kg	0.90	1.05	1.20	1.73	0.52	0.70
5		黄油	kg	1.45	1.47	1.49	1.50	1.31	1.40
6		油漆	kg	1.00	1.40	1.70	2.00	1.00	1.20
7		木材	m³	0.10	0.10	0.10	0.10	0.10	0.10
8		电	kW·h	19.20	19.20	19.20	19.20		
9		绝缘线	m	12.00	12.00	12.00	12.00		
10	机械	汽车起重机 5 t	台班	0.10	0.10	0.15	0.20	0.10	0.10
11		卷扬机 3 t		1.00	1.00	1.50	2.00	1.00	1.00
12		载重汽车 5 t		0.10	0.10	0.15	0.20	0.10	0.10
13	其他费用		%	10.0	10.0	10.0	10.0	10.0	10.0

注:本表未包括轨道安装。

7-7 钢轨轨道安装

适用范围:起重设备、变压器等所用轨道的安装。
工作内容:基础埋设、轨道校正安装、附件安装。

单位:2×10 m

定额编号			70022	70023	70024	70025	70026	70027	70028	70029
顺序号	项目	单位	轨道型号							
			24 kg/m	38 kg/m	43 kg/m	50 kg/m	QU$_{70}$	QU$_{80}$	QU$_{100}$	QU$_{120}$
1	人工 甲类工	工日	20.2	25.9	28.5	30.7	33.6	37.4	45.7	53.9
2	乙类工		6.8	8.7	9.5	10.3	11.2	12.6	15.3	18.1
3	合计		27.0	34.6	38.0	41.0	44.8	50.0	61.0	72.0
4	材料 钢板	kg	25.00	29.50	31.50	35.00	38.50	50.00	55.00	65.00
5	型钢	kg	25.00	25.00	26.70	30.00	33.00	35.00	40.00	45.00
6	氧气	m³	6.00	7.60	8.10	9.00	9.90	12.00	15.00	18.00
7	乙炔气	kg	3.04	3.86	4.10	4.56	5.03	6.08	7.61	9.13
8	电焊条	kg	4.00	5.10	5.40	6.00	6.60	8.00	10.00	12.00

续表

顺序号	项目		单位	定额编号							
				70022	70023	70024	70025	70026	70027	70028	70029
				轨道型号							
				24 kg/m	38 kg/m	43 kg/m	50 kg/m	QU$_{70}$	QU$_{80}$	QU$_{100}$	QU$_{120}$
9	机械	汽车起重机 5 t	台班	0.30	0.30	0.30	0.30	0.30	0.40	0.50	0.50
10		电焊机交流 20 kVA~25 kVA		1.30	1.30	1.30	1.30	1.30	2.00	2.22	2.22
11	其他费用		%	2.5	2.5	2.5	2.5	2.5	2.5	2.5	2.5

7-8 工字钢轨道安装

适用范围：起重设备、变压器等所用轨道的安装。

工作内容：基础埋设、轨道校正安装、附件安装。

单位：10 m

顺序号	项目		单位	定额编号			
				70030	70031	70032	70033
				工字钢型号			
				I$_{18}$	I$_{22}$	I$_{28}$	I$_{36}$
1	人工	甲类工	工日	6.8	7.7	8.6	10.0
2		乙类工		2.2	2.5	2.9	3.3
3		合计		9.0	10.2	11.5	13.3
4	材料	钢板	kg	3.40	4.90	6.70	11.30
5		氧气	m^3	1.35	1.80	2.25	2.70
6		乙炔气	kg	0.70	0.94	1.17	1.40
7		电焊条	kg	2.67	3.92	4.95	7.84
8		油漆	kg	2.77	3.29	3.93	4.79
9		木材	m^3	0.10	0.10	0.10	0.10
10	机械	电焊机交流 20 kVA~25 kVA	台班	0.50	0.71	0.89	1.42
11		卷扬机 5 t		0.23	0.25	0.28	0.31
12	其他费用		%	12.30	12.30	12.40	12.40

7-9 滑触线

工作内容：基础埋设、支架及绝缘瓷瓶安装、滑触线及附件校正安装、连接电缆及轨道接零、辅助母线安装。

单位：三相 10 m

定额编号				70034	70035
顺序号	项目		单位	起重能力（t 以内）	
				50	100
1	人工	甲类工	工日	8.3	10.5
2		乙类工		2.7	3.5
3		合计		11.0	14.0
4	材料	型钢	kg	25.00	30.00
5		氧气	m³	4.00	5.00
6		乙炔气	kg	1.99	2.57
7		电焊条	kg	3.50	5.00
8	机械	电焊机交流 20 kVA～25 kVA	台班	0.60	0.80
9		摇臂钻床 $\Phi 20\sim\Phi 35$		0.50	0.50
10		其他费用	%	9.7	7.9

7-10 离心过滤器

工作内容：安装、调试。

单位：10 套

定额编号				70036	70037	70038
顺序号	项目		单位	管径（mm）		
				<100	<200	≥200
1	人工	甲类工	工日	0.7	0.8	1.0
2		乙类工		6.3	7.2	9.0
3		合计		7.0	8.0	10.0
4	材料	离心过滤器	套	10.00	10.00	10.00
5		橡胶圈	个	80.00	80.00	80.00
6		其他费用	%	1.0	1.0	1.0

7-11 砂石过滤器

工作内容：安装、调试。

单位：10 套

定额编号				70039	70040
顺序号	项目		单位	管径（mm）	
				<100	≥100
1	人工	甲类工	工日	0.7	0.9
2		乙类工		6.3	8.1
3		合计		7.0	9.0

续表

顺序号	项目		单位	定额编号 70039	70040
				管径(mm)	
				<100	≥100
4	材料	离心过滤器	套	10.00	10.00
5		橡胶圈	个	60.00	60.00
6	其他费用		%	1.0	1.0

7-12 筛网、叠片过滤器

工作内容：安装、调试。

单位：10 套

顺序号	项目		单位	定额编号 70041	70042
				筛网型	叠片型
				流量(10~50 m³/h)	流量(5~40 m³/h)
1	人工	甲类工	工日	0.5	0.8
2		乙类工		4.5	6.7
3		合计		5.0	7.5
4	材料	筛网过滤器	套	10.00	
5		叠片过滤器	套		10.00
6		橡胶圈	个	60.00	
7	其他费用		%	1.0	1.0

7-13 施肥设备

工作内容：安装、调试。

单位：10 套

顺序号	项目		单位	定额编号 70043	70044	70045	70046
				流量(L/h)			
				200~600	600~1 000	1 000~1 200	1 200~1 600
1	人工	甲类工	工日	0.6	0.8	1.0	1.2
2		乙类工		5.4	7.2	9.0	10.8
3		合计		6.0	8.0	10.0	12.0
4	材料	施肥设备	套	10.00	10.00	10.00	10.00
5	其他费用		%	1.0	1.0	1.0	1.0

7-14 水表、压力测量设备

工作内容:安装、调试。

单位:10套

定额编号			70047	70048
顺序号	项目	单位	水表公称直径(mm)	压力(真空)表
			15～40	
1	人工 甲类工	工日	0.1	0.2
2	人工 乙类工	工日	1.2	1.3
3	人工 合计		1.3	1.5
4	材料 水表	块	10	
5	材料 压力测量设备	套		10
6	材料 接头	套		10
7	其他费用	%	1.0	1.0

7-15 喷头

工作内容:安装、调试。

单位:100个

定额编号			70049	70050
顺序号	项目	单位	工作压力(kPa)	
			微压～中压	高压
1	人工 甲类工	工日	0.1	0.2
2	人工 乙类工	工日	0.9	1.8
3	人工 合计		1.0	2.0
4	其他费用	%	1.0	1.0

注:喷头是以工作压力的不同分为四类:微压为50～100 kPa、低压为100～200 kPa、中压为200～500 kPa、高压为>500 kPa。

7-16 喷头支架

工作内容:安装、调试。

单位:100个

定额编号			70051	70052	70053
顺序号	项目	单位	高度(m)		
			<1.0	<2.0	≥2.0
1	人工 甲类工	工日	0.2	0.2	0.2
2	人工 乙类工	工日	1.3	1.6	1.8
3	人工 合计		1.5	1.8	2.0
4	其他费用	%	1.0	1.0	1.0

7-17 微喷头

工作内容:安装、调试。

单位:100个

顺序号	项目		单位	70054	70055	70056
				湿润半径(m)		
				≤0.5	<2.0	≥2.0
1	人工	甲类工	工日	0.1	0.1	0.2
2		乙类工		0.9	1.1	1.3
3		合计		1.0	1.2	1.5
4	其他费用		%	1.0	1.0	1.0

7-18 微喷头插杆

工作内容:安装、调试。

单位:100个

顺序号	项目		单位	70057	70058	70059
				高度(m)		
				≤0.5	<1.0	≥1.0
1	人工	甲类工	工日	0.1	0.1	0.2
2		乙类工		0.9	1.1	1.3
3		合计		1.0	1.2	1.5
4	其他费用		%	1.0	1.0	1.0

7-19 滴头

工作内容:安装、调试。

单位:100个

顺序号	项目		单位	70060	70061	70062
				流量(L/h)		
				≤1.5	<3.0	≥3.0
1	人工	甲类工	工日	0.8	1.0	1.0
2		乙类工		7.2	9.0	11.0
3		合计		8.0	10.0	12.0
4	其他费用		%	2.0	2.0	2.0

7-20 滴(微、渗)灌带(管)

工作内容:安装、调试。

单位:1 000 m

定额编号				70063
顺序号	项目		单位	滴(微、渗)灌带(管)
1	人工	甲类工	工日	0.1
2		乙类工		0.9
3		合计		1.0
4	其他费用		%	10.0

7-21 轴流、混流泵

工作内容:安装、调试。

单位:台

定额编号			70064	70065	70066	70067	70068	70069
顺序号	项目	单位	设备自重(t以内)					
			竖轴			横轴		
			1.0	3.0	5.0	1.0	3.0	5.0
1	人工 甲类工	工日	27.0	58.5	106.5	27.0	58.5	105.0
2	乙类工		9.0	19.5	35.5	9.0	19.5	35.0
3	合计		36.0	78.0	142.0	36.0	78.0	140.0
4	材料 钢板	kg	30.00	39.00	44.00	30.00	45.60	47.00
5	型钢	kg	42.00	54.00	62.00	34.00	53.50	62.00
6	橡胶板	kg	3.50	5.40	6.50	2.80	4.00	5.00
7	氧气	m³	5.00	15.00	25.00	4.00	9.30	13.70
8	乙炔气	kg	2.57	7.61	12.75	2.69	5.62	7.72
9	电焊条	kg	3.50	7.60	10.00	3.40	5.90	8.00
10	汽油	kg	5.00	10.80	12.00	4.10	7.40	10.30
11	油漆	kg	0.20	0.30	0.50	0.90	1.40	1.60
12	木材	m³			0.15	0.01	0.04	0.08
13	电	kW·h	40.00	102.00	164.00	28.00	100.00	198.00
14	机械 桥式起重机双梁 10 t	台班		3.50	4.00		3.20	3.70
15	电焊机交流 30 kVA		1.00	2.00	2.50	0.90	1.50	1.90
16	普通车床 Φ400~Φ600		1.50	3.00	4.00	1.20	2.30	3.20
17	牛头刨床		1.20	1.50	2.00	0.80	1.20	1.60
18	摇臂钻床 Φ20~Φ35		0.50	1.00	1.50	0.40	0.80	1.30
19	其他费用	%	5.0	5.0	5.0	5.0	5.0	5.0

7-22 单级离心泵

工作内容：安装、调试。

单位：台

顺序号	项目		单位	定额编号				
				70070	70071	70072	70073	70074
				设备自重(t以内)				
				0.2	0.5	1.0	1.5	3.0
1	人工	甲类工	工日	2.4	4.4	7.0	10.8	15.0
2		乙类工		0.8	1.5	2.3	3.6	5.0
3		合计		3.2	5.9	9.3	14.4	20.0
4	材料	平垫铁	kg	1.80	2.03	3.05	3.05	4.06
5		斜垫铁	kg	1.20	2.04	3.06	3.06	4.08
6		汽油	kg	0.50	0.80	0.10	0.15	0.26
7		煤油	kg	0.56	0.79	0.95	1.26	1.89
8		机油	kg	0.41	0.61	0.86	1.09	1.36
9		氧气	m³	0.13	0.20	0.26	0.31	0.41
10		乙炔气	kg	0.05	0.07	0.07	0.07	0.14
11		铅油	kg			0.30	0.34	0.50
12		油浸石棉盘根	kg	0.25	0.35	0.35	0.70	0.94
13		水泥42.5	kg	38.50	50.75	66.12	83.38	126.30
14		粗砂	m³	0.06	0.09	0.12	0.15	0.22
15		碎石	m³	0.06	0.09	0.13	0.16	0.24
16	机械	汽车式起重机 8 t	台班	0.10	0.10	0.20	0.30	0.40
17		电焊机交流 20 kVA～25 kVA		0.10	0.10	0.10	0.20	0.30
18		其他费用	%	5.0	5.0	5.0	5.0	5.0

7-23 多级离心泵

工作内容：安装、调试。

单位：台

顺序号	项目		单位	定额编号					
				70075	70076	70077	70078	70079	70080
				设备自重(t以内)					
				0.1	0.3	0.5	1.0	2.0	3.0
1	人工	甲类工	工日	2.4	2.9	5.8	8.0	13.1	17.4
2		乙类工		0.8	0.9	1.9	2.7	4.3	5.8
3		合计		3.2	3.8	7.7	10.7	17.4	23.2

续表

顺序号	项目		单位	定额编号					
				70075	70076	70077	70078	70079	70080
				设备自重(t以内)					
				0.1	0.3	0.5	1.0	2.0	3.0
4	材料	平垫铁	kg	2.55	3.45	4.06	5.08	7.11	8.13
5		斜垫铁	kg	2.23	3.00	4.08	5.10	7.14	8.16
6		煤油	kg	0.80	1.30	1.42	1.73	2.36	3.15
7		机油	kg	0.40	0.60	0.86	0.98	1.21	1.49
8		氧气	m³	0.15	0.20	0.28	0.35	0.67	0.77
9		乙炔气	kg	0.05	0.07	0.09	0.12	0.22	0.26
10		铅油	kg	0.08	0.10	0.15	0.20	0.30	0.35
11		石棉橡胶板	kg					0.40	0.50
12		油浸石棉盘根	kg	0.20	0.30	0.50	0.50	0.70	0.85
13		水泥42.5	kg	20.00	36.00	54.97	66.16	88.55	102.81
14		粗砂	m³	0.04	0.07	0.10	0.12	0.16	0.18
15		碎石	m³	0.04	0.08	0.11	0.14	0.18	0.20
16	机械	电焊机交流25 kVA	台班	0.10	0.10	0.20	0.20	0.30	0.30
17		汽车起重机5 t			0.10	0.10	0.20	0.30	0.40
18	其他费用		%	5.0	5.0	5.0	5.0	5.0	5.0

7-24 井用潜水泵

工作内容:安装、调试。

单位:台

顺序号	项目		单位	定额编号									
				70081	70082	70083	70084	70085	70086	70087	70088	70089	70090
				井深≤100 m					井深>100 m				
				泵管公称规格(mm)					泵管公称规格(mm)				
				50	75	100	150	200	50	75	100	150	200
1	人工	甲类工	工日	14.6	18.2	21.8	25.4	29.0	20.5	23.9	27.4	32.0	35.4
2		乙类工		4.9	6.1	7.3	8.5	9.7	6.8	7.9	9.1	10.6	11.8
3		合计		19.5	24.3	29.1	33.9	38.7	27.3	31.8	36.5	42.6	47.2
4	材料	螺丝	套	156.00	156.00	156.00	156.00	156.00	156.00	156.00	156.00	156.00	156.00
5		胶垫	支	42.00	42.00	42.00	42.00	42.00	42.00	42.00	42.00	42.00	42.00
6		铅油	kg	1.30	1.60	1.60	1.60	2.00	1.30	1.60	2.00	2.00	2.20
7	机械	电动葫芦5 t	台班	1.30	1.60	1.80	2.10	2.60	1.60	1.80	2.30	2.60	3.20
8	其他费用		%	5.0	5.0	5.0	5.0	5.0	5.0	5.0	5.0	5.0	5.0

注:长轴深井泵安装时,定额应乘以1.2的系数。

7-25 真空泵

工作内容：安装、调试。

单位：台

顺序号	项目		单位	定额编号			
				70091	70092	70093	70094
				设备重量(t以内)			
				0.5	1	2	3.5
1	人工	甲类工	工日	5.6	8.6	13.7	26.0
2		乙类工		1.9	2.8	4.6	8.7
3		合计		7.5	11.4	18.3	34.7
4	材料	平垫铁	kg	2.03	3.05	3.05	7.74
5		斜垫铁	kg	2.04	3.06	3.06	7.23
6		煤油	kg	0.84	1.05	1.37	3.15
7		机油	kg	0.61	0.71	0.91	1.52
8		氧气	m³	0.12	0.18	0.21	0.51
9		乙炔气	kg	0.04	0.06	0.07	0.17
10		铅油	kg	0.23	0.25	0.32	0.50
11		油浸石棉盘根	kg	0.30	0.37	0.60	0.70
12		水泥42.5	kg	38.13	66.16	95.18	110.20
13		粗砂	m³	0.07	0.10	0.17	0.18
14		碎石	m³	0.07	0.13	0.18	0.19
15		汽车式起重机8 t	台班	0.10	0.20	0.30	0.40
16		卷扬机5 t					1.00
17		电焊机交流25 kVA		0.10	0.10	0.20	0.40
18	其他费用		%	5.0	5.0	5.0	5.0

7-26 电动机

工作内容：安装、调试。

单位：台

顺序号	项目		单位	定额编号					
				70095	70096	70097	70098	70099	70100
				设备自重(t以内)					
				竖轴			横轴		
				0.5	1.0	2.0	0.5	1.0	2.0
1	人工	甲类工	工日	30.0	51.0	75.0	21.0	30.0	47.3
2		乙类工		10.0	17.0	25.0	7.0	10.0	15.8
3		合计		40.0	68.0	100.0	28.0	40.0	63.1

续表

顺序号	项目		单位	70095	70096	70097	70098	70099	70100
				设备自重(t 以内)					
				竖轴			横轴		
				0.5	1.0	2.0	0.5	1.0	2.0
4	材料	钢板	kg	3.00	3.00	5.00	26.50	26.60	26.70
5		型钢	kg	5.00	10.00	15.00	35.40	40.20	49.70
6		氧气	m³	1.00	3.00	5.00	2.70	3.30	4.20
7		乙炔气	kg	0.47	1.52	2.57	1.99	2.22	2.69
8		电焊条	kg	1.00	1.00	5.00	1.90	2.60	4.20
9		汽油	kg	2.00	2.00	5.00	3.20	3.50	4.00
10		油漆	kg	1.00	1.00	1.50	0.50	0.70	1.40
11		木材	m³	0.10	0.15	0.22	0.08	0.11	0.14
12		电	kW·h	100.00	250.00	350.00	130.00	189.00	298.00
13	机械	汽车起重机 5 t	台班		1.00	2.00	1.40	1.60	1.90
14		电焊机交流 30 kVA		1.00	1.00	2.00	0.60	0.80	1.40
15		摇臂钻床 Φ20～Φ35		1.00	1.00	1.00	0.60	0.70	0.80
16	其他费用		%	5.0	5.0	5.0	5.0	5.0	5.0

7-27 10 kV 电力变压器

工作内容:检查、组合、固定及调整、变压器油的过滤、干燥、注油、接地、配合电气调整。

单位:台

顺序号	项目		单位	70101	70102	70103	70104	70105
				电压等级 10 kV				
				变压器容量(kVA)				
				50	100	250	500	1 000
1	人工	甲类工	工日	7.9	15.8	20.3	24.8	45.0
2		乙类工		2.6	5.2	6.7	8.2	15.0
3		合计		10.5	21.0	27.0	33.0	60.0

续表

顺序号	项目		单位	定额编号				
				70101	70102	70103	70104	70105
				电压等级 10 kV				
				变压器容量(kVA)				
				50	100	250	500	1 000
4	材料	钢垫板	kg	2.00	4.00	5.00	5.00	6.00
5		型钢	kg	1.75	3.50	4.50	4.50	4.50
6		变压器油	kg	2.50	5.00	7.00	10.00	13.00
7		滤油纸	张	32.50	65.00	70.00	80.00	100.00
8		橡胶绝缘线	m	7.50	15.00	15.00	15.00	20.00
9		塑料绝缘线	m				10.00	15.00
10		石棉织布	m²	0.50	1.00	1.20	1.30	1.60
11		酚醛层压板	m²				0.10	0.10
12		油漆	kg	0.75	1.50	1.60	2.10	3.10
13		螺栓	kg	1.00	2.00	2.00	2.00	2.00
14		电	kW·h	50.00	100.00	150.00	220.00	300.00
15		木材	m³			0.05	0.05	0.10
16	机械	电焊机交流 20 kVA～25 kVA	台班	0.15	0.30	0.30	0.30	0.30
17		压力式滤油机		0.50	1.00	1.25	1.75	2.70
18		载重汽车 5 t		0.10	0.20	0.30	0.40	0.60
19		汽车式起重机 5 t		0.10	0.20	0.20	0.20	0.40
20	其他费用		%	5.0	5.0	5.0	5.0	5.0

7-28 杆上变压器

工作内容：支架、横担、撑铁安装、变压器吊装固定、检查、调整、配线、接线、接地。

单位：台

顺序号	项目		单位	定额编号			
				70106	70107	70108	70109
				变压器容量(kVA)			
				50	100	180	320
1	人工	甲类工	工日	4.1	5.3	7.0	8.7
2		乙类工		1.0	1.3	1.7	2.2
3		合计		5.1	6.6	8.7	10.9

续表

顺序号	项目		单位	定额编号 70106	70107	70108	70109
				变压器容量(kVA)			
				50	100	180	320
4	材料	镀锌槽钢 14×3 000	根		2.10		
5		16×3 000	根			2.10	
6		18×3 000	根				2.10
7		镀锌角钢 50×5×500	根	4.20	2.10	2.10	2.10
8		50×5×1 500	根	1.05	1.05	1.05	1.05
9		65×5×1 500	根	3.15			
10		50×5×1 700	根		4.20	4.20	4.20
11		65×6×1 500	根		1.05	1.05	1.05
12		75×6×1 200	根	2.10			
13		75×6×2 500	根		1.05	1.05	1.05
14		镀锌支撑 50×5×1 440	根	2.10	4.20	4.20	4.20
15		镀锌角铁支撑 50×5×(1 270～1 320)	块	2.10			
16		镀锌角钢抱箍 63×6	副		2.04	2.04	2.04
17		变压器固定板(40～50)×(4～6)×(80～100)	kg	1.02	4.08	4.08	4.08
18		镀锌圆钢 Φ5.5～9	kg	8.85	4.02	4.02	4.02
19		裸铝线 LJ-25	m	20.26	30.39	30.39	30.39
20		橡皮绝缘线 BLX-25	m	12.22			
21		羊角熔断器 100 A	个	3.03			
22		200 A	个		3.03		
23		300 A	个			3.03	
24		500 A	个				3.03
25		针式绝缘子 PD-3T	个	4.08			
26		橡皮绝缘线 BLX-50	m		12.22		
27		BLX-120	m			12.22	
28		BLX-240	m				12.22
29		针式绝缘子 PD-2T	个		4.08		
30		PD-1T	个			4.08	4.08
31		镀锌铁丝 8～12#	kg	10.15			
32		高压针式绝缘子 10 kV	个	7.14	12.24	12.24	12.24
33		精致六角带帽螺栓 M16×14～60	10套	0.41	0.82	0.82	0.82

续表

顺序号	项目		单位	定额编号 70106	70107	70108	70109
				变压器容量(kVA)			
				50	100	180	320
34	材料	精致六角带帽螺栓 M16×(65~80)	10 套	0.41	1.22	1.22	1.22
35		M16×(350~370)	10 套	0.51	1.43	1.43	1.43
36		M16×(260~275)	10 套	0.51			
37		镀锌 U 形抱箍	套	4.08	2.04	2.04	2.04
38		并沟线夹 16~35 mm²	个	7.07	3.03	3.03	3.03
39		50~70 mm²	个		4.04		
40		240 mm²	个				4.04
41		150 mm²	个			4.04	
42		铝接线端子 16~35 mm²	个	12.06	12.06	12.06	12.06
43	机械	汽车起重机 5 t	台班		0.87	0.87	0.87
44		其他费用	%	3.0	3.0	3.0	3.0

7-29 电力变压器系统调试

工作内容:变压器、断电器、互感器、隔离开关、风冷及油循环装置等一、二次回路的调试。

单位:台·套

顺序号	项目		单位	定额编号 70110	70111	70112	70113	70114
				10 kV 容量(kVA 以下)				
				100	560	1 250	1 600	3 150
1	人工	甲类工	工日	17.3	24.5	43.2	46.8	50.4
2		乙类工		4.3	6.1	10.8	11.7	12.6
3		合计		21.6	30.6	54.0	58.5	63.0
4		其他费用	%	5.0	5.0	5.0	5.0	5.0

7-30 10 kVA 电流互感器

工作内容:开箱检查、立体安装、接地、试验。

单位:台

顺序号	项目		单位	定额编号 70115	70116	70117
				10~20 kV 电流(A)		
				2 000	8 000	15 000
1	人工	甲类工	工日	0.6	0.9	1.3
2		乙类工		0.2	0.2	0.3
3		合计		0.8	1.1	1.6

续表

顺序号	项目		单位	定额编号		
				70115	70116	70117
				10~20 kV 电流(A)		
				2 000	8 000	15 000
4	材料	镀锌扁钢-25×4	kg	2.20	2.20	3.50
5		钢板垫板	kg		0.50	1.00
6		精致六角带帽螺栓 M12×100	10套	0.41		
7		M14×100	10套		0.41	0.41
8		电焊条结 422Φ3.2	kg	0.10	0.15	0.25
9		汽油	kg	0.20	0.50	1.03
10		防锈漆 C53-1	kg	0.12	0.25	0.25
11		调和漆	kg	0.12	0.25	0.25
12	机械	弧焊机交流 20 kVA	台班	0.10	0.10	0.15
13		其他费用	%	5.0	5.0	5.0

7-31 接地装置制安

工作内容:制作、安装。

单位:根、10 m

顺序号	项目		单位	定额编号		70120
				70118	70119	
				接地地极制作安装(根)		接地母线敷设(10 m)
				钢管	角钢	
1	人工	甲类工	工日	0.4	0.2	1.2
2		乙类工		0.1	0.1	0.4
3		合计		0.5	0.3	1.6
4	材料	钢管	根	1.10		
5		角钢	根		1.10	
6		镀锌扁钢	m			11.00
7		电焊条	kg	0.10	0.10	0.20
8		锯条	根	1.50	1.00	1.00
9		型钢	kg	0.30	0.30	0.50
10	机械	电焊机交流 30 kVA	台班	0.20	0.15	0.36
11		其他费用	%	5.0	5.0	5.0

7-32 配电箱

工作内容：开箱、检查、安装，电器、表计等附件的拆装，送交检验，箱内整理，一次接线。

单位：台

顺序号	项目		单位	70121 配电箱 动力	70122 配电箱 照明	70123 事故照明切换盘	70124 小型配电板（半周长）1 m以内	70125 小型配电板（半周长）2 m以内
1	人工	甲类工	工日	2.8	2.4	2.7	0.5	1.1
2		乙类工		0.9	0.8	0.9	0.2	0.4
3		合计		3.7	3.2	3.6	0.7	1.5
4	材料	镀锌圆钢 Φ5.5～9	kg				0.13	0.27
5		钢板垫板	kg	0.30	0.30	0.30		
6		镀锌扁钢	kg	1.50	1.50	1.50		
7		精致六角带帽螺栓 M10×14～70	10套	0.61	0.61	0.61		
8		精致六角带帽螺栓 M8×80～120	10套				0.41	0.41
9		电焊条结422Φ3.2	kg	0.15	0.15	0.15	0.10	0.10
10		塑料软管	kg	0.30	0.20	0.50	0.10	0.15
11	机械	弧焊机交流 20 kVA	台班	0.10	0.10	0.10	0.05	0.08
12		汽车起重机 5 t		0.06	0.06	0.06		
13		载重汽车 5 t		0.06	0.05	0.06		
14		卷扬机 3 t		0.06	0.06	0.06		
15	其他费用		%	5.0	5.0	5.0	5.0	5.0

7-33 配电屏

适用范围：10 kV及以下开关柜、控制屏、信号屏等。

工作内容：开箱、检查、安装，电器、表计、继电器的拆装、送交试验，箱内整理及一、二次校线、接线。

单位：台

顺序号	项目		单位	70126 控制屏	70127 继电、信号屏	70128 弱电控制返回屏	70129 同期小屏控制箱	70130 电源屏	70131 控制台 1 m以内	70132 控制台 2 m以内	70133 集中控制台（长2～4 m）
1	人工	甲类工	工日	3.6	4.4	3.8	1.5	3.5	4.3	7.2	13.5
2		乙类工		1.1	1.4	1.2	0.5	1.2	1.4	2.4	4.5
3		合计		4.7	5.8	5.0	2.0	4.7	5.7	9.6	18.0

续表

顺序号	项目		单位	70126 控制屏	70127 继电、信号屏	70128 弱电控制返回屏	70129 同期小屏控制箱	70130 电源屏	70131 控制台 1 m 以内	70132 控制台 2 m 以内	70133 集中控制台（长 2～4 m）
4	材料	垫板	kg	0.20	0.20	0.20	0.10	0.20	0.30	0.30	12.00
5		镀锌扁钢	kg	1.50	1.50	1.50	1.00	1.50	3.00	3.00	10.00
6		镀锌螺栓 M70×14-17	10 套	0.61	0.61	0.61	0.41	0.61	0.41	0.61	
7		电焊条	kg	0.15	0.15	0.15	0.10	0.15	0.10	0.10	0.50
8		胶木线夹	个	10.00	15.00	6.00	8.00	6.00	8.00	12.00	20.00
9		塑料软管	kg	1.20	1.50	0.50	0.50	0.50	0.50	1.50	2.00
10		塑料异型管 D=5	个	6.00	6.00	6.00	5.00	6.00	6.00	12.00	18.00
11		塑料带 20×40 m	卷	0.50	0.50	0.30	0.30	0.30	0.30	0.60	1.00
12	机械	弧焊机交流 20 kVA	台班	0.10	0.10	0.10	0.05	0.10		0.10	0.10
13		汽车起重机 5 t		0.10	0.10	0.10			0.06	0.10	0.10
14		载重汽车 5 t		0.06	0.06	0.06		0.06	0.06	0.10	0.10
15		卷扬机 3 t							0.06	0.10	
16	其他费用		%	5.0	5.0	5.0	5.0	5.0	5.0	5.0	5.0

第八章　道路工程

说　明

一、本章包括路床压实、软土地基处理、路基、路面等定额,共16节,72个子目。

二、本章定额的计算单位除注明外,按 1 000 m² 计算。

三、本定额中已包括路面材料拌和、运输、摊铺作业时的损耗因素。

四、软土地基处理的工程量按设计面积乘以处理厚度,以"100 m³"计算。路床压实、路基、路面工程量按设计面积计算。

8-1 路床压实

工作内容：放样、挖高填低、推土机整平、找平、碾压、检验、人工配合处理机械碾压不到之处。

单位：1 000 m²

定额编号				80001
顺序号	项目		单位	路床(槽)压实
				路床压实
1	人工	甲类工	工日	0.3
2		乙类工		3.3
3		合计		3.6
4	机械	压路机 6～8 t	台班	2.30
5		8～10 t		2.10
6		推土机 74 kW		0.90
7	其他费用		％	0.5

8-2 软土地基处理

工作内容：放样、挖土、掺料或换填、整平、分层夯实、找平、清理杂物。

单位：100 m³

定额编号			80002	80003	80004
顺序号	项目	单位	软土地基处理		
			人工操作		抛石挤淤（设计抛石量）
			5％掺灰量	换填生石	
1	人工	工日	4.5	9.3	5.9
2	乙类工		51.5	106.6	68.1
3	合计		56.0	115.9	74.0
4	材料	黏土	m³	140.00		
5		生石灰	t	9.90		
6		水	m³	10.00		
7		毛石	m³		119.30	102.00
8	其他费用	％	0.4	0.4	0.4

注：若设计掺灰量与定额不同，掺灰量每增减1％，则生石灰用量增减1.73 t，水用量增减2 m³。

8-3 路基

工作内容：放样、清理床面、取料、上料、摊铺、洒水、找平、碾压。

单位：1 000 m²

顺序号	项目		单位	80005 砂路基 厚度10 cm	80006 砂路基 每增减1 cm	80007 砾石路基 厚度10 cm	80008 砾石路基 每增减1 cm	80009 碎石路基 厚度10 cm	80010 碎石路基 每增减1 cm	80011 煤矸石(矿渣)路基 厚度10 cm	80012 煤矸石(矿渣)路基 每增减1 cm	80013 石灰土路基 厚度15 cm	80014 石灰土路基 每增减1 cm	80015 二灰结石路基 厚度20 cm	80016 二灰结石路基 每增减1 cm
1	人工	甲类工	工日	3.7	0.4	4.3	0.4	5.1	0.5	4.0	0.4	13.4	0.8	45.7	2.6
2		乙类工	工日	42.3	4.2	50.0	4.9	58.9	5.4	46.0	4.6	20.0	1.2	68.5	3.9
3		合计	工日	46.0	4.6	54.3	5.3	64.0	5.9	50.0	5.0	33.4	2.0	114.2	6.5
4	材料	砂	m³	130.00	13.00										
5		砾石	m³			122.40	12.20								
6		碎石	m³					127.80	13.00					189.13	9.53
7		煤矸石	m³							122.40	12.00				
8		粉煤灰	m³											92.90	4.70
9		生石灰	m³									12.48	0.83	12.20	0.61
10		水	m³									26.50	1.70	63.00	1.50
11	机械	压路机 8~10 t	台班	1.50		1.70		2.20		1.90					
12		推土机 74 kW	台班									1.60	0.04		
13		拖拉机 59 kW	台班									2.19			
14		自行式平地机 118 kW	台班									0.63			
15		灰土拌合机 105 kW	台班											0.97	
16		压路机 12~15 t	台班									1.21	0.03	1.35	0.03
17	其他费用		%	0.5		0.5		0.5		0.5		0.5		0.5	

8-4 路面基层

工作内容:运料、拌和、摊铺、找平、洒水、碾压。

单位:1 000 m²

顺序号	项目		单位	80017 沥青稳定碎石基层 厚度10 cm	80018 沥青稳定碎石基层 每增减1 cm	80019 水泥稳定碎石基层 厂拌人铺 厚度15 cm	80020 水泥稳定碎石基层 厂拌人铺 每增减1 cm	80021 水泥稳定碎石基层 厂拌机铺 厚度15 cm	80022 水泥稳定碎石基层 厂拌机铺 每增减1 cm	80023 石灰土碎石基层 石灰:土:碎石=8:72:20 机拌 厚度20 m	80024 石灰土碎石基层 石灰:土:碎石=8:72:20 机拌 每增减1 cm	80025 石灰土碎石基层 石灰:土:碎石=10:60:30 厂拌 厚度20 m	80026 石灰土碎石基层 石灰:土:碎石=10:60:30 厂拌 每增减1 cm
1	人工	甲类工	工日	9.50	1.50	26.20	3.00	9.70	1.50	3.80	0.30	2.00	0.20
2		乙类工		42.70	2.20	39.30	4.50	14.50	2.30	59.20	5.00	30.60	2.60
3		合计		52.20	3.70	65.50	7.50	24.20	3.80	63.00	5.30	32.60	2.80
4	材料	石油沥青 60～100♯	t	5.40	0.60								
5		碎石 5～16	t	82.50	11.60								
6		碎石 25～40	t	199.50	20.00								
7		水	m³	13.80	1.40					72.40	3.60		
8		稳定土混合料	m³			153.0	10.2	153.0	10.2				
9		厂拌石灰土碎石	t									418.2	20.9
10		黄土	m³							226.4	11.3		
11		生石灰	t							33.8	1.7		
12		碎土 50～80	t							86.6	4.4		
13	机械	汽车式沥青喷洒机 4 000 L	台班	2.00	0.26								
14		光轮压路机(内燃) 8 t		0.3		0.2		0.2					
15		12 t								0.61	0.02	0.61	0.02
16		15 t		1.53		1.5		1.5		0.54	0.01	0.54	0.01
17		自行式平地机 118 kW						0.5					
18		稳定土拌合机 105 kW								0.8			
19		洒水车 4 000 L				0.4		0.4					
20	其他费用		%	0.5		0.5		0.5		0.5		0.5	

8-5 素土路面

工作内容:推土、碾压、整平。

单位:1 000 m²

顺序号	项目		单位	80027	80028	80029	80030
				素土路面			
				人工摊铺		机械摊铺	
				压实厚度 20 cm	每增减 5 cm	压实厚度 20 cm	每增减 5 cm
1	人工	甲类工	工日	2.1	0.2	0.4	0.1
2		乙类工		24.2	2.4	4.1	0.4
3		合计		26.3	2.6	4.5	0.5
4	机械	压路机 6~8 t	台班	1.60		1.60	
5		自行式平地机 118 kW				0.50	
6	其他费用		%	0.5		0.5	

8-6 泥结碎石路面

工作内容:运料、拌和、摊铺、找平、洒水、碾压。

单位:1 000 m²

顺序号	项目		单位	80031	80032	80033	80034
				泥结碎石路面			
				人工摊铺		机械摊铺	
				压实厚度 10 cm	每增减 1 cm	压实厚度 10 cm	每增减 1 cm
1	人工	甲类工	工日	6.4	0.4	4.9	0.2
2		乙类工		74.1	4.2	56.4	2.6
3		合计		80.5	4.6	61.3	2.8
4	材料	水	m³	32.00	3.20	32.00	3.20
5		砂		28.79		28.79	
6		碎石		128.55	12.85	128.55	12.85
7		黏土		29.00	3.00	29.00	3.00
8	机械	压路机 6~8 t	台班	1.24		1.24	
9		自行式平地机 118 kW				0.60	
10	其他费用		%	2.0		2.0	

8-7 砂砾石路面

工作内容:运料、拌和、摊铺、找平、洒水、碾压。

单位:1 000 m²

定额编号				80035	80036	80037	80038
顺序号	项目		单位	砂砾石路面			
				人工摊铺		机械摊铺	
				压实厚度 10 cm	每增减 1 cm	压实厚度 10 cm	每增减 1 cm
1	人工	甲类工	工日	3.2	0.3	1.5	0.1
2		乙类工		36.8	3.0	17.5	1.2
3		合计		40.0	3.3	19.0	1.3
4	材料	水	m³	40.00		40.00	
5		砂		36.00	3.60	36.00	3.60
6		碎石		94.10	9.40	94.10	9.40
7	机械	压路机 6~8 t	台班	2.40		2.40	
8		自行式平地机 118 kW				0.40	
9		洒水车 4 800 L		0.40		0.60	
10	其他费用		%	0.5		0.5	

8-8 煤矸石(矿渣)路面

工作内容:运料、拌和、摊铺、找平、洒水、碾压。

单位:1 000 m²

定额编号				80039	80040	80041	80042
顺序号	项目		单位	人工摊铺		机械摊铺	
				压实厚度 10 cm	每增减 1 cm	压实厚度 10 cm	每增减 1 cm
1	人工	甲类工	工日	3.5	0.3	1.7	0.1
2		乙类工		40.0	3.5	19.3	1.4
3		合计		43.5	3.8	21.0	1.5
4	材料	水	m³	13.00	1.30	13.00	1.30
5		砂		5.00	0.50	5.00	0.50
6		煤矸石		132.60	13.26	132.60	13.26
7	机械	压路机 6~8 t	台班	1.00		1.00	
8		履带式拖拉机 74 kW		0.40		0.40	
9		自行式平地机 118 kW				0.60	
10		洒水车 4 800 L		0.60		0.60	
11	其他费用		%	4.2		4.2	

8-9 级配碎石路面

工作内容:挖路槽、培路肩、铺料、拌和、洒水、碾压、磨耗层及散铺封面砂。

单位:1 000 m²

顺序号	项目		单位	定额编号 80043	80044
				厚度(cm)	
				10 cm	每增减 1 cm
1	人工	甲类工	工日	26.6	1.9
2		乙类工		39.9	2.9
3		合计		66.5	4.8
4	材料	砂	m³	27.31	
5		碎石		106.27	10.63
6		石屑		44.06	4.41
7		黏土		9.32	0.46
8		水		21.00	1.40
9	机械	压路机 12~15 t	台班	1.80	
10		压路机 6~8 t		0.40	
11		其他费用	%	0.5	

8-10 沥青碎石

工作内容:沥青加热、洒布、铺料、碾压、铺保护层。

单位:1 000 m²

顺序号	项目		单位	定额编号 80045	80046
				厚度(cm)	
				8 cm	每增减 1 cm
1	人工	甲类工	工日	9.5	0.5
2		乙类工		109.8	5.6
3		合计		119.3	6.1
4	材料	砂	m³	3.10	
5		碎石	m³	136.00	18.00
6		石油沥青	t	8.20	0.93
7		石屑	m³	5.10	
8		锯材	m³	0.12	
9	机械	压路机 12~15 t	台班	1.00	
10		沥青洒布车 3 500 L		0.80	0.04
11		其他费用	%	3.0	

8-11 沥青混凝土路面

(1) 沥青混凝土为成品

工作内容:清扫路基、整修侧平石、测温、摊铺、接茬、找平、点补、撒垫料、碾压、清理。

单位:1 000 m²

顺序号	项目		单位	80047	80048	80049	80050	80051	80052	80053	80054	80055	80056	80057	80058
				粗粒式				中粒式				细粒式			
				人工摊铺		机械摊铺		人工摊铺		机械摊铺		人工摊铺		机械摊铺	
				厚度 6 cm	每增减 1 cm	6 cm	每增减 1 cm	6 cm	每增减 1 cm	厚度 6 cm	每增减 1 cm	3 cm	每增减 0.5 cm	3 cm	每增减 0.5 cm
1	人工	甲类工	工日												
2		乙类工		23.4	2.3	9.31	1.64	24.1	4.4	9.31	1.65	19.36	4.68	7.6	1.23
3		合计		23.4	2.3	9.31	1.64	24.1	4.4	9.31	1.65	19.36	4.68	7.6	1.23
4	材料	沥青混凝土	m³	60.6	10.1	60.6	10.1	60.6	10.1	60.6	10.1	30.3	5.1	30.3	5.1
5		柴油	kg	30	3	30	3	30	3	30	3	30	3	30	5
6	机械	内燃压路机 8 t	台班	1.78	0.2	1.63	0.18	1.78	0.2	1.63	0.18	1.42	0.36	1.3	0.33
7		15 t		1.78	0.2	1.63	0.18	1.78	0.2	1.63	0.18	1.42	0.36	1.3	0.33
8		沥青混凝土摊铺机 8 t				1.63	0.18			0.82	0.09			0.65	0.16
9	其他费用		%	1.0		1.0		1.0		1.0		1.0		1.0	

(2) 沥青混凝土为现拌

工作内容:沥青及骨料加热、配料、拌和、运输、摊铺碾压等。

单位:1 000 m²

顺序号	项目		单位	80059	80060
				厚度(cm)	
				6 cm	每增减 1 cm
1	人工	甲类工	工日		
2		乙类工		86.8	10.0
3		合计		86.8	10.0
4	材料	砂	t	10.8	2.0
5		碎石	t	69.4	11.2
6		石油沥青 60～100#	t	4.9	0.8
7		石屑	t	22.1	3.8
8		矿粉	m³	2.1	0.35
9		锯材	m³	0.07	
10	机械	内燃压路机 12 t	台班	1.37	
11		强制式搅拌机 0.35 m³		2.17	0.37
12		自卸汽车 8 t		3.8	0.6
13	其他费用		%	4.0	

8-12 水泥混凝土路面

工作内容:模板安装、混凝土配料、拌合、运输、浇注、振捣、养护等。

单位:1 000 m²

顺序号	项目		单位	定额编号	
				80061	80062
				厚度(cm)	
				15 cm	每增减 1 cm
1	人工	甲类工	工日	16.7	0.8
2		乙类工		192.3	9.3
3		合计		209.0	10.1
4	材料	混凝土	m³	154.50	10.30
5		锯材	m³	0.23	0.01
6	机械	搅拌机 0.4 m³	台班	7.00	0.50
7		自卸汽车 8 t		5.00	0.34
8	其他费用		%	2.0	

8-13 混凝土路面切缝与刻防滑槽

工作内容:放样弹线、注水刻缝或锯缝、清理场地。

单位:见表

顺序号	项目		单位	定额编号	
				80063	80064
				锯缝机锯缝	路面防滑槽
				10 延米长	100 m²
1	人工	甲类工	工日		
2		乙类工		0.6	0.88
3		合计		0.6	0.88
4	材料	切缝机片	片	0.03	
5		锯纹机刀片	套		0.12
6		水	m³	0.5	8.2
7	机械	锯缝机	台班	0.15	
8		混凝土路面刻槽机			0.55
9	其他费用		%	2.0	2.0

8-14 路面嵌缝

工作内容：缝板制作、熬制沥青、浸泡木板、清理缝道、拌和配制、灌缝、烫平、清理。

单位：10 m²

顺序号	项目		单位	80065	80066	80067	80068
				\multicolumn{2}{c}{胀缝}	\multicolumn{2}{c}{缩缝}
				沥青玛蹄脂	填充塑料胶	沥青玛蹄脂	PG道路嵌缝胶
1	人工	甲类工	工日				
2		乙类工		3.46	1.1	2.91	1.46
3		合计		3.46	1.1	2.91	1.46
4	材料	石棉	kg	108		54	
5		石油沥青	t	0.127		0.064	
6		道路嵌缝胶	kg				84
7		煤	t	0.033		0.016	
8		木柴	kg	3.2		1.6	
9		塑料胶条	kg		0.35		
10	机械	电动空气压缩机 0.6 m³/min	台班	0.043	0.043	0.021	0.021
11	其他费用		%	2.0	2.0	2.0	2.0

注：嵌缝工程量按设计缝长乘以设计缝深以"m²"计算。

8-15 水泥混凝土路面打毛

工作内容：凿毛、清扫废渣。

单位：100 m²

顺序号	项目		单位	80069	80070
				\multicolumn{2}{c}{水泥混凝土路面}
				人工	机械
1	人工	甲类工	工日	1.21	0.59
2		乙类工		4.83	2.35
3		合计		6.04	2.94
4	材料	合金钢钻头一字型	根		0.05
5		六角空心钢	kg		0.07
6		高压风管 Φ25-6P-20 m	m		0.01
7	机械	电动空气压缩机 0.6 m³/min	台班		1.01
8		风动凿岩机 手持式			1.01

8-16 侧缘石安砌

工作内容：放样、开槽、运料、调配砂浆、安砌、勾缝、养护、清理。

单位：100 m

顺序号	项目		单位	80071	80072
				混凝土侧石(立缘石)	石质侧石(立缘石)
	定额编号			长度 50 cm	
1	人工	甲类工	工日	0.52	0.70
2		乙类工		8.18	10.99
3		合计		8.70	11.69
4	材料	混凝土侧石	m	101.50	
5		石质侧石(立缘石)	m		101.50
		石灰砂浆 1∶3	m³	0.82	0.82
6		水泥砂浆 1∶3	m³	0.05	0.05
7	其他费用		%	0.5	0.5

第九章　农田防护与生态修复工程

说　明

一、本章为农田防护与生态修复工程定额，共14节，63个子目。

二、定额的计算单位分别按株、平方米(m^2)、立方米(m^3)、公顷(hm^2)计量。

三、植物定额：

1. 定额中包括种植前的准备、栽植时的人工和材料、栽植后10天以内的养护工作。除另有说明外，均不得对定额进行调整或换算。

2. 树木移栽，可参照本章第一节、第二节相应定额子目，但人工消耗量应乘以1.8的调整系数，不再计树木的购买成本。

3. 定额按Ⅰ、Ⅱ类土拟定，若为Ⅲ或Ⅳ类土时，在使用定额时其人工消耗量应分别乘以1.34或1.76的调整系数。

4. 定额中草籽用量由于种类、地点和用途不同，用量相差悬殊，定额中仅以范围值列示，使用时应根据设计需要量计算，人工和其他定额不作调整。

5. 定额中乔灌木的土球直径，又称泥球径，指苗木移植时根部所带泥球的直径。乔木的土球直径按胸径的8倍计算，当按胸径计有困难时按地径的7倍计算；灌木或亚乔木的土球直径按其冠径的1/3计算。

四、柔性防护网定额：

1. 柔性主动防护网主要包括钢绳网、格栅网、纵向支撑绳、横向支撑绳、缝合线等，其规格和型号应根据设计进行选用。定额不包括危石(岩)清理和绿化工程相关内容，发生时另行计算。

2. 柔性被动防护网包括型钢立柱、锚杆、钢丝绳网、拉锚绳、支撑绳、缝合绳、减压环及相关附件。本定额不包括基础土石方开挖、基础混凝土及其配筋，其计算可参照相关章节定额。

9-1 栽植乔木

工作内容：挖坑，栽植（扶正、回土、提苗、捣实、筑水围），浇水，覆土保墒，整形，清理。

（1）带土球

单位：100 株

顺序号	项目		单位	90001	90002	90003	90004	90005
	定额编号			\multicolumn{5}{c}{土球直径（在 cm 以内）}
				20	30	40	50	60
1	人工	甲类工	工日					
2		乙类工	工日	3.6	7.0	11.4	13.6	27.0
3		合计		3.6	7.0	11.4	13.6	27.0
4	材料	树苗	株	102	102	102	102	102
5		水	m³	2.00	2.00	4.00	6.00	8.00
6	其他费用		%	0.5	0.5	0.5	0.5	0.5

（2）裸根

单位：100 株

顺序号	项目		单位	90006	90007	90008	90009	90010
	定额编号			\multicolumn{5}{c}{裸根胸径（在 cm 以内）}
				4	6	8	10	12
1	人工	甲类工	工日					
2		乙类工	工日	3.0	5.3	9.1	15.3	23.3
3		合计		3.0	5.3	9.1	15.3	23.3
4	材料	树苗	株	102	102	102	102	102
5		水	m³	2.00	3.00	6.00	8.00	12.00
6	其他费用		%	3.0	3.0	3.0	2.0	2.0

9-2 栽植灌木

工作内容：挖坑，栽植（扶正、回土、提苗、捣实、筑水围），浇水，覆土保墒，整形，清理。

（1）带土球

单位：100 株

顺序号	项目		单位	90011	90012	90013	90014	90015
	定额编号			\multicolumn{5}{c}{土球直径（在 cm 以内）}
				20	30	40	50	60
1	人工	甲类工	工日					
2		乙类工	工日	3.0	5.8	9.8	12.0	23.7
3		合计		3.0	5.8	9.8	12.0	23.7

续表

顺序号	定额编号		单位	90011	90012	90013	90014	90015
	项目			土球直径(在cm以内)				
				20	30	40	50	60
4	材料	树苗	株	102	102	102	102	102
5		水	m³	2.00	2.00	4.00	6.00	8.00
6		其他费用	%	0.5	0.5	0.5	0.5	0.5

注：灌木的土球直径按其冠径的1/3计算。

（2）裸根

单位：100株

顺序号	定额编号		单位	90016	90017	90018	90019
	项目			冠丛高(在cm以内)			
				30	60	100	150
1	人工	甲类工	工日				
2		乙类工		0.8	1.4	2.5	3.1
3		合计		0.8	1.4	2.5	3.1
4	材料	树苗	株	102	102	102	102
5		水	m³	0.30	0.70	1.50	2.00
6		其他费用	%	2.0	2.0	4.0	4.0

9-3 树木支撑

工作内容：制桩、运桩、打桩、绑扎

计量单位：100株

顺序号	定额编号		单位	90020	90021	90022	90023	90024
	项目			树棍桩				
				四脚位	三角桩	一字桩	长单桩	短单桩
1	人工	甲类工	工日	0.13	0.09	0.09	0.06	0.03
2		乙类工		4.29	3.23	3.23	2.15	1.08
3		合计		4.42	3.32	3.32	2.21	1.11
4	材料	树棍(长1.2m左右)	根	400.00	300.00	300.00	100.00	100.00
5		镀锌铁牌12#	kg	10.00	10.00	10.00	5.00	5.00

9-4 种草

（1）条播

工作内容：种子处理、人工开沟、播草籽、镇压。

单位：hm²

定额编号			90025	90026	90027	90028
顺序号	项目	单位	行距(cm)			
			15	20	25	30
1	人工 甲类工	工日				
2	人工 乙类工	工日	26.2	21.0	17.9	15.8
3	人工 合计	工日	26.2	21.0	17.9	15.8
4	材料 草籽	kg	10～80	10～80	10～80	10～80
5	其他费用	%	5.0	5.0	5.0	5.0

注：草籽用量应采用设计使用量。

（2）穴播

工作内容：种子处理、人工挖穴、播草籽、踩压。

单位：hm²

定额编号			90029	90030	90031	90032
顺序号	项目	单位	穴距(cm)			
			15	20	25	30
1	人工 甲类工	工日				
2	人工 乙类工	工日	44.9	28.4	20.7	16.5
3	人工 合计	工日	44.9	28.4	20.7	16.5
4	材料 草籽	kg	10～80	10～80	10～80	10～80
5	其他费用	%	5.0	5.0	5.0	5.0

注：草籽用量应采用设计使用量。

（3）撒播

工作内容：种子处理、人工撒播草籽、不覆土或用耙、耱、石磙子碾等方法覆土。

单位：hm²

定额编号			90033	90034
顺序号	项目	单位	撒播	
			不覆土	覆土
1	人工 甲类工	工日		
2	人工 乙类工	工日	2.0	8.3
3	人工 合计	工日	2.0	8.3
4	材料 草籽	kg	10～80	10～80
5	其他费用	%	3.0	5.0

注：草籽用量应采用设计使用量。

9-5 铺种草皮

工作内容:清理边坡、搬运草皮、铺草皮、拍紧、浇水、整理。

单位:100 m²

顺序号	定额编号		单位	90035	90036
	项目			散铺	满铺
1	人工	甲类工	工日		
2		乙类工		8.7	12.0
3		合计		8.7	12.0
4	材料	草皮	m²	37.00	110.00
5		水	m³	2.00	2.00
6		其他费用	%	15.0	20.0

9-6 喷播植草

适用范围:路基边坡绿色防护工程。

工作内容:清理边坡、拌料、现场喷播、铺设无纺布、清理场地、初期养护

单位:100 m²

顺序号	定额编号		单位	90037	90038
	项目			路堤土质边坡	路堑土质边坡
1	人工	甲类工	工日	0.047	0.056
2		乙类工		0.73	0.87
3		合计		0.777	0.926
4	材料	混合草籽	kg	2.50	2.80
5		纸浆纤维(绿化用)	kg	24.00	27.40
6		保水剂(绿化用)	kg	0.10	0.20
7		复合肥料	kg	10.00	15.00
8		无纺布 18 g	kg	120.00	120.00
9		粘合剂(绿化用)	kg	0.20	0.40
10		水	m³	10.00	11.30
11	机械	液压喷播植草机 4 000 L	台班	0.03	0.03
12		载重汽车 6 t		0.03	0.03
13		洒水汽车 5 000 L		0.28	0.32
14		潜水泵 2.2 kW		0.16	0.18

9-7 三维网植草

工作内容:坡面整理、铺三维网及固定、人工播撒种子、无纺布覆盖及固定、浇水。

单位:100 m²

顺序号	项目		单位	定额编号 90039 三维网植草
1	人工	甲类工	工日	0.34
2		乙类工		5.31
3		合计		
4	材料	三维植被网	m²	105.00
5		无纺布 12 g/m²	m²	105.00
6		U形钉	kg	11.00
7		水	m³	3.00
8		种子	%	22.00
9		其他费用	%	6.00

9-8 遮荫网

工作内容:场内运输、遮荫网铺设、裁减、按缝(针缝)

单位:100 m²

顺序号	项目		单位	90040 平铺	90041 斜铺(边坡) 1∶2.5	90042 斜铺(边坡) 1∶2.0	90043 斜铺(边坡) 1∶1.5
1	人工	甲类工	工日				
2		乙类工		1.2	1.38	1.5	1.68
3		合计		1.2	1.38	1.5	1.68
4	材料	遮荫网	m²	107	107	107	107
5		其他费用	%	0.8	0.8	0.8	0.8

注:边坡小于1∶4时,按平铺计。

9-9 抗滑桩

工作内容:1. 挖土方桩孔:挖、装、运、卸、空回。
2. 挖石方桩孔:打眼、爆破、清理、解小、装、运、卸、空回。
3. 混凝土浇筑:模板制、安、拆,混凝土配料、摔和、运输、浇筑、振捣、养护。

单位:100 m³

顺序号	项目		单位	90044 桩孔土石方开挖 Ⅲ—Ⅳ	90045 桩孔土石方开挖 Ⅴ—Ⅸ	90046 护壁混凝土浇筑	90047 桩身混凝土浇筑
1	人工	甲类工	工日	18.48	30.43	68.64	29.40
2		乙类工		73.90	121.70	274.56	117.60
3		合计		92.38	152.13	343.20	147.00

续表

顺序号	项目		单位	定额编号 90044	90045	90046	90047
				桩孔土石方开挖		护壁混凝土浇筑	桩身混凝土浇筑
				Ⅲ—Ⅳ	Ⅴ—Ⅸ		
4	材料	锯材	m³	0.05	0.06		
5		空心钢	kg		13.00		
6		铅丝	kg	0.10	0.10		
7		铅合金钻头	个		11.85		
8		铁件	kg	10.00	10.10		
9		炸药	kg		72.00		
10		导火线	m		299.00		
11		火雷管	个		169.00		
12		水	m³			132.70	83.40
13		水泥	t			29.76	28.00
14		中(粗)砂	m³			58.90	956.80
15		碎石	m³			89.30	92.50
16	机械	卷扬机 3 t	台班	10.82	18.03	5.23	5.23
17		空压机 9 m³/min		1.80	6.76		
18		搅拌机 0.4 m³				5.68	5.68
19		插入式振捣器(2.2 kW)				11.27	11.27
20		风钻 气腿式			20.28		
21		风动锻钎机			1.26		
22		圆盘锯 d≤500 mm				1.53	
23		单面刨床 B≤600 mm				0.36	
24	其他费用		%	2.5	3.0	1.5	0.5

9-10 锚杆

工作内容:搭、拆脚手架、制作锚杆及垫板、钻孔、砂浆制作、灌浆、装树脂包、安装锚杆、上垫板、锚固。

单位:t

顺序号	项目		单位	定额编号 90048	90049	90050
				3 m		
				砂浆锚杆	早强砂浆锚杆	端头树脂锚杆
1	人工	甲类工	工日	24.57	25.80	36.56
2		乙类工		24.57	25.80	36.56
3		合计		49.14	51.60	73.12

229

续表

顺序号		项目	单位	定额编号 90048	90049	90050
				3 m		
				砂浆锚杆	早强砂浆锚杆	端头树脂锚杆
4	材料	螺纹钢筋 Φ20 外	t	1.02	1.02	1.02
5		六角空心钢	kg	15.00	15.00	15.00
6		普通钢板 0～3#	kg			186.00
7		普通成材	m³	0.02	0.02	0.02
8		复合硅酸盐水泥	t		0.37	
9		普通硅酸盐水泥	t	0.37		
10		中(粗)砂	t	0.48	0.48	
11		锁紧螺母 3×15～20	个			1 001.00
12		合金钢钻头	根	10.00	10.00	10.00
13		树脂药包	kg			55.55
14		水	m³	12.00	12.00	12.00
15	机械	风洞凿岩机 气腿式	台班	9.25	9.25	9.25
16		磨床 M1320E		1.48	1.48	1.48
17		钢筋切断机 40		0.09	0.09	0.09
18		电动空气压缩机 10 m³/min		0.74	0.74	0.74
19		电动空气压缩机 20 m³/min		1.85	1.85	1.85
20		风动锻钎机		1.48	1.48	1.48
21		气动灌浆机		0.78	0.78	
22		其他费用	%	2.00	2.00	2.00

9-11 压浆

工作内容:搭、拆脚手架、钻孔、运料、砂浆制作、压浆、检查、堵孔。

单位:10 m³

顺序号		项目	单位	定额编号 90051	90052
				注水泥浆 1∶1	
				钻孔压浆	预留孔压浆
1	人工	甲类工	工日	7.35	5.02
2		乙类工		11.03	7.52
3		合计		18.38	12.54
4	材料	普通成材	m³	0.08	0.08
5		合金钢钻头	根	0.50	
6		复合硅酸盐水泥	t	7.65	7.65
7		水	m³	10.00	9.50

续表

顺序号	项目		单位	90051	90052
				注水泥浆 1∶1	
				钻孔压浆	预留孔压浆
8	机械	风动凿岩机 气腿式	台班	0.87	
9		灰浆搅拌机 400 L		1.18	1.18
10		电动空气压缩机 10 m³/min		0.35	
11		电瓶车 8 t		0.54	0.54
12		硅整流充电机 90 A/190 V		0.34	0.34
13		电动灌浆机		1.18	1.18

9-12 柔性主动防护网

适用范围：边坡防护。

工作内容：场内运输、铺设、搭接、3.0 m 以内锚杆施工等。

单位：100 m²

顺序号	项目		单位	90053	90054	90055	90056
				网型			
				钢丝绳网	钢丝绳网+钢丝格栅	钢丝格栅	高强度钢丝格栅
1	人工	甲类工	工日	0.55	0.55	0.55	0.55
2		乙类工		8.55	8.55	8.55	8.55
3		合计		9.10	9.10	9.10	9.10
4	材料	柔性主动防护网（钢丝绳网）	m²	113.82			
5		柔性主动防护网（钢丝绳网+钢丝格栅）	m²		113.82		
6		柔性主动防护网（钢丝格栅）	m²			113.82	
7		柔性主动防护网（高强度钢丝格栅）	m²				113.82
8		钢筋	kg	112.20	112.20	112.20	112.20
9		合金钻头	个	0.79	0.79	0.79	0.79
10		接缝砂浆 M30	m³	0.03	0.03	0.03	0.03
11	机械	风钻 气腿式	台班	0.50	0.50	0.50	0.50
12		其他费用	%	4.5	4.5	4.5	4.5

注：本定额按照 3.0 m 锚杆拟定。

9-13 柔性被动防护网

工作内容：测量、定位，场内运输，安装立柱、斜撑及地锚钢筋，侧拉锚绳、减压环、上下支撑绳、钢丝绳网、格栅网等，以及其他附件安装。

单位：100 m²

顺序号	定额编号		单位	90057	90058	90059	90060
	项目			网型为钢丝绳网，最大能量吸收能力/KJ			
				250	500	750	1 000
1	人工	甲类工	工日	1.35	1.35	1.35	1.35
2		乙类工		21.15	21.15	21.15	21.15
3		合计		22.50	22.50	22.50	22.50
4	材料	柔性被动防护网 DO 型 250KJ	m²	99.10			
5		钢丝格栅网	m²	108.50	108.50	108.50	108.50
6		柔性被动防护网 DO 型 500KJ	m²		99.10		
7		柔性被动防护网 DO 型 750KJ	m²			99.10	
8		柔性被动防护网 DO 型 1 000KJ	m²				99.10
9		钢筋	kg	133.70	133.70	133.70	133.70
10		型钢	kg	540.30	540.30	540.30	540.30
11		合金钻头	个	0.30	0.30	0.30	0.30
12		接缝砂浆 M30	m³	0.01	0.01	0.01	0.01
13	机械	风钻 气腿式	台班	0.19	0.19	0.19	0.19
14		载重汽车载重量 2.0 t		2.03	2.03	2.03	2.03
15		汽车起重机起重量 5.0 t		0.20	0.20	0.20	0.20
16	其他费用		%	2.0	2.0	2.0	2.0

注：如设计中没有使用钢丝格栅网，则材料消耗为0。

9-14 石笼

适用范围：护底、护岸。

工作内容：石料运输、抛石、整平。

单位：100 m³ 抛投方

顺序号	定额编号		单位	90061	90062	90063
	项目			钢筋笼	铅丝笼	竹笼
1	人工	甲类工	工日	4.0	3.5	5.0
		乙类工		76.9	66.0	95.0
		合计		80.9	69.5	100.0
2	材料	铅丝 8°	kg		397	
3		钢筋	t	1.7		
4		竹子	t			2.5
5		块石	m³	113	113	113
6	其他费用		%	2	2	2

第十章 其他工程

说　明

一、本章包括挤密砂桩、深层搅拌桩、打圆木桩、打钢板桩、打混凝土预制桩、围堰、土工布铺设、输电线路架设和移设、辅助房屋及配套安装工程、地埋电缆敷设等定额，共 25 节，99 个子目。

二、软土地基加固定额包括挤密砂桩、深层搅拌桩、打塑料排水板、打圆木桩和打预制混凝土方桩等 5 节。深层搅拌桩按设计桩长加 25 cm，乘以横断面积计算体积；打塑料排水板以每 10 根为计量单位，定额中未包括排水砂层或砂沟，实际发生时另列。

三、打桩工程土质分为Ⅰ、Ⅱ组。其中，Ⅰ组土：较易穿过的土，如轻亚黏土、砂类土、腐植土、湿的及松散的黄土等。Ⅱ组土：较难穿过的土，如黏土、干的固结黄土、砂砾、砾石、卵石等。当穿过两组以上土层时，如打入Ⅱ组各层厚度之和大于等于土层总厚度的 50%，或打入Ⅱ组土连续厚度大于 1.5 m 时，按Ⅱ组土计，不足时按Ⅰ组土计。

四、防渗（反滤）定额包括塑料薄膜、土工膜、土工布 3 节定额，仅指这些防渗（反滤）材料本身的铺设，不包括其上面的保护（覆盖）层和下面的垫层砌筑，其定额单位 100 m² 是指设计有效面积。

五、围堰定额包括袋装土围堰、冲泥砂管袋围堰 2 节定额。其中袋装土围堰定额按全部袋装土制定。纯土围堰按土方工程定额计算；袋装土和纯土混合围堰，分别计算工程量并执行相应定额。冲泥砂管袋围堰定额按水力冲挖Ⅱ类土制定。

六、输电线路架设定额已综合山区、上下坡、转角、跨越道路及河流等因素。

七、辅助房屋定额

1. 定额中的"砂浆"，系指完成单位产品所需的砂浆半成品量，其中包括了拌制、运输、操作等施工损耗量在内。砂浆均按人工就近拌制拟定，若实际施工时与其不符，不作调整。砂浆半成品的单价可按本定额附录中砂浆材料配合比表列示量和相应材料的预算价格进行计算。

2. 对于流量相对较大的灌排泵站，特别是立式机组轴流泵及混流泵泵站，一般采用湿室型泵房较多，泵站进水池位于泵房下部，上层为电机层，下部为水泵层，且泵和电机的自重较大，在泵房内要建钢筋混凝土牛腿和吊车梁等，不适用本定额，可采用第四章混凝土工程中第十九节泵站工程和第三章砌体工程第十节浆砌砖配合使用。

10-1 挤密砂桩

工作内容:桩机就位、打拨钢管、管内添水加砂、起重机移位、桩机移位、清理工作面。

单位:10 m³ 砂桩

顺序号	项目		单位	定额编号	
				100 001	100 002
				桩长(m)	
				≤10	>10
1	人工	甲类工	工日	5.5	4.9
2		乙类工		1.8	1.6
3		合计		7.3	6.5
4	材料	钢管	kg	1.00	1.00
5		水	m³	14.00	14.00
6		砂	m³	13.23	13.23
7	机械	装载机 1.0 m³	台班	1.02	0.77
8		履带式起重机 10 t		0.98	0.74
9		振动打拨桩机 250 kN		0.98	0.74
10		其他费用	%	1.0	1.0

10-2 深层搅拌桩

工作内容:桩机移位、就位、校测桩点、钻进、水泥运输、制浆、输送、灌注搅拌水泥浆、记录、挖排水沟。

单位:10 m³

顺序号	项目		单位	定额编号	
				100 003	100 004
				双轴	单轴
				水泥掺入比12%	
1	人工	甲类工	工日	5.3	7.9
2		乙类工		1.8	2.3
3		合计		7.1	10.2
4	材料	水泥 42.5	kg	2 190.00	2 190.00
5		垫木	m³	0.01	0.01
6		水	m³	5.00	5.00
7	机械	深层搅拌机(双轴)	台班	0.43	
8		深层搅拌机(单轴)			0.93
9		灰浆输送泵 3.0 m³/h		0.43	0.93
10		灰浆搅拌机 200 L		0.86	1.90
11		双胶轮铁斗车		0.41	0.41
12		其他费用	%	3.0	3.0

注:1. 被加固土的天然容重按 1.8 t/m³ 计,表中所列百分比为重量百分比;
2. 水泥掺入比按设计计算,如设计与定额不同时每增减1%,则定额水泥用量增减 183.00 kg。

10-3 打圆木桩

工作内容:1. 制、运、打桩。
    2. 安卸桩箍。
    3. 搭、拆简易脚手架。
    4. 装、拆、移动打桩机。
    5. 锯桩头。
    6. 校桩。

单位:100 m³ 桩木

顺序号	项目		单位	100005	100006	100007	100008	100009	100010	100011	100012
				人工夯打				柴油机打桩机打桩			
				入土1.5 m		入土2.5 m		打基础圆木桩		打木桥墩台桩	
				Ⅰ组土	Ⅱ组土	Ⅰ组土	Ⅱ组土	Ⅰ组土	Ⅱ组土	Ⅰ组土	Ⅱ组土
1	人工	甲类工	工日	139.6	208.6	99.5	158.0	34.4	45.0	78.1	85.4
2		乙类工		636.4	950.0	453.0	719.5	156.6	205.3	355.8	473.7
3		合计		776.0	1 158.6	552.5	877.5	191.0	250.3	433.9	559.1
4	材料	圆木	m³	108.66	110.28	108.66	110.28	108.70	110.30	108.70	110.30
5		铁件	kg	122.00	122.00	62.00	62.00	38.00	1 712.00	41.00	1 126.00
6	机械	柴油打桩机 1.0~2.0 t	台班					20.80	30.24	14.24	20.72
7		其他费用	%	1.5	1.5	1.5	1.5	1.0	0.9	0.7	0.7

注:1. 人工夯打小圆木桩,如作为临时基础桩时,其圆木数量乘以系数1/3。
  2. 打基础圆木桩和桥台圆木桩定额中未包括接桩工料,如需接桩时,每个接头应增加人工0.2工日,铁件11.8 kg。

10-4 打钢板桩

工作内容：1. 制作、安装、拆除、移动和固定桩架。
2. 搭设、拆除脚手板。
3. 制作和打、拔导桩。
4. 钢板桩装卸和运输。
5. 钢板桩起吊就位和组拼。
6. 钢板桩支撑制作、试拼、安装。
7. 打钢板桩。

单位：100 t 钢板桩

顺序号	项目		单位	100013	100014	100015	100016	100017
				电动卷扬机打桩		振动打拔桩机打桩		钢板桩接头（100个）
				在陆地工作平台上打				
				Ⅰ组土	Ⅱ组土	Ⅰ组土	Ⅱ组土	
1	人工	甲类工	工日	88.38	105.38	59.38	69.38	8.00
2		乙类工		352.88	421.13	237.25	277.63	32.63
3		合计		441.26	526.51	296.63	347.01	40.63
4	材料	原木一等	m³	13.33	13.33	13.12	13.12	
5		板枋材三等	m³	4.03	4.29	1.67	2.00	
6		型钢	kg	20.00	20.00			
7		钢板	kg	10.00	10.00			3 630
8		电焊条	kg					325
9		钢板桩	t	7.14	7.14	7.14	7.14	
10		铁件	kg	462.00	522.00	388.00	422.00	
11		铁钉	kg	1.00	1.00	1.00	1.00	
12	机械	轮胎起重机 8 t	台班	1.69	2.56	6.94	10.5	
13		卷扬机 5 t 单筒慢速		39.19	51.31			
14		振动打拔桩机 300 kN				5.55	8.40	
15		电焊机交流 30 kVA						16.71
16		其他费用	%	0.40	0.40	1.00	1.00	1.0

注：本节定额按临时防护塌陷钢板桩制定。如作为永久性防渗固基钢板桩时，定额中钢板桩数量乘以系数14。

10-5 打混凝土方桩、板桩

工作内容：1. 装拆、移动和固定桩架。
2. 装、运、卸桩。
3. 吊桩、定位、固定。
4. 设置桩垫。
5. 打桩。

单位：100 m³

顺序号	项目		单位	100018	100019	100020	100021	100022
				柴油打桩机打桩				法兰阀 (100个)
				在陆地工作平台上打				
				基桩		排架		
				Ⅰ组土	Ⅱ组土	Ⅰ组土	Ⅱ组土	
1	人工	甲类工	工日	29.88	41.13	29.13	39.63	17.63
2		乙类工	工日	119.13	164.88	116.88	158.38	70.38
3		合计		149.01	206.01	146.01	198.01	88.01
4	材料	预制混凝土桩	m³	(103.00)	(103.00)	(103.00)	(103.00)	
5		板枋材三等	m³	0.18	0.24	0.17	0.23	
6		钢丝绳	kg	10.00	10.00	10.00	10.00	
7		电焊条	kg					110.00
8		铁件	kg	100.60	100.60	123.1	123.1	5 977.00
9		沥青	kg					930.00
10	机械	柴油打桩机 1~2 t	台班	6.90	9.80	6.35	9.05	3.10
11		电焊机交流 30 kVA	台班					0.14
12		其他费用	%	2.00	1.30	2.50	1.80	0.80

10-6 接桩

工作内容：准备焊接工具、桩顶垫平、放置接桩材料、焊接、运送。

单位：100个

顺序号	项目		单位	100023	100024	100025
				电焊接桩		
				方桩包角钢	方桩包钢板	螺栓＋电焊
1	人工	甲类工	工日	11.88	10.50	5.25
2		乙类工	工日	67.00	59.38	29.75
3		合计		78.88	69.88	35.00
4	材料	型钢	kg	4 400.00	5 990.00	1 200.00
5		钢垫板	kg	11.00	11.00	11.00
6		电焊条	kg	400.00	532.00	100.00

续表

顺序号	项目		单位	定额编号 100023	100024	100025
				电焊接桩		
				方桩包角钢	方桩包钢板	螺栓＋电焊
7	机械	柴油打桩机 2.5 t	台班	7.56	6.75	3.31
8		3.5 t		7.56	6.75	3.31
9		5 t		7.56	6.75	3.31
10		7 t		7.56	6.75	3.31
12		履带起重机 15 t		7.56	6.75	3.31
13		电焊机交流 30 kVA		7.56	6.75	3.31
14	其他费用		%	0.5	0.5	0.5

注：使用本项目时，接桩的打桩机械应与打桩时的打桩机械锤重相匹配。

10-7 拔桩

工作内容：1. 准备拔桩工具。
2. 安装、拆除、移扒杆或安装、移拔桩机具。
3. 移动和固定船只。
4. 钢板桩支撑拆除堆放。
5. 系桩、拔桩、运桩、堆放。

单位：100 m³ 圆木桩或 100 t 钢板桩

顺序号	项目		单位	定额编号 100026	100027	100028	100029	100030
				卷扬机拔圆木桩		卷扬机拔钢板桩		振动打拔桩机车船上拔钢板桩
				在陆地工作平台上	在水中工作平台上	在陆地工作平台上	在水中工作平台上	
1	人工	甲类工	工日	16.38	19.00	12.88	14.88	7.38
2		乙类工		312.00	362.13	243.88	283.38	139.75
3		合计		328.38	381.13	256.76	298.26	147.13
4	机械	轮胎起重机 8 t	台班	2.16	3.60	1.69	2.81	7.94
5		卷扬机 5 t 单筒慢速		17.66	17.66	13.81	13.81	
6		振动打拔桩机 300 kN						6.81
7		拖轮 90 kW			10.90		8.50	10
8		驳船 150 t			21.10		16.50	16.5
9	其他费用		%	0.57	0.43	0.57	0.43	0.41

10-8　袋装土围堰

工作内容：就地取土、装袋、封口、堆筑、拆除、清理堰体。

单位：100 m³ 堰体方

顺序号	名称		单位	100031	100032
				草袋土	编织袋土
1	人工	甲类工	工日	2.8	2.0
2		乙类工		136.7	97.7
3		合计		139.5	99.7
4	材料	黏土	m³	(118.00)	(118.00)
5		草袋	只	2 259.00	
6		编织袋	只		2 099.00
7	其他费用		%	0.8	1.0

注：本节定额按就地取土、拆除拟定，如需外运可参照土方运输定额另计运输费用。

10-9　冲泥砂管袋围堰

工作内容：缝制泥袋、材料场内运输、铺袋固定、管袋充泥、人工踩实、工作面转移等全部工作内容。

单位：10 000 m³

顺序号	名称		单位	100033
				输泥管线长 250 m 以内
1	人工	甲类工	工日	122.0
2		乙类工		595.6
3		合计		717.6
4	材料	编织布	m²	64 960.00
5	机械	高压水泵　15 kW	台班	127.57
6		水枪　Φ65 mm		127.57
7		泥浆泵　15 kW		127.57
8		排泥管　Φ100 mm	百米班	318.90
9	其他费用		%	2.0

10-10 陆上打塑料排水板

工作内容:移桩架定位、桩尖制作、装运塑料排水板、打拨钢护管。

单位:10根

顺序号	项目		单位	100034	100035
				塑料排水板长(m)	
				15以内	
1	人工	甲类工	工日	0.8	0.8
2		乙类工		0.2	0.2
3		合计		1.0	1.0
4	材料	型钢	kg	1.00	1.00
5		钢护管	kg	2.00	2.00
6		塑料排水板	m	165	220
7	机械	打桩门架 8 t	台班	0.14	
8		打桩门架 12~14 t			0.15
9	其他费用		%	0.5	0.5

注:塑料排水板定额用量可按设计长度调整。

10-11 塑料薄膜铺设

工作内容:粘接拼宽、场内运输、铺设、粘接压缝等。

单位:100 m²

顺序号	项目		单位	100036	100037	100038	100039
				平铺	斜铺(边坡)		
					1:2.5	1:2.0	1:1.5
1	人工	甲类工	工日				
2		乙类工		1.3	1.4	1.6	1.8
3		合计		1.3	1.4	1.6	1.8
4	材料	塑料薄膜	m²	113.00	113.00	113.00	113.00
5	其他费用		%	0.5	0.5	0.5	0.5

注:1. 本定额的塑料薄膜材料为聚氯乙烯防渗薄膜或是聚乙烯防渗薄膜。
2. 边坡小于1:4时,按平铺计。

10-12 土工膜铺设

适用范围:各种建筑物防渗。
工作内容:场内运输、土工膜铺设、裁减、粘接压缝。

单位:100 m²

顺序号	项目		单位	100040 平铺	100041 斜铺(边坡) 1:2.5	100042 斜铺(边坡) 1:2.0	100043 斜铺(边坡) 1:1.5
1	人工	甲类工	工日				
2	人工	乙类工	工日	5.4	5.6	6.0	6.7
3	人工	合计	工日	5.4	5.6	6.0	6.7
4	材料	土工膜	m²	106.00	106.00	106.00	106.00
5	材料	工程胶	kg	2.00	2.00	2.00	2.00
6		其他费用	%	1.0	1.0	1.0	1.0

注:边坡缓于1:4时,按平铺计。

10-13 土工布铺设

适用范围:反滤层、垫层。
工作内容:场内运输、土工布铺设、裁减、按缝(针缝)。

单位:100 m²

顺序号	项目		单位	100044 平铺	100045 斜铺(边坡) 1:2.5	100046 斜铺(边坡) 1:2.0	100047 斜铺(边坡) 1:1.5
1	人工	甲类工	工日				
2	人工	乙类工	工日	2.0	2.3	2.5	2.8
3	人工	合计	工日	2.0	2.3	2.5	2.8
4	材料	土工布	m²	107.00	107.00	107.00	107.00
5		其他费用	%	0.8	0.8	0.8	0.8

注:1. 定额按300 g/m²的土工布拟定,如土工布规格为150、200、400 g/m²时,人工定额分别乘以0.7、0.8、1.2的系数。
2. 边坡小于1:4时,按平铺计。

10-14　380 V 线路架设

工作内容:挖坑、立杆、横担组装、线路架设。

单位:1 km

顺序号	项目		单位	100048	100049	100050	100051	100052	100053
				\multicolumn{6}{c}{380 V 线路架设}
				\multicolumn{3}{c}{木电杆}	\multicolumn{3}{c}{水泥电杆}
				\multicolumn{6}{c}{电杆长度(m)}
				0～7	7～9	9～11	0～7	7～9	9～11
1	人工	甲类工	工日	42.5	59.9	75.8	75.5	101.2	143.6
2		乙类工		99.1	139.6	176.9	176.3	236.1	335.2
3		合计		141.6	199.5	252.7	251.8	337.3	478.8
4	材料	木电杆	根	26.00	26.00	26.00			
5		水泥电杆	根				26.00	26.00	26.00
6		铁横担　L63×6×1 500	根	41.00	43.00	43.00	41.00	43.00	43.00
7		导线　BLX-16	m	4 330.00	4 330.00	4 330.00	4 330.00	4 330.00	4 330.00
8		瓷瓶	个	149.00	149.00	149.00	149.00	149.00	149.00
9		镀锌钢绞线　GJ-35	m	140.00	163.00	195.00	140.00	163.00	195.00
10		线夹	个	26.00	26.00	26.00	26.00	26.00	26.00
11		混凝土拉线盘　LP-6	个	13.00	13.00	13.00	13.00	13.00	13.00
12		螺栓	kg	91.00	91.00	91.00	93.00	93.00	93.00
13		铁件	kg	288.00	288.00	338.00	338.00	338.00	338.00
14	机械	载重汽车　5 t	台班	2.98	3.34	3.56	3.74	4.44	6.86
15		汽车起重机　5 t					0.84	1.06	1.76
16	其他费用		%	1.7	1.5	1.3	1.6	1.4	1.1

10-15　380 V 线路移设

工作内容:旧线拆除、挖坑、立杆、修整配套旧线、横担组装、线路架设。

单位:1 km

顺序号	项目		单位	100054	100055	100056	100057	100058	100059
				\multicolumn{6}{c}{380 V 线路移设}
				\multicolumn{3}{c}{木电杆}	\multicolumn{3}{c}{水泥电杆}
				\multicolumn{6}{c}{电杆长度(m)}
				0～7	7～9	9～11	0～7	7～9	9～11
1	人工	甲类工	工日	44.8	63.0	79.8	79.5	106.4	150.8
2		乙类工		104.4	147.0	186.2	185.6	248.2	351.8
3		合计		149.2	210.0	266.0	265.1	354.6	502.6

续表

顺序号		项目	单位	100054	100055	100056	100057	100058	100059
				380 V 线路移设					
				木电杆			水泥电杆		
				电杆长度(m)					
				0～7	7～9	9～11	0～7	7～9	9～11
4	材料	电杆	根	10.00	10.00	10.00	3.00	3.00	3.00
5		铁横担 L63×6×1 500	根	4.00	4.00	4.00	4.00	4.00	4.00
6		导线 BLX-16	m	433.00	433.00	433.00	433.00	433.00	433.00
7		镀锌钢绞线 GJ-35	m	14.00	14.00	14.00	14.00	14.00	14.00
8		瓷瓶	个	30.00	30.00	30.00	30.00	30.00	30.00
9		线夹	个	2.00	2.00	2.00	2.00	2.00	2.00
10		螺栓	kg	47.00	47.00	47.00	47.00	47.00	47.00
11		铁件	kg	86.00	86.00	86.00	92.00	92.00	92.00
12		混凝土拉线盘 LP-6	个	13.00	13.00	13.00	13.00	13.00	13.00
13	机械	载重汽车 5 t	台班	2.98	3.34	3.56	3.74	4.44	6.86
14		汽车起重机 5 t					0.84	1.06	1.76
15		其他费用	%	2.1	1.8	1.4	2.2	1.9	1.8

10-16 10 kV 电杆线路架设

工作内容：挖坑、立杆、横担组装、线路架设。

单位：1 km

顺序号		项目	单位	100060	100061	100062	100063	100064	100065	100066	100067
				10 kV 电杆线路架设							
				木电杆长度(m)				水泥电杆长度(m)			
				9～11	11～13	13～15	15～18	9～11	11～13	13～15	15～18
1	人工	甲类工	工日	93.8	113.5	116.6	122.9	116.8	138.8	151.9	169.3
2		乙类工		218.8	264.7	272.0	286.6	272.7	323.9	354.5	395.0
3		合计		312.6	378.2	388.6	409.5	389.5	462.7	506.4	564.3
4	材料	电杆	根	21.00	21.00	17.00	17.00	21.00	21.00	17.00	17.00
5		铁横担 L80×8×1 700	根	7.00	7.00	6.00	6.00	7.00	7.00	6.00	6.00
6		L63×6×800	根	20.00	20.00	16.00	16.00	20.00	20.00	16.00	16.00
7		瓷横担 S210	根	37.00	37.00	30.00	30.00	37.00	37.00	30.00	30.00
8		S210Z	根	26.00	26.00	21.00	21.00	26.00	26.00	21.00	21.00
9		导线 LGJ	m	3 250.0	3 250.0	3 250.0	3 250.0	3 250.0	3 250.0	3 250.0	3 250.0
10		悬式绝缘子 X-4.5	个	72.00	72.00	60.00	60.00	72.00	72.00	60.00	60.00
11		耐张线夹 NLD-2	个	36.00	36.00	30.00	30.00	36.00	36.00	30.00	30.00
12		楔型线夹 NX-2	个	12.00	12.00	10.00	10.00	12.00	12.00	10.00	10.00

续表

顺序号	项目		单位	100060	100061	100062	100063	100064	100065	100066	100067
		定额编号		\multicolumn{8}{c	}{10 kV电杆线路架设}
				\multicolumn{4}{c	}{木电杆长度(m)}	\multicolumn{4}{c	}{水泥电杆长度(m)}
				9～11	11～13	13～15	15～18	9～11	11～13	13～15	15～18
13	材料	UT型线夹 NUT-2	个	12.00	12.00	10.00	10.00	12.00	12.00	10.00	10.00
14		并沟线夹 JB-2	个	36.00	36.00	30.00	30.00	36.00	36.00	30.00	30.00
15		镀锌钢绞线 GJ-50	m	217.00	257.00	275.00	345.00	217.00	257.00	275.00	345.00
16		混凝土拉线盘 LP-8	个	12.00	12.00	10.00	10.00	12.00	12.00	10.00	10.00
17		混凝土底盘	个	12.00	12.00	10.00	10.00	21.00	21.00	17.00	17.00
18		螺栓	kg	57.00	57.00	47.00	47.00	57.00	57.00	47.00	47.00
19		铁件	kg	557.00	557.00	459.00	459.00	557.00	557.00	459.00	459.00
20		电焊条	kg							30.00	83.00
21	机械	汽车起重机 5 t	台班					4.40	4.60	4.80	5.00
22		电焊机交流 20 kVA～25 kVA								3.00	4.00
23		载重汽车 5 t		3.80	4.20	4.60	5.00	5.60	6.00	6.40	6.80
24		其他费用	%	3.6	3.1	2.7	2.5	3.1	2.7	2.5	2.3

10-17 10 kV电杆线路移设

工作内容:旧线拆除、挖坑、立杆、修整配套旧线、横担组装、线路架设。

单位:1 km

顺序号	项目		单位	100068	100069	100070	100071	100072	100073	100074	100075
		定额编号		\multicolumn{8}{c	}{10 kV电杆线路移设}
				\multicolumn{4}{c	}{木电杆长度(m)}	\multicolumn{4}{c	}{水泥电杆长度(m)}
				9～11	11～13	13～15	15～18	9～11	11～13	13～15	15～18
1	人工	甲类工	工日	98.3	119.1	122.3	129.2	122.6	146.0	159.6	177.8
2		乙类工		229.5	278.0	285.3	301.4	286.0	340.6	372.4	415.0
3		合计		327.8	397.1	407.6	430.6	408.6	486.6	532.0	592.8
4	材料	电杆	根	9.00	9.00	7.00	7.00	2.00	2.00	2.00	2.00
5		铁横担 L63×6×800	根	4.00	4.00	3.00	3.00	4.00	4.00	3.00	3.00
6		导线 LGJ-120	m	325.00	325.00	325.00	325.00	325.00	325.00	325.00	325.00
7		镀锌钢绞线 GJ-50	m	22.00	26.00	28.00	35.00	22.00	26.00	28.00	35.00
8		瓷横担	根	32.00	32.00	29.00	29.00	30.00	30.00	28.00	28.00
9		线夹	个	6.00	6.00	6.00	6.00	8.00	8.00	8.00	8.00
10		螺栓	kg	29.00	50.00	52.00	52.00	38.00	38.00	36.00	36.00
11		铁件	kg	149.00	149.00	170.00	170.00	133.00	133.00	133.00	133.00
12		混凝土拉线盘 LP-8	个	15.00	15.00	15.00	15.00	15.00	15.00	15.00	15.00

续表

顺序号	项目		单位	100068	100069	100070	100071	100072	100073	100074	100075
				10 kV电杆线路移设							
				木电杆长度(m)				水泥电杆长度(m)			
				9～11	11～13	13～15	15～18	9～11	11～13	13～15	15～18
13	机械	汽车起重机 5 t	台班					5.60	6.00	6.40	6.80
14		载重汽车 5 t		3.80	4.20	4.60	5.00	5.60	6.00	6.40	6.80
15	其他费用		%	3.6	3.1	2.7	2.5	2.8	2.5	2.3	2.0

10-18 照明线路架设

工作内容：挖坑、立杆、横担组装、线路架设、完工拆除。

单位：1 km

顺序号	项目		单位	100076	100077	100078	100079
				照明线路架设			
				木电杆长度(m)		水泥电杆长度(m)	
				0～7	7～9	0～7	7～9
1	人工	甲类工	工日	39.3	50.2	69.5	87.2
2		乙类工		91.8	117.0	162.3	203.5
3		合计		131.1	167.2	231.8	290.7
4	材料	电杆	根	26.00	26.00	26.00	26.00
5		铁横担 L63×6×1 000	根	37.00	37.00	37.00	37.00
6		导线 BLX-16	m	2 160.00	2 160.00	2 160.00	2 160.00
7		瓷瓶	个	75.00	75.00	75.00	75.00
8		镀锌钢绞线 GJ-35	m	140.00	163.00	140.00	163.00
9		线夹	个	26.00	26.00	26.00	26.00
10		混凝土拉线盘 LP-6	个	13.00	13.00	13.00	13.00
11		螺栓	kg	64.00	64.00	83.00	83.00
12		铁件	kg	204.00	204.00	284.00	284.00
13		灯具	套	26.00	26.00	26.00	26.00
14	机械	载重汽车 5 t	台班	2.76	3.12	3.52	3.95
15		汽车起重机 5 t				0.76	0.95
16	其他费用		%	2.1	1.9	1.9	1.6

10-19 照明线路移设

工作内容：旧线拆除、挖坑、立杆、修整配套旧线、横担组装、线路架设。

单位：1 km

顺序号	项目		单位	100080	100081	100082	100083
				照明线路移设			
				木电杆长度(m)		水泥电杆长度(m)	
				0~7	7~9	0~7	7~9
1	人工	甲类工	工日	41.3	52.4	73.0	91.5
2		乙类工		96.5	122.4	170.2	213.6
3		合计		137.8	174.8	243.2	305.1
4	材料	电杆	根	10.00	10.00	3.00	3.00
5		铁横担 L63×6×1 000	根	4.00	4.00	4.00	4.00
6		导线 BLX-16	m	216.00	216.00	216.00	216.00
7		瓷瓶	个	15.00	15.00	15.00	15.00
8		镀锌钢绞线 GJ-35	m	14.00	16.00	14.00	16.00
9		线夹	个	2.00	2.00	2.00	2.00
10		混凝土拉线盘 LP-6	个	13.00	13.00	13.00	13.00
11		螺栓	kg	32.00	32.00	45.00	45.00
12		铁件	kg	82.00	82.00	89.00	89.00
13		灯具	套	3.00	3.00	3.00	3.00
14	机械	载重汽车 5 t	台班	3.00	3.40	3.80	4.40
15		汽车起重机 5 t				0.80	1.00
16	其他费用		%	2.1	1.9	1.9	1.6

10-20 辅助房屋

使用范围：土地开发整理项目机电井用房，装机流量在 0.2 m³/s 以下的小型泵房（小型卧式机组分基型泵房）。

工作内容：平整场地（厚度 0.2 m 以内）、基础、地坪、内外墙、屋面、脚手架及室内照明工程。

单位：100 m²

顺序号	项目		单位	100084	100085
				平屋顶	坡屋顶
1	人工	甲类工	工日	96.0	108.0
2		乙类工		224.0	252.0
3		合计		320.0	360.0

续表

定额编号				100084	100085
顺序号	项目		单位	平屋顶	坡屋顶
4	材料	标准砖	千块	11.13	11.13
5	材料	黏土平瓦	千块		2.80
6	材料	锯材	m³	2.52	6.00
7	材料	混凝土	m³	12.00	0.74
8	材料	钢筋	t	2.10	0.10
9	材料	石灰	t	0.60	0.80
10	材料	玻璃	m²	11.80	11.80
11	材料	M5水泥砂浆	m³	10.70	10.70
12	材料	M7.5水泥砂浆	m³	14.00	10.40
13	机械	搅拌机 0.4 m³	台班	1.00	1.00
14	机械	双胶轮车	台班	72.00	72.00
15		其他费用	%	20.0	25.0

注：1. 本定额不包括平均厚度超过0.2 m的场地开挖。
2. 平屋顶构造：砖混结构，预制（现浇）钢筋混凝土楼板、内外砖墙、三合土地面、外墙为清水墙、内墙为石灰砂浆抹面。
3. 坡屋顶构造：砖混结构，屋架、内外砖墙、外墙为清水墙、内墙为石灰砂浆抹面。
4. 流量较大的立式机组、湿室型排灌泵站可采用第四章4-19相应定额计算。

10-21 门窗安装工程

单位：10 m²

定额编号				100086	100087	100088	100089
顺序号	项目		单位	门安装		窗安装	
				铝合金门	塑钢门	铝合金窗	塑钢窗
1	人工	甲类工	工日	3.6	3.5	3.7	3.7
2	人工	乙类工	工日	1.2	1.2	1.2	1.2
3	人工	合计	工日	4.8	4.7	4.9	4.9
4	材料	膨胀螺栓 8×80	百套	0.45	0.45	0.51	0.51
5	材料	铝合金平开门	m²	10.00			
6	材料	铝合金推拉窗	m²			10.00	
7	材料	塑钢门 平开无亮	m²		10.00		
8	材料	塑钢窗 平开有亮	m²				10.00
9	材料	渡锌铁脚	个	73.00	73.00	78.00	78.00
10	材料	软填料 沥青玻璃棉毡	kg	2.45	2.45	3.97	3.97
11		其他费用	%	12.0	12.0	8.0	8.0

10-22 瓷砖贴墙

工作内容:1. 清理修补基层表面、打底抹灰、砂浆找平。
2. 送料、抹结合层、锯砖、磨边、贴瓷砖、擦缝、清洁面层。

单位:10 m²

顺序号	定额编号	名称	单位	100090 墙面、墙裙
1	人工	甲类工	工日	5.2
2		乙类工		0.7
3		合计		5.9
4	材料	瓷砖 152×152 mm	百块	4.48
5		砂浆	m³	0.25
6		白水泥	m³	1.50
7		棉纱头	kg	0.10
8		水	m³	0.08
9	机械	灰浆搅拌机	台班	0.04
10		其他费用	%	12.0

注:1. 瓷砖规格为 108 mm×108 mm 时,人工乘以系数 1.43,瓷砖单价、数量换算,其他不变。
2. 石料切割机的费用已综合计入其他费用中。

10-23 泵房粉刷

工作内容:内墙粉刷、外墙粉刷。

单位:10 m²

顺序号	定额编号	项目	单位	100091 涂料
1	人工	甲类工	工日	0.33
2		乙类工		5.19
3		合计		5.52
4	材料	中砂	t	0.33
5		白水泥	kg	8.58
6		普通硅酸盐水泥 42.5 级散装	kg	91.67
7		外墙乳胶漆	kg	1.02
8		内墙乳胶漆	kg	1.75
9		石膏粉 325 目	kg	1.15
10		大白粉	kg	1.03
11		801 胶	kg	4.12
12		水	m³	0.15
13		调和漆	kg	0.53
14		酚醛清漆	kg	0.04
15		底漆	kg	0.60
16		油漆溶剂油	kg	0.27
17		砂纸	张	1.04
18		防水剂	kg	0.27
19	机械	灰浆搅拌机	台班	0.01

10-24 琉璃瓦屋面

工作内容:运料、调运砂浆、搭拆软梯脚手、铺底灰、底瓦、岩灰铺盖、清理、抹净。

单位:10 m²

顺序号	定额编号		单位	100092	100093	100094	100095
	名称			四方(4#)	四方(5#)	多角(4#)	多角(5#)
1	人工	甲类工	工日	10.2	10.3	10.2	10.3
2		乙类工	工日	1.8	1.3	2.0	2.5
3		合计		12.0	11.6	12.2	12.8
4	材料	4#琉璃瓦底瓦 26 cm×17.5 cm	块	260.00		260.00	
5		5#琉璃瓦底瓦 21 cm×12 cm	块		436.00		436.00
6		4#琉璃瓦盖瓦 22 cm×11 cm	块	249.00		249.00	
7		5#琉璃瓦盖瓦 16 cm×8 cm	块		436.00		436.00
8		砂浆	m³	0.52	0.44	0.52	0.44
9		铁件	m³	1.42	1.42	1.42	1.42
12	机械	灰浆搅拌机	台班	0.21	0.18	0.21	0.18
13		卷扬机带塔, 1 t H=40 m	台班	0.25	0.21	0.25	0.21
14		其他费用	%	5.0	5.0	5.0	5.0

10-25 地埋电缆敷设

工作内容:开盘、检查、架线盘、敷设、锯断、配合实验、临时封头、挂标牌等

单位:100 m

顺序号	定额编号		单位	100096	100097	100098	100099
	项目			截面积(mm²)			
				小于等于35	35~50	50~70	大于70
1	人工	甲类工	工日	3.9	4.7	5.6	6.8
2		乙类工	工日	0.1	0.2	0.4	0.7
3		合计		4.0	4.9	6.0	7.5

续表

顺序号	项目		单位	定额编号			
				100096	100097	100098	100099
				截面积（mm²）			
				小于等于35	35～50	50～70	大于70
4	材料	电缆	m	101.00	101.00	101.00	101.00
5		螺栓	kg	1.60	1.60	1.60	1.60
6		汽油	kg	0.80	0.80	1.00	1.20
7		油漆	kg	0.10	0.10	0.20	0.20
8		电缆卡子 1.5*40	个	23.40	23.40		
9		电缆卡子 3*50	个			22.30	22.30
10		电缆吊挂	套	8.00	7.10	6.70	6.70
11	机械	汽车起重机 5t	台班	0.05	0.05	0.05	0.05
12		载重汽车 5t	台班	0.05	0.05	0.05	0.05
13	其他费用		%	1.6	1.6	1.6	1.6

附　录

附录1　土石方松实系数换算表

项目	自然方	松方	实方	码方
土方	1	1.33	0.85	
石方	1	1.53	1.31	
砂方	1	1.07	0.94	1.67
混合料	1	1.19	0.88	
块石	1	1.75	1.43	

注：1. 松实系数是指土石料体积的比例关系，供一般土石方工程换算时参考。
　　2. 块石实方指堆石坝坝体方，块石松方即块石堆方。

附录2　一般工程土类分级表

土质级别	土质名称	自然湿容重（kg/m³）	外形特征	开挖方法
Ⅰ	1. 砂土 2. 种植土	1 650～1 750	疏松，粘着力差或易透水，略有黏性	用锹或略加脚踩开挖
Ⅱ	1. 壤土 2. 淤泥 3. 含壤种植土	1 750～1 850	开挖时能成块，并打碎	用锹需用脚踩开挖
Ⅲ	1. 黏土 2. 干燥黄土 3. 干淤泥 4. 含少量砾石黏土	1 800～1 950	粘手，看不见砂粒或干硬	用镐、三齿耙开挖或用锹需用力加脚开挖
Ⅳ	1. 坚硬黏土 2. 砾质黏土 3. 含卵石黏土	1 900～2 100	土壤结构坚硬，将土分裂后成块状或含粘粒砾较多	用镐、三齿耙工具开挖

附录3　水力冲挖机组土类划分表

土类	土类名称	自然容重（kg/m³）	外形特征	开挖方法
Ⅰ	1. 稀淤 2. 流砂	1 500～1 800	含水饱和,搅动即成糊状 含水饱和,能缓慢流动,挖而复涨	不成锹,用桶装运
Ⅱ	1. 砂土 2. 砂壤土	1 650～1 750	颗粒较粗,无凝聚性和可塑性,空隙大,易透水 土质松软,由砂与土壤组成,易成浆	用铁锹开挖
Ⅲ	1. 烂淤 2. 壤土 3. 含根种植土	1 700～1 850	行走陷足,粘锹粘筐 手触感觉有砂的成分,可塑性好 有植物根系,能成块且易打碎	用铁锹或长苗大锹开挖
Ⅳ	1. 黏土 2. 干燥黄土 3. 干淤土	1 750～1 900	颗粒较细,粘手滑腻,能压成块 粘手,看不见砂粒 水分在饱和点以下,质软易挖	用三齿叉撬挖

附录4　岩石类别分级表

岩石级别	岩石名称	实体岩石自然湿度时的平均容重（kg/m³）	用直径30 mm合金钻头凿岩机打眼（工作气压为4.5气压）	用直径30 mm淬火钻头凿岩机打眼（工作气压为4.5气压）	用直径25 mm钻杆,人工单人打眼	极限抗压强度（kg/cm²）	强度系数 f
1	2	3	4	5	6	7	8
Ⅴ	1. 砂藻土及软的白垩岩 2. 硬的石炭纪的黏土 3. 胶结不紧的砾岩 4. 各种不坚实的页岩	1 500 1 950 1 900～2 200 2 000	≤3.5	≤30		≤200	1.5～2
Ⅵ	1. 软的有孔隙的节理多的石灰岩及贝壳石灰岩 2. 密实的白垩岩 3. 中等坚实的页岩 4. 中等坚实的泥灰岩	2 200 2 600 2 700 2 300	4 (3.5～4.5)	45 (30～60)		200～400	2～4
Ⅶ	1. 水成岩卵石经石灰质胶结而成的砾石 2. 风化的节理多的黏土质砂岩 3. 坚硬的泥质页岩 4. 坚实的泥灰岩	2 200 2 200 2 800 2 500	6 (4.5～7)	78 (61～95)		400～600	4～6
Ⅷ	1. 角砾状花岗岩 2. 泥灰质石灰岩 3. 黏土质砂岩 4. 云母页岩及砂质页岩 5. 硬石膏	2 300 2 300 2 200 2 300 2 900	6.8 (5.7～7.7)	8.5 (7.1～10)	115 (96～135)	600～800	6～8

续表

岩石级别	岩石名称	实体岩石自然湿度时的平均容重(kg/m³)	净占时间(min/m) 用直径30 mm合金钻头凿岩机打眼(工作气压为4.5气压)	用直径30 mm淬火钻头凿岩机打眼(工作气压为4.5气压)	用直径25 mm钻杆,人工单人打眼	极限抗压强度(kg/cm²)	强度系数 f
1	2	3	4	5	6	7	8
IX	1. 软的风化较甚的花岗岩、片麻岩及正常岩	2 500	8 (7.8～9.2)	11.5 (10.1～13)	157 (136～175)	800～1 000	8～10
	2. 滑石质的蛇纹岩	2 400					
	3. 密实的石灰岩	2 500					
	4. 水成岩卵石经硅质胶结而成的砾石	2 500					
	5. 砂岩	2 500					
	6. 砂质石灰质的页岩	2 500					
X	1. 白云岩	2 700	10 (9.3～10.8)	15 (13.1～17)	195 (176～215)	1 000～1 400	10～12
	2. 坚实的石灰岩	2 700					
	3. 大理石	2 700					
	4. 石灰质胶结的致密的砂岩	2 600					
	5. 坚硬的砂质页岩	2 600					
XI	1. 粗粒花岗岩	2 800	11.2 (10.9～11.5)	18.5 (17.1～20)	240 (216～260)	1 200～1 400	12～14
	2. 特别坚实的白云岩	2 900					
	3. 蛇纹岩	2 600					
	4. 火成岩卵石经石灰质胶结的砾岩	2 800					
	5. 石灰质胶结的坚实的砂岩	2 700					
	6. 粗粒正长岩	2 700					
XII	1. 角砾状花岗岩	2 700	12.2 (11.6～13.3)	22 (20.1～25)	290 (261～320)	1 400～1 600	14～16
	2. 泥灰质石灰岩	2 600					
	3. 黏土质砂岩	2 900					
	4. 云母页岩及砂质页岩	2 600					
XIII	1. 中粒花岗岩	3 100	14.1 (13.4～14.8)	27.5 (25.1～30)	360 (321～400)	1 600～1 800	16～18
	2. 坚实的片麻岩	2 800					
	3. 辉绿岩	2 700					
	4. 玢岩	2 500					
	5. 坚实的粗面岩	2 800					
	6. 中粒正常岩	2 800					

续表

岩石级别	岩石名称	实体岩石自然湿度时的平均容重 (kg/m³)	净占时间(min/m) 用直径30 mm合金钻头凿岩机打眼(工作气压为4.5气压)	用直径30 mm淬火钻头凿岩机打眼(工作气压为4.5气压)	用直径25 mm钻杆,人工单人打眼	极限抗压强度 (kg/cm²)	强度系数 f
1	2	3	4	5	6	7	8
ⅩⅣ	1. 特别坚实的细粒花岗岩	3 300	15.5 (14.9~18.2)	32.5 (30.1~40)		1 800~2 000	18~20
	2. 花岗片麻岩	2 900					
	3. 闪长岩	2 900					
	4. 最坚实的石灰岩	3 100					
	5. 坚实的玢岩	2 700					
ⅩⅤ	1. 安山岩、玄武岩、坚实的角闪岩	3 100	20 (18.3~24)	46 (40.1~60)		2 000~2 500	20~25
	2. 最坚实的辉绿岩及闪长岩	2 900					
	3. 坚实的辉长岩及石英岩	2 800					
ⅩⅥ	1. 钙钠长石质橄榄石质玄武岩	3 300	>24	>60		>2 500	>25
	2. 特别坚实的辉长岩、辉绿岩、石英岩及玢岩	3 000					

附录5 岩石十二级分类与十六级分类对照表

岩石级别	可钻性(m/h)	一次提钻长度(m)	岩石级别	可钻性(m/h)	一次提钻长度(m)
Ⅳ	1.6	1.7	Ⅴ	1.6	1.7
Ⅴ	1.15	1.5	Ⅵ	1.2	1.5
			Ⅶ	1.0	1.4
Ⅵ	0.82	1.3	Ⅷ	0.85	1.3
Ⅶ	0.57	1.1	Ⅸ	0.72	1.2
			Ⅹ	0.55	1.1
Ⅷ	0.38	0.85	Ⅺ	0.38	0.85
Ⅸ	0.25	0.65	Ⅻ	0.25	0.65
Ⅹ	0.15	0.5	ⅩⅢ	0.18	0.55
			ⅩⅣ	0.13	0.4
Ⅺ	0.09	0.32	ⅩⅤ	0.09	0.32
Ⅻ	0.045	0.16	ⅩⅥ	0.045	0.16

附录6 水文地质钻探地层分类

1. 松散层分类

地层分类	地层名称	与工程分类对照
Ⅰ	耕土,填土,淤泥,泥炭,可塑性黏土,粉土,软矽藻土,粉砂,细砂,中砂,含园砾(角砾)及硬杂质在10%以内的黏性土、粉土、新黄土。	Ⅰ~Ⅲ
Ⅱ	坚硬的黏性土,老黄土,粗砂,砂砾,含园砾(角砾)、卵石(碎石)及硬杂质在10%~20%的黏性土、粉土和填土。	
Ⅲ	园砾(角砾)层,含卵石(碎石)及硬杂质在20%~30%的黏性土、粉土。	Ⅲ
Ⅳ	冻土层,粒径在20%~50%含量超过50%的卵石(碎石)层,含卵石在30%~50%的黏性土、粉土。	
Ⅴ	粒径在50~150 mm含量超过50%的卵石(碎石)层,强风化各类岩石。	
Ⅵ	粒径在150~200 mm含量超过50%的卵石(碎石)层,中风化各类岩石。	Ⅳ
Ⅶ	漂石(块石)层,微风化各类岩石。	

2. 基岩分类

地层分类	地层名称	与工程分类对照
Ⅰ	残积土,石膏,煤层,软白垩。	Ⅴ
Ⅱ	泥质页岩,砂质页岩,油页岩,炭质页岩,钙质页岩,泥质页岩,泥质板岩,滑石绿泥石片岩,云母片岩,泥灰岩,铝矾土,岩盐,致密白垩,石膏,断层泥,强风化火成岩。	Ⅴ~Ⅵ
Ⅲ	硅化片岩,角斑岩,橄榄岩,石灰质及铁质胶结的砂岩,蛇纹岩,细砂岩,钙质砂岩,方解石硅卡岩,辉石,玢岩及辉长岩,中等风化火成岩。	Ⅶ~Ⅷ
Ⅳ	硅化页岩,白云岩,石灰岩,大理岩,硅化板岩,辉绿岩,长石砂岩,闪长岩,正长岩,石英斑岩,安山岩,流纹岩,片麻岩,微风化花岗岩	Ⅺ~Ⅻ
Ⅴ	硅化灰岩,花岗岩,硅质胶结砾岩,微晶花岗岩,刚玉岩,石英岩,碧玉状硅质页岩,燧石岩,角砾岩,玄武岩。	ⅩⅣ~ⅩⅤ

附录7 混凝土、砂浆配合比及材料用量表

1. 混凝土配合比有关说明

(1) 水泥混凝土强度等级以28 d龄期用标准试验方法测得的具有95%保证率的抗压强度标准值确定,如设计龄期超过28 d,按表7-1系数换算。计算结果如介于两种强度之间,应选用高一级的强度等级。

表7-1

设计龄期	28	60	90	180
强度等级折合系数	1.00	0.83	0.77	0.71

(2) 混凝土配合比表系卵石、粗砂混凝土,如改用碎石或中、细砂,按表 7-2 系数换算。

表 7-2

项目	水泥	砂	石子	水
卵石换为碎石	1.10	1.10	1.06	1.10
粗砂换为中砂	1.07	0.98	0.98	1.07
粗砂换为细砂	1.10	0.96	0.97	1.10
粗砂换为特细砂	1.16	0.90	0.95	1.16

注:水泥按重量计,砂、石子、水按体积计。

(3) 混凝土细骨料的划分标准为:

细度模数 3.19~3.85(或平均粒径 1.2~2.5 mm)为粗砂;

细度模数 2.5~3.19(或平均粒径 0.6~1.2 mm)为中砂;

细度模数 1.78~2.5(或平均粒径 0.15~0.3 mm)为细砂;

细度模数 0.9~1.78(或平均粒径 0.15~0.3 mm)为特细砂。

(4) 埋块石混凝土,应按配合比表的材料用量,扣除埋块石实体的数量计算。

1) 埋块石混凝土材料量=配合表列材料用量×(1-埋块石量%)

$$1 \text{实体方} = 1.67 \text{码方}$$

2) 因埋块石增加的人工见表 7-3。

表 7-3

埋块石率(%)	5	10	15	20
每 100 m³ 埋块石混凝土增加人工工日	3.0	4.0	5.3	7.1

注:不包括块石运输及影响浇筑的工日。

(5) 有抗渗抗冻要求时,按表 7-4 水灰比选用混凝土强度等。

表 7-4

抗渗	一般水灰比	抗冻等级	一般水灰比
W4	0.60~0.65	F50	<0.58
W6	0.55~0.60	F100	<0.55
W8	0.50~0.55	F150	<0.52
W12	<0.50	F200	<0.50
		F300	<0.45

(6) 混凝土配合表的预算量包括场内运输及操作损耗在内。不包括搅拌后(熟料)的运输和浇筑损耗,搅拌后的运输和浇筑损耗已根据不同浇筑部位计入定额内。

(7) 水泥用量按机械拌和拟定,若系人工拌和,水泥用量增加 5%。

2. 纯混凝土材料配合比及材料用量

纯混凝土材料配合比及材料用量见表 7-5。

3. 掺外加剂混凝土材料配合比及材料用量

掺外加剂混凝土材料配合比及材料用量见表 7-6。

4. 掺粉煤灰混凝土材料配合比及材料用量

掺粉煤灰混凝土材料配合比及材料用量见表7-7～表7-9。

5. 水泥砂浆材料配合比

水泥砂浆材料配合比见表7-10。

6. 水泥强度等级换算

水泥强度等级换算系数参考值见表7-11。

表7-5 纯混凝土材料配合比及材料用量　　　　　　　　　单位：m³

序号	混凝土强度等级	水泥强度等级	水灰比	级配	最大粒径(mm)	配合比 水泥	配合比 砂	配合比 石子	预算量 水泥(kg)	预算量 粗砂(kg)	预算量 粗砂(m³)	预算量 卵石(kg)	预算量 卵石(m³)	预算量 水(m³)
1	C10	32.5	0.75	1	20	1	3.69	5.05	237	877	0.58	1 218	0.72	0.170
				2	40	1	3.92	6.45	208	819	0.55	1 360	0.79	0.150
				3	80	1	3.78	9.33	172	653	0.44	1 630	0.95	0.125
				4	150	1	3.64	11.65	152	555	0.37	1 792	1.05	0.110
2	C15	32.5	0.65	1	20	1	3.15	4.41	270	852	0.57	1 206	0.7	0.170
				2	40	1	3.2	5.57	242	777	0.52	1 367	0.81	0.150
				3	80	1	3.09	8.03	201	623	0.42	1 635	0.96	0.125
				4	150	1	2.92	9.89	179	527	0.36	1 799	1.06	0.110
3	C20	32.5	0.55	1	20	1	2.48	3.78	321	798	0.54	1 227	0.72	0.170
				2	40	1	2.53	4.72	289	733	0.49	1 382	0.81	0.150
				3	80	1	2.49	6.8	238	594	0.40	1 637	0.96	0.125
				4	150	1	2.38	8.55	208	498	0.34	1 803	1.06	0.110
		42.5	0.60	1	20	1	2.8	4.08	294	827	0.56	1 218	0.71	0.170
				2	40	1	2.89	5.2	261	757	0.51	1 376	0.81	0.150
				3	80	1	2.82	7.37	218	618	0.42	1 627	0.95	0.125
				4	150	1	2.73	9.29	191	522	0.35	1 791	1.05	0.110
4	C25	32.5	0.50	1	20	1	2.10	3.5	353	744	0.50	1 250	0.73	0.170
				2	40	1	2.25	4.43	310	699	0.47	1 389	0.81	0.150
				3	80	1	2.16	6.23	260	565	0.38	1 644	0.96	0.125
				4	150	1	2.04	7.78	230	471	0.32	1 812	1.06	0.110
		42.5	0.55	1	20	1	2.48	3.78	321	798	0.54	1 227	0.72	0.170
				2	40	1	2.53	4.72	289	733	0.49	1 382	0.81	0.150
				3	80	1	2.49	6.8	238	594	0.40	1 637	0.96	0.125
				4	150	1	2.38	8.55	208	498	0.34	1 803	1.06	0.110

续表

序号	混凝土强度等级	水泥强度等级	水灰比	级配	最大粒径(mm)	配合比 水泥	配合比 砂	配合比 石子	预算量 水泥(kg)	预算量 粗砂(kg)	预算量 粗砂(m³)	预算量 卵石(kg)	预算量 卵石(m³)	预算量 水(m³)
5	C30	32.5	0.45	1	20	1	1.85	3.14	389	723	0.48	1 242	0.73	0.170
		32.5	0.45	2	40	1	1.97	3.98	343	678	0.45	1 387	0.81	0.150
		32.5	0.45	3	80	1	1.88	5.64	288	542	0.36	1 645	0.96	0.125
		32.5	0.45	4	150	1	1.77	7.09	253	448	0.30	1 817	1.06	0.110
		42.5	0.50	1	20	1	2.10	3.5	353	744	0.50	1 250	0.73	0.170
		42.5	0.50	2	40	1	2.25	4.43	310	699	0.47	1 389	0.81	0.150
		42.5	0.50	3	80	1	2.16	6.23	260	565	0.38	1 644	0.96	0.125
		42.5	0.50	4	150	1	2.04	7.78	230	471	0.32	1 812	1.06	0.110
6	C35	32.5	0.50	1	20	1	1.57	2.8	436	689	0.46	1 237	0.72	0.170
		32.5	0.50	2	40	1	1.77	3.44	384	685	0.46	1 343	0.79	0.150
		32.5	0.50	3	80	1	1.53	5.12	321	493	0.33	1 666	0.97	0.125
		32.5	0.50	4	150	1	1.49	6.35	282	422	0.28	1 816	1.06	0.110
		42.5	0.55	1	20	1	1.85	3.14	389	723	0.48	1 242	0.73	0.170
		42.5	0.55	2	40	1	1.97	3.98	343	678	0.45	1 387	0.81	0.150
		42.5	0.55	3	80	1	1.88	5.64	288	542	0.36	1 645	0.96	0.125
		42.5	0.55	4	150	1	1.77	7.09	253	448	0.30	1 817	1.06	0.110
7	C40	42.5	0.65	1	20	1	1.57	2.8	436	689	0.46	1 237	0.72	0.170
		42.5	0.65	2	40	1	1.77	3.44	384	685	0.46	1 343	0.79	0.150
		42.5	0.65	3	80	1	1.53	5.12	321	493	0.33	1 666	0.97	0.125
		42.5	0.65	4	150	1	1.49	6.35	282	422	0.28	1 816	1.06	0.110
8	C45	42.5	0.34	2	40	1	1.13	3.28	456	520	0.35	1 518	0.89	0.125

表 7-6 掺外加剂混凝土材料配合比及材料用量 单位：m³

序号	混凝土强度等级	水泥强度等级	水灰比	级配	最大粒径(mm)	配合比 水泥	配合比 砂	配合比 石子	预算量 水泥(kg)	预算量 粗砂(kg)	预算量 粗砂(m³)	预算量 卵石(kg)	预算量 卵石(m³)	外加剂	预算量 水(m³)
1	C10	32.5	0.75	1	20	1	4.14	5.69	213	887	0.59	1 230	0.72	0.43	0.170
				2	40	1	4.18	7.19	188	826	0.55	1 372	0.80	0.38	0.150
				3	80	1	4.17	10.31	157	658	0.44	1 642	0.95	0.32	0.125
				4	150	1	3.84	12.78	139	560	0.38	1 803	1.05	0.28	0.110
2	C15	32.5	0.65	1	20	1	3.44	4.81	250	865	0.58	1 221	0.70	0.50	0.170
				2	40	1	3.57	6.19	220	790	0.53	1 382	0.81	0.45	0.150
				3	80	1	3.46	8.98	181	630	0.42	1 649	0.96	0.37	0.125
				4	150	1	3.30	11.15	160	530	0.36	1 800	1.06	0.32	0.110

续表

序号	混凝土强度等级	水泥强度等级	水灰比	级配	最大粒径(mm)	配合比 水泥	配合比 砂	配合比 石子	预算量 水泥(kg)	预算量 粗砂(kg)	预算量 粗砂(m³)	预算量 卵石(kg)	预算量 卵石(m³)	外加剂	水(m³)
3	C20	32.5	0.55	1	20	1	2.78	4.24	290	810	0.54	1 245	0.72	0.58	0.170
				2	40	1	2.92	5.44	254	743	0.50	1 400	0.81	0.52	0.150
				3	80	1	2.80	7.70	212	596	0.40	1 654	0.96	0.43	0.125
				4	150	1	2.66	9.52	188	503	0.34	1 817	1.06	0.38	0.110
		42.5	0.60	1	20	1	3.16	4.61	264	839	0.56	1 235	0.71	0.53	0.170
				2	40	1	3.26	5.86	234	767	0.52	1 392	0.81	0.47	0.150
				3	80	1	3.19	8.29	195	624	0.42	1 641	0.95	0.39	0.125
				4	150	1	3.11	10.56	171	527	0.36	1 806	1.05	0.35	0.110
4	C25	32.5	0.50	1	20	1	2.36	3.92	320	757	0.51	1 270	0.74	0.64	0.170
				2	40	1	2.50	4.93	282	709	0.48	1 410	0.82	0.56	0.150
				3	80	1	2.44	7.02	234	572	0.38	1 664	0.97	0.47	0.125
				4	150	1	2.27	8.74	207	479	0.32	1 831	1.07	0.42	0.110
		42.5	0.55	1	20	1	2.78	4.24	290	810	0.54	1 245	0.73	0.58	0.170
				2	40	1	2.92	5.44	254	743	0.5	1 400	0.82	0.52	0.150
				3	80	1	2.80	7.70	212	596	0.4	1 654	0.97	0.43	0.125
				4	150	1	2.66	9.52	188	503	0.34	1 817	1.06	0.38	0.110
5	C30	32.5	0.45	1	20	1	2.12	3.62	348	736	0.49	1 269	0.74	0.71	0.170
				2	40	1	2.23	4.53	307	689	0.46	1 411	0.83	0.62	0.150
				3	80	1	2.13	6.39	257	549	0.37	1 667	0.97	0.52	0.125
				4	150	1	2.00	8.04	225	453	0.3	1 837	1.07	0.46	0.110
		42.5	0.50	1	20	1	2.36	3.92	320	757	0.51	1 270	0.74	0.64	0.170
				2	40	1	2.50	4.93	282	709	0.48	1 410	0.82	0.56	0.150
				3	80	1	2.44	7.02	234	572	0.38	1 664	0.97	0.47	0.125
				4	150	1	2.27	8.74	207	479	0.32	1 831	1.07	0.42	0.110
6	C35	32.5	0.40	1	20	1	1.79	3.18	392	705	0.47	1 265	0.74	0.78	0.170
				2	40	1	2.01	3.90	346	698	0.47	1 368	0.80	0.69	0.150
				3	80	1	1.72	5.77	289	500	0.33	1 691	0.99	0.58	0.125
				4	150	1	1.68	7.17	254	427	0.28	1 839	1.08	0.51	0.110
		42.5	0.45	1	20	1	2.12	3.62	348	736	0.49	1 269	0.74	0.71	0.170
				2	40	1	2.23	4.53	307	689	0.46	1 411	0.83	0.62	0.150
				3	80	1	2.13	6.39	257	549	0.37	1 667	0.97	0.52	0.125
				4	150	1	2.00	8.04	225	453	0.3	1 837	1.07	0.46	0.110

续表

序号	混凝土强度等级	水泥强度等级	水灰比	级配	最大粒径(mm)	配合比 水泥	配合比 砂	配合比 石子	预算量 水泥(kg)	预算量 粗砂(kg)	预算量 粗砂(m³)	预算量 卵石(kg)	预算量 卵石(m³)	外加剂(kg)	水(m³)
7	C40	42.5	0.40	1	20	1	1.79	3.18	392	705	0.47	1 265	0.74	0.78	0.170
				2	40	1	2.01	3.90	346	698	0.47	1 368	0.80	0.69	0.150
				3	80	1	1.72	5.77	289	500	0.33	1 691	0.99	0.58	0.125
				4	150	1	1.68	7.17	254	427	0.28	1 839	1.08	0.51	0.110
8	C45	42.5	0.34	2	40	1	1.29	3.73	410	532	0.35	1 552	0.91	0.82	0.125

表7-7 掺粉煤灰混凝土材料配合比及材料用量

（掺粉煤灰量20%，取代系数1.3） 单位：m³

序号	混凝土强度等级	水泥强度等级	水灰比	级配	最大粒径(mm)	水泥	粉煤灰	砂	石子	水泥(kg)	粉煤灰(kg)	粗砂(kg)	粗砂(m³)	卵石(kg)	卵石(m³)	外加剂(kg)	水(m³)
1	C10	32.5	0.75	3	80	1	0.325	4.65	11.47	139	45	650	0.44	1 612	0.95	0.28	0.125
				4	150	1	0.325	4.50	14.42	122	40	551	0.37	1 784	1.05	0.25	0.110
2	C15	32.5	0.65	3	80	1	0.325	3.86	10.03	160	53	620	0.42	1 627	0.96	0.33	0.125
				4	150	1	0.325	3.17	12.57	140	47	523	0.35	1 791	1.05	0.29	0.110
3	C20	32.5	0.55	3	80	1	0.325	3.10	8.44	190	63	589	0.42	1 623	0.96	0.38	0.125
				4	150	1	0.325	2.93	10.50	168	56	495	0.33	1 791	1.05	0.34	0.110
		42.5	0.60	3	80	1	0.325	3.54	9.21	173	58	616	0.42	1 618	0.95	0.35	0.125
				4	150	1	0.325	3.40	11.58	152	51	519	0.35	1 781	1.05	0.31	0.110

表7-8 掺粉煤灰混凝土材料配合比及材料用量

（掺粉煤灰量25%，取代系数1.3） 单位：m³

序号	混凝土强度等级	水泥强度等级	水灰比	级配	最大粒径(mm)	水泥	粉煤灰	砂	石子	水泥(kg)	粉煤灰(kg)	粗砂(kg)	粗砂(m³)	卵石(kg)	卵石(m³)	外加剂(kg)	水(m³)
1	C10	32.5	0.75	3	80	1	0.433	4.96	12.38	131	57	650	0.44	1 621	0.95	0.27	0.125
				4	150	1	0.433	4.79	15.51	115	50	551	0.36	1 784	1.04	0.24	0.110
2	C15	32.5	0.65	3	80	1	0.433	4.13	10.82	150	66	620	0.42	1 624	0.96	0.31	0.125
				4	150	1	0.433	3.98	13.54	132	58	525	0.34	1 788	1.05	0.27	0.110
3	C20	32.5	0.55	3	80	1	0.433	3.31	9.11	178	79	590	0.40	1 622	0.95	0.36	0.125
				4	150	1	0.433	3.18	11.45	156	69	495	0.32	1 787	1.05	0.32	0.110
		42.5	0.60	3	80	1	0.433	3.78	9.92	163	71	615	0.42	1 617	0.95	0.33	0.125
				4	150	1	0.433	3.62	12.44	143	63	517	0.35	1 780	1.05	0.29	0.110

表 7-9 掺粉煤灰混凝土材料配合比及材料用量

（掺粉煤灰量 30%，取代系数 1.3）　　　　　　　　　　　　　　　　　单位：m³

序号	混凝土强度等级	水泥强度等级	水灰比	级配	最大粒径(mm)	配合比 水泥	配合比 粉煤灰	配合比 砂	配合比 石子	预算量 水泥(kg)	预算量 粉煤灰(kg)	预算量 粗砂(kg)	预算量 粗砂(m³)	预算量 卵石(kg)	预算量 卵石(m³)	外加剂(kg)	水(m³)
1	C10	32.5	0.75	3	80	1	0.557	5.30	13.09	122	69	649	0.44	1 619	0.95	0.25	0.125
				4	150	1	0.557	5.10	16.32	108	61	551	0.37	1 781	1.05	0.22	0.110
2	C15	32.5	0.65	3	80	1	0.557	4.39	11.39	140	80	619	0.42	1 622	0.95	0.28	0.125
				4	150	1	0.557	4.20	14.20	124	70	522	0.35	1 786	1.05	0.25	0.110
3	C20	32.5	0.55	3	80	1	0.557	3.54	9.61	166	95	590	0.40	1 618	0.95	0.34	0.125
				4	150	1	0.557	3.34	11.93	148	83	495	0.33	1 786	1.05	0.30	0.110
		42.5	0.60	3	80	1	0.557	3.97	10.33	154	86	613	0.42	1 612	0.95	0.31	0.125
				4	150	1	0.557	3.84	13.11	134	76	518	0.35	1 778	1.04	0.27	0.110

表 7-10 水泥砂浆材料配合比

单位：m³

砂浆类别	砂浆强度等级	水泥 32.5 (kg)	砂(m³)	水(m³)
水泥砂浆	M5	211	1.13	0.127
	M7.5	261	1.11	0.157
	M10	305	1.10	0.183
	M12.5	352	1.08	0.211
	M15	405	1.07	0.243
	M20	457	1.06	0.274
	M25	522	1.05	0.313
	M30	606	0.99	0.364
	M40	740	0.97	0.444

表 7-11 水泥强度等级换算参考表

单位：m³

原强度等级 \ 代换强度等级	32.5	42.5	52.5
32.5	1.00	0.86	0.76
42.5	1.16	1.00	0.88
52.5	1.31	1.13	1.00

江苏省土地综合整治项目施工机械台班费预算定额

说　明

一、根据财政部、国家税务总局、自然资源部和江苏省有关规定,按照营业税改增值税一般计税方式的相关要求,对《江苏省土地综合整治项目施工机械台班费预算定额》进行了修订,形成《江苏省土地综合整治项目施工机械台班费预算定额》(以下简称本定额)。

二、修订时,对《江苏省土地综合整治项目施工机械台班费预算定额》基价中的第一类费用的折旧费、修理及替换设备费按规定进行除税处理,安装拆卸费不做调整;第二类费用的人工工日单价执行本定额中甲类工的人工预算单价,动力、燃料或消耗材料所产生费用按规定进行除税处理。

三、本定额适用于江苏省土地综合整治工程。内容包括:土石方机械、钻孔灌浆机械、混凝土机械、运输机械、起重机械、辅助设备、其他机械共7类,214个子目。

四、本定额以台班为计量单位。

五、本定额由两类费用组成,定额表中以第一类费用和第二类费用表示。

第一类费用分为折旧费、修理及替换设备费和安装拆卸费。

1. 折旧费:指机械在寿命期内回收原值的台班折旧摊消费用。

2. 修理及替换设备费:指机械使用过程中,为了使机械保持正常功能而进行修理所需的费用、日常保养所需的润滑油料费、擦拭用品费、机械保管费以及替换设备、随机使用的工具辅具等所需的台班摊销费用。

3. 安装拆卸费:指机械进出工地的安装、拆卸、试运转和场内转移及辅助设施的台班摊销费用。不需要安装拆卸的施工机械,台班费中不计列此项费用。

第二类费用分为人工、动力、燃料或消耗材料,以工日数量和实物消耗量表示,其费用按甲类工的人工工日单价和工程所在地的物价水平分别计算。

1. 人工:指机械使用时机上操作人员的工日消耗,包括机械运转时间、辅助时间、用餐、交接班以及必要的机械正常中断时间。

2. 动力、燃料或消耗材料:指机械正常运转所需的汽油、柴油、电、水、风等。其中,机械消耗电量包括机械本身和最后一级降压变压器低压侧至施工用电点之间的线路损耗,风、水消耗包括机械本身和移动支管的损耗。

六、本定额单斗挖掘机台班费均适用于正铲和反铲。

七、本定额子目编号按以下方式排列:

土石方机械:	1 001～1 056
钻孔灌浆机械:	2 001～2 027
混凝土机械:	3 001～3 013
运输机械:	4 001～4 038
起重机械:	5 001～5 029
辅助设备:	6 001～6 021
其他机械:	7 001～7 030

一、土石方机械

编号	机械名称	机型规格		费用构成									
				第一类费用				第二类费用					
				折旧费	修理及替换设备费	安装拆卸费	小计	人工	汽油	柴油	电	风	水
				元	元	元	元	工日	kg	kg	kW·h	m³	m³
1001	单斗挖掘机	电动	2.0	220.65	239.82	18.48	478.95	2.0			435.0		
1002		油动	0.25	73.71	35.24	6.30	115.25	2.0		20.5			
1003			0.5	87.22	84.25	6.64	178.11	2.0		48.0			
1004		斗容(m³)	1.0	140.82	150.36	13.39	304.57	2.0		72.0			
1005			1.2	158.63	176.35	16.38	351.36	2.0		86.0			
1006		液压	0.6	113.96	135.86	9.60	259.42	2.0		48.0			
1007			1.0	200.15	148.28	13.84	362.27	2.0		72.0			
1008			1.6	231.73	151.33	12.85	395.91	2.0		93.0			
1009	装载机	斗容(m³)	1.0	57.00	38.38		95.38	2.0		48.0			
1010			1.4~1.5	77.42	52.14		129.56	2.0		51.0			
1011			2.0~2.3	147.31	114.95		262.26	2.0		102.0			
1012			3.0~3.3	210.10	163.39		373.49	2.0		110.0			
1013	推土机	功率(kW)	40~55	26.04	35.83	1.37	63.24	2.0		40.0			
1014			59	29.48	36.79	2.57	68.84	2.0		44.0			
1015			74	87.24	108.58	4.46	200.28	2.0		55.0			
1016			88	123.86	139.70	5.55	269.11	2.0		66.0			
1017			103	151.52	170.11	6.76	328.39	2.0		77.0			
1018			118	178.65	188.59	7.97	375.21	2.0		88.0			
1019			132	201.83	212.60	9.01	423.44	2.0		99.0			
1020			176	305.57	285.14	13.83	604.54	2.0		132.0			
1021	拖拉机	手扶式	11	4.64	12.59	0.52	17.75	1.0		11.0			
1022			20	11.77	14.64	0.49	26.90	1.0		21.7			
1023		功率(kW)	26	14.12	17.60	0.77	32.49	1.0		28.0			
1024		履带式	37	18.83	23.44	1.12	43.39	1.0		40.0			
1025			40~55	25.22	31.38	1.65	58.25	2.0		43.0			
1026			59	38.45	47.83	2.82	89.10	2.0		55.0			
1027			74	57.80	70.66	3.65	132.11	2.0		67.0			

续表

编号	机械名称	机型规格		费用构成									
				第一类费用				第二类费用					
				折旧费	修理及替换设备费	安装拆卸费	小计	人工	汽油	柴油	电	风	水
				元	元	元	元	工日	kg	kg	kW·h	m³	m³
1028	铲运机	拖式	斗容(m³) 2.5~2.75	19.25	25.73	2.85	47.83						
1029			3~4	21.58	29.49	3.12	54.19						
1030			6~8	31.55	40.18	4.00	75.73						
1031	自行式平地机		118 kW	172.49	190.93		363.42	2.0		88.0			
1032	轮胎碾			59.78	72.29		132.07						
1033	羊角碾		重量(t) 5~7	6.19	5.35		11.54						
1034			8~12	7.69	6.76		14.45						
1035	压路机	内燃	重量(t) 6~8	21.87	41.33		63.20	2.0		24.0			
1036			8~10	23.30	42.03		65.33	2.0		27.0			
1037			12~15	40.30	71.34		111.64	2.0		31.0			
1038	蛙式打夯机		功率(kW) 2.8	1.08	6.67		7.75	2.0			18.0		
1039	风钻		手持式	1.75	6.36		8.11					795.0	1.1
1040			气腿式	2.64	8.25		10.89					1 093.0	1.5
1041	潜孔钻		80型	54.55	84.84	2.60	141.99	2.0			98.0	1 520.0	
1042			100型	68.73	106.89	2.91	178.53	2.0			116.0	1 862.0	
1043			150型	153.22	238.29	5.36	396.87	2.0			168.0	3 775.0	
1044	电钻		功率(kW) 1.5	1.55	2.41		3.96				6.0		
1045	风镐		手持式	1.62	2.39		4.01					320.0	
1046	风动锻钎机		d≤90 mm	12.57	2.30	14.71	29.58	1.3				144.0	
1047	电动修钎机			24.40	4.40	14.71	43.51				100.8		
1048	无头缺口耙			3.34	10.20		13.54						
1049	松土器			27.33	79.31		106.64						
1050	无头三铧犁			2.94	8.11		11.05						
1051	刨毛机			37.42	50.43	1.97	89.82	2.0		37.42			
1052	水力冲填机组	高压水泵	功率(kW) 15	5.59	14.53	3.20	23.32	0.5			112.0		
1053		泥浆泵	功率(kW) 15	7.43	15.41	4.24	27.08	0.5			96.0		
1054		水枪	Φ65 mm	7.22	14.97		22.19	1.5					
1055		排泥管	Φ100 mm 长100 m	5.73	1.17		6.91						

续表

编号	机械名称	机型规格		费用构成								
				第一类费用				第二类费用				
				折旧费	修理及替换设备费	安装拆卸费	小计	人工	汽油	柴油	电	风	水
				元	元	元	元	工日	kg	kg	kW·h	m³	m³
1056	灰土拌合机	功率(kW)	105	52.74	150.14	14.35	217.23	0.5			70.04		

二、钻孔灌浆机械

编号	机械名称	机型规格		费用构成								
				第一类费用				第二类费用				
				折旧费	修理及替换设备费	安装拆卸费	小计	人工	汽油	柴油	电	风	水
				元	元	元	元	工日	kg	kg	kW·h	m³	m³
2001	冲击钻机	型号	CZ—20	42.26	72.26	20.22	134.74	2.3			100.0		
2002			CZ—22	65.71	96.69	27.86	190.26	2.3			115.0		
2003			CZ—30	113.50	162.78	47.66	323.94	2.3			196.0		
2004	地质钻机	手把式	300型	22.35	48.09	15.46	85.90	2.3			84.0		
2005	潜水钻机	φ1 250 mm		91.75	144.73		236.48	2.8			277.6		
2006		φ1 500 mm		110.09	173.65		283.74	2.9			416.0		
2007	回旋钻机	φ1 500 mm		134.51	212.26		346.77	2.9			347.2		
2008		φ2 500 mm		152.85	241.17		394.02	2.9			485.6		
2009	灌浆泵	中低压	泥浆	11.17	33.82	3.02	48.01	2.0			70.0		
2010			砂浆	13.30	38.77	3.49	55.56	2.0			55.0		
2011		高压	泥浆	17.65	49.29	4.32	71.26	2.0			99.0		
2012	泥浆泵	HB80/10型 3PN		2.02	5.39	1.17	8.58	1.1		14.7			
2013	泥浆搅拌机			15.42	32.41	3.15	50.98	1.0			70.0		
2014	灰浆搅拌机	200 L		4.08	11.62	1.11	16.81	1.0			35.0		
2015		400 L		5.88	16.73	0.20	22.81	1.3			50.4		
2016	柴油打桩机	锤头重量(t)	1~2	18.65	45.59	15.54	79.78	3.0		12.0			
2017			2~4	74.57	164.03	59.88	298.48	3.0		16.0			
2018			5	141.45	321.54	14.19	477.18	3.9		40.0			
2019			7	214.02	562.35	25.82	802.19	3.9		48.0			
2020	振动打桩机			112.72	275.62	93.94	482.28	3.0			22.0		

续表

编号	机械名称	机型规格	折旧费 元	修理及替换设备费 元	安装拆卸费 元	小计 元	人工 工日	汽油 kg	柴油 kg	电 kW·h	风 m³	水 m³
2021	振动打拔桩机	250 kN	75.88	44.85	117.48	238.21	2.5			141.6		
2022		300 kN	284.25	571.74		855.99	3.9			312.8		
2023	深层搅拌机	单轴	60.31	118.96		179.27	2.5			144.0		0.5
2024		双轴	90.70	188.52		279.22	2.5			451.6		0.5
2025	打桩门架	8 t	72.31	31.38		103.69	2.5			195.0		
2026		12~14 t	86.22	37.41		123.63	2.5			290.0		
2027	灰浆输送泵	生产率 3 m³/h	12.05	12.39	4.92	29.36	1.0			23.7		

三、混凝土机械

编号	机械名称	机型规格	折旧费 元	修理及替换设备费 元	安装拆卸费 元	小计 元	人工 工日	汽油 kg	柴油 kg	电 kW·h	风 m³	水 m³
3001	搅拌机	出料 (m³) 0.4	18.65	31.37	6.85	56.87	2.0			50.0		
3002		0.8	23.87	35.51	8.29	67.67	2.0			90.0		
3003	搅拌机（强制式）	0.35	21.22	34.07	9.31	64.60	2.0			125.0		
3004	混凝土喷射机	生产率 (m³/h) 4~5	14.63	12.72	1.07	28.42	1.0			16.0	2 810.0	
3005		插入式 1.1 kW	2.24	8.80		11.04				6.4		
3006	振捣器	1.5 kW	3.12	11.89		15.01				8.8		
3007		2.2 kW	3.37	12.05		15.42				12.0		
3008		平板式 2.2 kW	2.69	8.03		10.72				12.0		
3009	风水（砂）枪	耗风量 (m³/min) 2~6	0.95	1.72		2.67					900.0	18.0
3010	油压滑模设备		78.73	12.25		90.98	8.0			30.0		
3011	喷浆机	75(L)	9.17	30.44	1.55	41.16	1.0			10.0	596.0	
3012	混凝土输送泵	输送量 60 m³/h	302.09	211.96	23.52	537.57	2.4			400.0		
3013	沥青混凝土摊铺机	8 t	151.70	165.21	5.22	322.13	2		40			

四、运输机械

编号	机械名称	机型规格		费用构成							
				第一类费用				第二类费用				
				折旧费	修理及替换设备费	安装拆卸费	小计	人工	汽油	柴油	电	风	水
				元	元	元	元	工日	kg	kg	kW·h	m³	m³
4001	载重汽车	汽油型	载重量(t)	2	17.37	25.14		42.51	1.0	17.0				
4002				2.5	21.58	31.24		52.82	1.0	20.0				
4003				4	28.60	41.44		70.04	1.0	27.0				
4004				5	32.75	47.45		80.20	1.0	30.0				
4005		柴油型		6.5	46.07	52.29		98.36	1.0		31.0			
4006				8	64.73	70.24		134.97	1.0		35.0			
4007				10	81.24	83.70		164.94	2.0		39.0			
4008				12	100.23	103.30		203.53	2.0		42.0			
4009				15	116.15	119.72		235.87	2.0		46.0			
4010	自卸汽车	汽油型	载重量(t)	3.5	49.00	25.37		74.37	1.3	36.0				
4011				5	51.94	42.06		94.00	1.3		39.0			
4012		柴油型		8	108.02	69.78		177.80	2.0		47.0			
4013				10	132.42	82.39		214.81	2.0		53.0			
4014				12	152.38	110.57		262.95	2.0		55.0			
4015				15	181.60	131.79		313.39	2.0		63.0			
4016				18	243.66	164.19		407.85	2.0		66.0			
4017				20	290.66	195.83		486.49	2.0		70.0			
4018				25	418.05	216.72		634.77	2.0		88.0			
4019				27	473.52	245.45		718.97	2.0		106.0			
4020	洒水车	容量(L)		2 500	26.21	32.33		58.54	1.0	23.0				
4021				4 000	45.55	52.19		97.74	1.0	31.0				
4022				4 800	44.61	55.02		99.63	1.0	34.0				
4023	机动翻斗车	载重量(t)		1	5.04	5.22		10.26	1.0		7.0			
4024	双胶轮车				1.12	2.88		4.00						
4025	双胶轮铁斗车				0.32	1.65		1.97						

续表

编号	机械名称	机型规格		第一类费用 折旧费 元	第一类费用 修理及替换设备费 元	第一类费用 安装拆卸费 元	第一类费用 小计 元	第二类费用 人工 工日	第二类费用 汽油 kg	第二类费用 柴油 kg	第二类费用 电 kW·h	第二类费用 风 m³	第二类费用 水 m³
4026	胶带输送机	移动式 带宽×运距 mm×m	500×10	4.14	5.09	0.58	9.81	1.0			14.0		
4027			500×15	5.12	6.24	0.70	12.06	1.0			19.0		
4028			500×20	7.09	8.67	0.96	16.72	1.0			26.0		
4029	沥青洒布车	容量（L）	3 500	44.85	53.72		98.57	1.0	23.0				
4030	V型斗车	容积（m³）	0.6	1.87	0.50		2.37						
4031			1	2.95	0.81		3.76						
4032	双拼打桩船	2×20 t		168.14	209.17		377.31	3.0		10.2			
4033	驳船	50 t		70.09	87.19		157.28						
4034		100 t		104.64	130.08		234.72						
4035		150 t		140.11	174.31		314.42						
4036		200 t		165.2	205.44		370.64						
4037	机动艇	7 kW		25.20	49.39		74.59	2.7		7.2			
4038	拖轮	90 kW		116.60	139.01		255.61	5.0		86.4			

五、起重机械

编号	机械名称	机型规格		第一类费用 折旧费 元	第一类费用 修理及替换设备费 元	第一类费用 安装拆卸费 元	第一类费用 小计 元	第二类费用 人工 工日	第二类费用 汽油 kg	第二类费用 柴油 kg	第二类费用 电 kW·h	第二类费用 风 m³	第二类费用 水 m³
5001	塔式起重机	起重量(t)	6	89.96	34.29	9.33	133.58	2.0			86.0		
5002			10	229.73	97.23	19.46	346.42	2.0			130.0		
5003	履带起重机	油动 起重量(t)	10	84.73	51.65	3.55	139.93	2.0		25.0			
5004			15	112.68	68.73	4.74	186.15	2.0		40.0			
5005			20	163.86	84.72	5.89	254.47	2.0		50.0			
5006			25	173.51	85.89	6.24	265.64	2.0		60.0			

续表

编号	机械名称	机型规格		费用构成									
				第一类费用				第二类费用				
				折旧费	修理及替换设备费	安装拆卸费	小计	人工	汽油	柴油	电	风	水
				元	元	元	元	工日	kg	kg	kW·h	m³	m³
5007	汽车起重机	汽油型	5	69.00	68.76		137.76	2.0	35.0				
5008		柴油型	8	96.08	69.87		165.95	2.0		40.0			
5009			10	121.06	87.32		208.38	2.0		42.0			
5010			12	136.29	98.32		234.61	2.0		47.0			
5011			16	182.52	131.58		314.10	2.0		62.5			
5012	叉式起重机	起重量(t)	6	45.79	85.44		131.23	1.3		33.6			
5013	轮胎起重机	起重量(t)	8	112.14	65.09		177.23	2.4		41.3			
5014	卷扬机	单筒慢速	3	8.32	3.35	0.16	11.83	1.0			29.0		
5015			5	14.31	5.79	0.27	20.37	1.0			43.0		
5016		双筒快速	5	34.27	13.86	0.61	48.74	1.3			158.4		
5017	卷扬机带塔	单筒 H=40m	起重量(t) 1	8.08	12.14	4.19	24.41	1.0			22.0		
5018	电动葫芦	起重量(t)	1	3.63	2.31		5.94				9.0		
5019			2	4.26	2.66		6.92				13.0		
5020			3	4.94	3.14		8.08				18.0		
5021			5	7.83	4.68		12.51				25.0		
5022	桅杆起重机	起重量(t)	5	42.05	29.67	17.04	88.76	2.0			71.0		
5023			10	52.14	36.77	24.96	113.87	2.0			109.0		
5024			15	68.92	48.66	31.56	149.14	2.0			185.0		
5025			25	72.32	51.03	33.06	156.41	2.0			235.0		
5026	桥式起重机	起重量(t)	5	44.81	17.94	2.34	65.09	1.0			56.0		
5027			10	51.82	20.81	2.70	75.33	1.0			85.0		
5028	固定扒杆起重船	起重量(t)	15	74.34	52.38	34.20	160.92	2.4		13.44			
5029			30	148.68	104.76	68.40	321.84	2.4		26.22			

六、辅助设备

编号	机械名称	机型规格		折旧费	修理及替换设备费	安装拆卸费	小计	人工	汽油	柴油	电	风	水
				元	元	元	元	工日	kg	kg	kW·h	m³	m³
6001	电动空气压缩机	移动式	排气量(m³/min) 0.6	2.27	6.53	0.10	8.90	1.3			4.2		
6002			3	9.18	19.59	2.93	31.70	1.0			103.0		
6003			6	12.60	26.77	4.26	43.63	1.0			192.0		
6004	油动空气压缩机	移动式	排气量(m³/min) 3	9.42	19.06	3.43	31.91	1.0		29.0			
6005			6	16.73	31.12	4.99	52.84	1.0		57.0			
6006			9	24.61	40.74	6.99	72.34	2.0		86.0			
6007	离心水泵	单级	功率(kW) 7	0.65	3.81	1.23	5.69	0.7			35.0		
6008			17	1.58	9.28	2.93	13.79	0.7			89.0		
6009			30	2.27	13.21	4.20	19.68	0.7			153.0		
6010			55	5.24	21.91	6.79	33.94	1.0			275.0		
6011		多级	功率(kW) 7	1.68	6.30	2.17	10.15	0.7			37.0		
6012			14	2.44	8.85	3.08	14.37	0.7			73.0		
6013			40	5.60	17.96	6.58	30.14	0.7			224.0		
6014			100	10.13	24.17	10.05	44.35	1.0			600.0		
6015	潜水泵	功率(kW)	2.2	2.05	10.57	3.82	16.44	0.7			11.0		
6016			7	3.11	14.92	5.78	23.81	1.0			34.0		
6017			34	9.27	27.08	12.81	49.16	1.0			170.0		
6018	吹风机	能力(m³/min) ≤4		7.41	4.33	1.00	12.74				70.0		
6019	压力式滤油机	LX100型		3.35	2.59	1.54	7.48	1.0			36.0		
6020	混凝土切缝机	EX-100		157.78	110.97	8.29	277.04	1.3		46.0			
6021	混凝土路面刻槽机			19.12	36.95	0.35	56.42	1.25					

273

七、其他机械

编号	机械名称	机型规格		折旧费 元	修理及替换设备费 元	安装拆卸费 元	小计 元	人工 工日	汽油 kg	柴油 kg	电 kW·h	风 m³	水 m³
7001	电焊机	交流(kVA)	20~25	1.53	1.44	0.47	3.44	1.0			76.0		
7002			30	1.91	1.87	0.64	4.42	1.0			99.0		
7003		直流(kVA)	16	3.74	2.48	0.77	6.99	1.0			90.0		
7004			30	5.11	3.50	1.06	9.67	1.0			168.0		
7005	对焊机	电阻型 容量(kVA)	75	5.04	12.32	2.72	20.08	1.0			222.0		
7006			150	6.62	16.28	3.60	26.50	1.0			444.0		
7007		电弧型	150	8.21	12.90	4.17	25.28	1.0			440.0	42.0	14.0
7008	点焊机	交流(kVA)	20	1.71	4.24	0.91	6.86	1.0			62.0		
7009			30	3.52	8.90	1.96	14.38	1.0			97.0		
7010			75	6.97	12.91	3.24	23.12	1.0			222.0		
7011			150	9.76	17.44	4.55	31.75	1.0			444.0		
7012	弧焊机	交流(kVA)	20	23.49	17.66	5.30	46.45	1.0			61.9		
7013	电焊条烘干机	容积(cm³)	60×50×75	9.95	6.71		16.66	1.0			13.9		
7014	对接熔接机			25.14	20.86	12.75	58.75	1.0			32.0		
7015	圆盘锯	d≤500 mm		2.61	1.55	5.63	9.79				24.0		
7016	液压喷播植草机	≤4 000 L		19.68	17.54	0.77	37.99	2.4		5.8			
7017	单面刨床	B≤600 mm		5.81	6.24	0.11	12.16	1.3			2.67		
7018	钢筋调直机		4~14	7.27	12.23	2.00	21.50	1.0			17.0		
7019	钢筋切断机	功率(kW)	7	4.38	6.59	1.05	12.02	1.0			35.0		
7020			10	5.17	7.67	1.28	14.12	1.0			50.0		
7021			20	6.86	9.94	1.63	18.43	1.0			100.0		
7022	钢筋弯曲机			3.09	8.46	1.40	12.95	1.0			35.0		
7023	普通车床	规格(mm)	Φ250~Φ400	20.28	19.08	0.16	39.52	1.0			24.0		
7024			Φ400~Φ600	23.52	19.64	0.20	43.36	1.0			45.0		
7025			Φ600~Φ800	37.6	20.6	0.28	58.48	1.0			67.0		

续表

编号	机械名称	机型规格			费用构成								
					第一类费用				第二类费用				
					折旧费	修理及替换设备费	安装拆卸费	小计	人工	汽油	柴油	电	风	水
					元	元	元	元	工日	kg	kg	kW·h	m³	m³
7026	立式钻床	钻孔直径	Φ13 mm	2.58	3.96		6.54	1.0			9.1		
7027	摇臂钻床	规格(mm)	Φ20~Φ35	15.06	9.17	0.10	24.33	1.0			14.0		
7028			Φ35~Φ50	28.40	17.30	0.19	45.89	1.0			30.0		
7029	牛头刨床			15.32	26.04	1.54	42.90	1.0			19.0		
7030	剪板机	规格(mm)	6.3×2 000	17.82	14.19	0.55	32.56	2.0			44.0		